Christoph von Marschall

Wir verstehen die Welt nicht mehr

Christoph von Marschall

Wir verstehen die Welt nicht mehr

Deutschlands Entfremdung von seinen Freunden

HERDER

FREIBURG · BASEL · WIEN

FSC
www.fsc.org
MIX
Papier aus verantwortungsvollen Quellen
FSC® C083411

www.herder.de

Satz: Daniel Förster, Belgern
Herstellung: CPI books GmbH, Leck

Printed in Germany

ISBN Print: 978-3-451-38074-7
ISBN E-Book: 978-3-451-81199-9

Für Zofia

Inhalt

1.

Wer weist den Weg?

Die Gärtner von Schloss Bellevue

Berlin, Schloss Bellevue, im März 2018

Bundespräsident Frank-Walter Steinmeier hat zur Verleihung des Großen Bundesverdienstkreuzes an den Historiker Heinrich August Winkler geladen. Zur Vorspeise gibt es Pastinakencreme im Maultaschenteig, als Hauptgang Gewickelten Huchen (ein Fisch, der auch als Donausalm bekannt ist) mit Sellerie und Schnittlauchkrapfen, zum Nachtisch Schokolade, geeisten Milchkaffee und Mandelkrokant. Kredenzt werden Weine aus Rheinhessen und Baden. Das Menü spiegelt die Biografie des 79-jährigen Geschichtsprofessors, der mit seinen Büchern über Deutschlands langen Weg nach Westen und die Geschichte des Westens zum Nationalhistoriker der Bundesrepublik geworden ist: 1938 in Königsberg geboren, der Heimat des Philosophen Immanuel Kant, Flucht nach Süddeutschland, Studium der Geschichte in Münster, Heidelberg und Tübingen, Professor in Freiburg und Berlin.

Prominente Gäste geben ihm die Ehre, darunter Ex-Bundespräsident Joachim Gauck und Daniela Schadt, Bundestagspräsident Wolfgang Schäuble (CDU), Bundestagsvizepräsident Thomas Oppermann (SPD), der Vorsitzende des außenpolitischen Ausschusses des Bundestags, Norbert Röttgen (CDU), und Carsten Schneider, Erster Parlamentarischer Geschäftsführer der SPD-Bundestagsfraktion. Die offiziellen Reden ebenso wie die Tischgespräche drehen sich um die Unruhe, die die Wahl Donald Trumps in die Weltpolitik gebracht hat. Wie soll Deutschland auf ihn reagieren? In den deutschen Medien dominieren Unmut und Spott über Trump. Einige Kommentatoren fordern einen Bruch mit diesen USA oder zumindest größere Distanz.

Der Bundespräsident empfiehlt in seiner Rede, »unsere gewachsenen transatlantischen Kontakte und Gespräche zu vertiefen, statt sie über Bord zu werfen«. Er kritisiert »diejenigen, die mit einer gewissen kulturellen Hochnäsigkeit dem Bruch mit den USA das Wort reden«. Europa habe es »mit ganz ähnlichen gesellschaftlichen Herausforderungen zu tun« wie die USA: die Verrohung der politischen Sprache, insbesondere im Netz; die zunehmende Polarisierung und eine schwindende Bindekraft der politischen Mitte; das Auseinanderdriften von Lebenswelten, insbesondere zwischen Großstädten und ländlichen Räumen. In Amerika habe »diese Entwicklung schon tiefe und weithin sichtbare Gräben gerissen«. Aber »auch bei uns kann man sie schon bemerken. Noch sind es erste Risse, doch sie sind keineswegs harmlos.«

Winkler, der die Wertegemeinschaft des Westens als »normatives Projekt« beschreibt, ruft ebenfalls dazu auf, die Zusammengehörigkeit mit den USA nicht infrage zu stellen. Deutschlands Einbindung in den Westen ist für ihn ein kategorischer Imperativ im Kant'schen Sinne. Er sorgt sich um den Fortbestand dieser historischen Errungenschaft. Sein jüngstes Buch trägt den Titel *Zerbricht der Westen?* In seiner Dankesrede sagt er, die transatlantische Partnerschaft sei »selten so angespannt wie heute, aber auch selten so wichtig wie heute« gewesen. Deutschland habe sich der politischen Kultur des Westens viel zu spät geöffnet. Sie sei »keine gesicherte Errungenschaft« und müsse immer neu verteidigt werden.

In den Monaten zuvor hatte der Bundespräsident ein Stockwerk tiefer die Parteivorsitzenden empfangen. Es sollte sondiert werden, welche der rechnerisch möglichen Koalitionen sich nach der Bundestagswahl 2017 zum Regieren zusammenfinden könnte. Und wie die künftige Regierung ihre Aufgabe versteht: eher konservativ im Bewahren des Erreichten? Oder veränderungsbereit und der Zukunft zugewandt, um Deutschlands Interessen vorausschauend in einer Welt mit vielen Umbrüchen zu verteidigen?

Wenn man den Raum der Sondierungsgespräche von der Eingangshalle betritt, so beschreiben es Ortskundige, fällt der Blick auf eine Büste und ein Gemälde. Die Büste zeigt den Sozialdemokraten und ersten Präsidenten der Weimarer Republik, Friedrich Ebert. Das Gemälde stammt von Canaletto: ein Stadtpanorama von Dresden in seiner Blütezeit, lange bevor »Elb-Florenz« im »Feuersturm« der Bomben am Ende des Zweiten Weltkriegs unterging.

Man darf Büste und Gemälde als symbolische Orientierungspunkte für das Amtsverständnis Frank-Walter Steinmeiers nehmen: die erste deutsche Demokratie und ihr Scheitern; der verbrecherische Krieg, der Untergang, die Teilung des Landes und die Lehren daraus; die glückliche Entwicklung nach 1945, die zunächst unverdient war und wie ein Geschenk der vorigen Kriegsgegner über die Deutschen kam; der Aufbau einer stabilen Demokratie und eines verlässlichen Rechtsstaats im westlichen Teil, der Bundesrepublik, sowie ihr Aufstieg zu Europas führender Wirtschaftsnation; in der Summe war dies der Einbettung in die Europäischen Gemeinschaften und die NATO zu verdanken; dieser Weg führte schließlich zur Einheit und eröffnete den Deutschen aus der DDR dieselben Chancen, die ihnen über Jahrzehnte verwehrt geblieben waren.

Und nun, 2018? Der erste Koalitionsversuch nach der Bundestagswahl, »Jamaika«, ist unter anderem daran gescheitert, dass das Regierungsprogramm zu sehr auf Absichern des Status quo und zu wenig auf Zukunft und Veränderungsbereitschaft ausgerichtet war. So begründet es jedenfalls die FDP.

Besonders scharf stellt sich die Richtungsfrage in der Außen- und Sicherheitspolitik: Kann Deutschland ein Sonderfall bleiben, für dessen Rolle in Europa und in der Welt andere Regeln gelten als für andere große EU-Staaten?

Diese Sonderstellung bestätigen sich zwar die Deutschen in ihren internen Debatten über die Außen- und Sicherheitspolitik weiterhin. Sie wird aber von den Verbündeten immer weniger akzeptiert. Ob Frankreich oder Polen, ob die EU als Ganzes oder die USA: Sie alle erwarten, dass Deutschland sich normalisiert. Dass es in gemeinsamen Unternehmungen dieselben Rechte und Pflichten übernimmt, die andere für sich akzeptieren – jedenfalls als prinzipielle Haltung. Es müssen nicht jedes Mal alle alles mitmachen. Und je nach Einzelfall dürfen sich die Beiträge, die jedes Land leistet, unterscheiden.

Viele in Deutschland tun sich schwer mit einem klaren Bekenntnis. Wie aber soll das gemeinsame Europa funktionieren, wenn die Bundesrepublik diese Grundhaltung nicht für sich akzeptiert?

Wie das Buch entstand

In den Tischgesprächen nach der Ordensverleihung sprechen wir über Deutschlands Rolle in der Welt. Ich erzähle von meinem Forschungsprojekt zur Zukunft der transatlantischen Beziehungen, aus dem dieses Buch entstanden ist. Im Zentrum stehen die internationalen Umbrüche der jüngsten Jahre: die vielfältigen Krisen der EU, der Brexit, die Wahl Donald Trumps zum US-Präsidenten, die Wahlerfolge populistischer Parteien vielerorts, der Aufstieg Chinas und das aggressive Vorgehen Russlands. Gegen die auf Regeln und Ausgleich bedachte liberale Weltordnung wird immer öfter verstoßen. Und die USA, die diese Regeln in früheren Jahrzehnten zwar nicht immer, aber noch am ehesten durchzusetzen versuchten, fühlen sich unter Trump offenbar weniger dazu berufen; er polemisiert gegen diese Ordnung.

Mein Projekt zielt auf die Frage, welche Herausforderungen sich daraus für die deutsche Außen- und Europapolitik ergeben und was sich an ihr ändern muss. Die Bundesrepublik ist das Produkt dieser Ordnung, auf die nun immer weniger Verlass ist. Die Deutschen haben von ihr ganz besonders profitiert. Was können, was müssen sie tun, um diese Ordnung zu erhalten – oder, falls das nicht gelingt, um sich an die veränderten Bedingungen anzupassen? Diese Fragen stelle ich freilich nicht in dem Sinne, in dem sie gewöhnlich in der deutschen Öffentlichkeit diskutiert werden: Wie sollte die Welt nach unseren Vorstellungen aussehen? Wie sollten sich andere verhalten? Und was gefällt uns am Vorgehen anderer Mächte nicht? Ich frage umgekehrt: Welche Erwartungen haben unsere engsten Partner an uns, voran die direkten Nachbarn, Frankreich im Westen und Polen im Osten? Welche Erwartungen hat die EU als Ganzes an Deutschland? Welche haben die USA, unser wichtigster Verbündeter in der Verteidigungspolitik und Terrorabwehr? Und: Welche dieser Erwartungen sind berechtigt, weshalb wir auf sie eingehen sollten? Was also sollten wir an der deutschen Außen- und Sicherheitspolitik verbessern?

Die Tischpartner stimmen zu: Deutschland sollte besser zuhören, die Einwände der Partner ernster nehmen und nicht zu sehr auf einer Sonderrolle beharren.

Was ist falsch an der deutschen Außenpolitik?

Als Außenminister hat Steinmeier im *Review 2014* eine Debatte über die deutsche Außenpolitik angestoßen und in einer Rede provokativ die Frage gestellt: »Was ist falsch an der deutschen Außenpolitik?« Schon damals zeigten Umfragen für den *Review*, wie weit die Erwartungen ausländischer Autoritäten an Deutschland und die Bereitschaft der deutschen Bürger, mehr zu tun, auseinanderliegen. Die Minister und Fachleute aus anderen Ländern wünschten unter anderem, Deutschland solle Europa führen, die EU revitalisieren, die Spannungen zwischen dem reichen Norden und dem armen Süden überbrücken, Russland europäisieren und die USA multilateralisieren. Ziemlich ehrgeizige Erwartungen. Man könnte sie auch unrealistisch nennen. Im Kontrast dazu stand eine Umfrage unter Deutschen, ebenfalls für den *Review 2014*, ob ihr Land sich international mehr engagieren solle. Ja sagten nur 32 Prozent, Nein sagten 60 Prozent. Es sei Aufgabe der Politikerinnen und Politiker, diesen Graben zwischen ausländischen Erwartungen und deutscher Handlungsbereitschaft zu überbrücken, betonte Steinmeier damals. Denn »Deutschland ist ein bisschen zu groß und wirtschaftlich zu stark, als dass wir die Weltpolitik nur von der Seitenlinie kommentieren könnten«.

Die *ZEIT*-Stiftung und der German Marshall Fund of the United States (GMFUS) haben mein zehnmonatiges Forschungsprojekt ermöglicht. Dafür danke ich ihnen. Sie haben mich als ersten »Helmut Schmidt Fellow« ausgewählt. Das nach dem früheren Bundeskanzler benannte Stipendium wird für Projekte vergeben, die den transatlantischen Beziehungen und der europäischen Integration dienen.

Für mein Vorhaben habe ich einige Zeit in Paris und in Warschau verbracht und mir von den Beratern und Vordenkern der Staatspräsidenten und Minister die jeweiligen Erwartungen an Deutschland erläutern lassen. Ebenso war ich in Brüssel und habe die gleichen Gespräche mit Vertretern der Europäischen Union und der NATO geführt. Das Europäische Parlament hat mich als Experten eingeladen, um bei einer Anhörung zu den Beziehungen EU–USA mit Abgeordneten zu diskutieren. In Berlin habe ich mit Steinmeiers Vorgänger im Amt des Bundespräsidenten, Joachim Gauck, mit den aktuellen und früheren Ministern Ursula von der Leyen, Heiko

Maas, Sigmar Gabriel sowie ihren Beratern gesprochen. Während der zehn Monate des Projekts lebte ich ganz überwiegend in den USA, hatte ein Büro beim GMFUS, einem der angesehensten Think Tanks in der US-Hauptstadt. Zudem bin ich einer der wenigen deutschen Journalisten in Washington, die über einen Zugangspass zum Weißen Haus verfügen. Das erlaubte mir Einblicke hinter die Kulissen der Trump-Präsidentschaft und den regelmäßigen Austausch mit Regierungsangehörigen und amerikanischen White-House-Korrespondenten. Allen diesen Gesprächspartnern in Amerika und Europa danke ich für ihre Anregungen und Unterstützung.

Diese Erfahrungen auf beiden Seiten des Atlantiks geben dem Buch seine Struktur. Ich gehe zunächst den Fragen nach, inwieweit die deutsche Selbsteinschätzung, eine pro-europäische, pro-westliche und global denkende Gesellschaft zu sein, sich im tatsächlichen Handeln widerspiegelt. Und inwieweit das Selbstbild mit der Fremdwahrnehmung durch unsere Nachbarn und Partner übereinstimmt. Wie europäisch, wie transatlantisch und global handlungswillig ist Deutschland in der Wirklichkeit? Es folgen Kapitel, in denen ich darlege, welche Erwartungen andere an uns haben, ganz voran die Nachbarn Frankreich und Polen, die EU und die USA. Im Schlussabschnitt mache ich praktische Vorschläge, was Deutschland an seiner Außen- und Sicherheitspolitik ändern könnte, um die regelbasierte Ordnung als Erfolgsgrundlage zu erhalten und um unseren wichtigsten Partnern das Gefühl zu geben, dass wir gemeinsame Interessen verfolgen.

Vom Unwillen, über Sicherheitspolitik zu reden

Amerikaner, Franzosen und Polen schauen anders auf die Welt als die Deutschen. Zwei Erkenntnisse ziehen sich wie ein roter Faden durch die Gespräche der zehn Monate. Erstens das Drängen der

Partner, in der gemeinsamen Verteidigungspolitik voranzukommen. Deutschland müsse militärische Fragen ernster nehmen. Das ist nicht nur ein Lieblingsthema Trumps oder eine fixe Idee der Polen, die die Ostflanke der NATO von Putin bedroht sehen. Es ist auch das Hauptanliegen der Franzosen. Für meine Gesprächspartner in Paris hat es eine höhere Priorität als die Weiterentwicklung der Eurozone. Es geht dabei gar nicht so sehr um Geld; um das geht es zwar auch.

Viel wichtiger ist den Franzosen aber, dass Deutschland sich bereit erklärt, Bedrohungen und Abwehrstrategien, inklusive der Rolle des Militärs, offen zu diskutieren. Und sich nicht mehr verschämt mit dem Verweis auf die deutsche Geschichte behilft, die es den Deutschen angeblich nicht erlaube, eine ähnliche militärstrategische Kultur wie die Franzosen oder die Briten zu entwickeln. Diese Haltung wird in Paris und anderswo als Ausrede empfunden. Hinzu kommt eine europäische Dimension. Die ständige strukturierte Zusammenarbeit in der Sicherheitspolitik – Kürzel PESCO für *Permanent Structured Cooperation* – ist das derzeit ehrgeizigste Projekt zur weiteren Integration Europas. Wer in Deutschland weiß überhaupt von den Zusagen, die die Bundesregierung da gemacht hat? Öffentlich diskutiert werden sie kaum. Das nötige Geld, um die PESCO-Zusagen zu erfüllen, hat die Regierung im Bundesetat nicht eingeplant.

Generell treffen die wachsenden Erwartungen der Partner auf einen erkennbaren Unwillen in der deutschen Öffentlichkeit, eine offene und ehrliche Debatte über die Sicherheitspolitik und einen fairen deutschen Beitrag zur gemeinsamen Verteidigung zu führen. Die Ausreden sind vielfältig: Man werde doch nicht Trump zuliebe die Verteidigungsausgaben erhöhen. Oder: Die Polen sollten sich nicht so haben mit ihrem historischen Russen-Komplex.

Das sind freilich keine validen Antworten, wenn Emmanuel Macron und seine Verteidigungsministerin Florence Parly darauf hinweisen, dass Deutschland PESCO beigetreten ist. Die Verpflichtungen und der Geldbedarf für die Ausrüstung sind ganz ähnlich wie in der NATO. Europas Rüstungsindustrien müssen fusionieren. Es ist ein Beitrag zur Einheit Europas. Und die liegt den meisten Deutschen ansonsten am Herzen.

Das leitet nahtlos zu der zweiten zentralen Erkenntnis über. Eine deutsche Patentantwort auf die Frage nach der Zukunft der regelbasierten Weltordnung lautet: Europa solle eine größere machtpolitische Rolle übernehmen und so die Lücke füllen, wenn man sich auf die USA nicht mehr verlassen könne. Doch auch da ist der Widerspruch zwischen Wunsch und Wirklichkeit groß. Auf zwei Grundfragen zur Zukunft des transatlantischen Verhältnisses geben Franzosen, Polen und Deutsche ganz unterschiedliche Antworten. Wie soll Europa, erstens, mit Trump umgehen? In Deutschland ist die Sicht auf ihn von Abwehr, Spott und Empörung geprägt; am besten gehe man auf Distanz zu ihm. Polens Regierung sieht sich in weitgehendem Einklang mit Trump. Franzosen reagieren viel gelassener auf ihn als die Deutschen; man habe schon mehrfach US-Präsidenten erlebt, mit denen der Umgang schwierig war; Emmanuel Macron hält die Beziehung zu den USA für so wichtig, dass er sich um ein gutes persönliches Verhältnis zu Trump bemüht.

Die zweite Frage, bei der Europäer unterschiedliche Antworten geben: Was wird künftig der Kern der transatlantischen Beziehungen sein? Polen sagen: die Sicherheit und die NATO. Deutsche: Handel und Investitionen. Franzosen: die Erhaltung der multilateralen Ordnung; sie dürfe nicht einem System bilateraler Beziehungen mit transaktionalen Interessen – wenn du mir dies gibst, gebe ich dir das – weichen.

Wie kann bei so unterschiedlichen Antworten auf Kernfragen eine gemeinsame europäische Position entstehen? Wie will die EU, wenn sie intern so uneinig auftritt, zu einer Weltmacht auf Augenhöhe mit den USA werden?

Diese Fragen bewegen den Historiker Heinrich August Winkler und die weiteren Gäste bei den Feierlichkeiten. Sie möchten den Spielraum deutscher Europa- und Außenpolitik erweitern. Sie möchten Europa stärken. Sie wünschen ein Umdenken im öffentlichen Diskurs. Wo immer ich in Deutschland im ersten Halbjahr 2018 mit Amtsträgern und außenpolitischen Fachleuten rede, ist diese Nachdenklichkeit zu spüren. Deutschland muss sich auf eine neue Rolle in den internationalen Beziehungen einstellen. Der Abschied von lieb gewordenen Haltungen, die durch die Jahrzehnte seit dem Kriegsende 1945 getragen haben, ist unausweichlich. Die Gesellschaft muss sich öffnen für die Erwartungen der europäischen Nachbarn und der amerikanischen Verbündeten. Wer aber trägt diesen Bewusstseinswandel, der hinter den Kulissen längst begonnen hat, in die Öffentlichkeit, um die Bürger mitzunehmen?

Wer überzeugt die zögernde Gesellschaft?

Bundespräsident Frank-Walter Steinmeier hat in den ersten 16 Monaten noch keine so kraftvolle Rede zu diesen Fragen gehalten wie sein Vorgänger Joachim Gauck bei der Eröffnung der 50. Münchner Sicherheitskonferenz 2014. Es ist ja auch noch früh in seiner ersten Amtszeit. Mit dem Instrument einer Grundsatzrede soll das Staatsoberhaupt aus gutem Grund sparsam umgehen. Es darf sich nicht inflationieren. Wenn Steinmeier sich aber eines Tages entschließt, eine Rede darüber zu halten, was an der deutschen Politik falsch läuft und was sich ändern muss, dann wäre ihm die Aufmerksamkeit gewiss.

Was können andere beitragen: die Kanzlerin? Der Außenminister? Die Verteidigungsministerin? Die Experten für Außen- und Sicherheitspolitik im Deutschen Bundestag, womöglich in einer konzertierten Aktion? Oder die Think Tanks, von denen es in Berlin doch mittlerweile eine beträchtliche Zahl gibt?

Sie alle könnten und müssten mithelfen, höre ich in den vielfältigen Gesprächen in Berlin immer wieder. Zugleich ist der Glaube, dass die konkreten Personen dies leisten werden, begrenzt. Aus unterschiedlichen Gründen.

Angela Merkel könnte die Aufgabe zu einem Hauptanliegen ihrer vierten Kanzlerschaft machen. Einerseits hat sie Deutschlands Rolle verändert und ausgeweitet, zumindest in kleinen Schritten: Deutschland beteiligt sich an dem von Frankreich geführten Einsatz zur Terrorabwehr in Nordafrika, trainiert Kurdenmilizen im Irak und rüstet sie mit Waffen aus und ist seit Jahren der zweitgrößte Truppensteller in Afghanistan nach den USA. Merkel bekennt sich konsequent zur Zusage an die NATO, den deutschen Verteidigungsetat bis 2024 auf zwei Prozent des Bruttoinlandsprodukts (BIP) zu erhöhen.

Andererseits hat die Kanzlerin in ihren ersten drei Amtszeiten wenig getan, um die Gesellschaft über diese Politik zu informieren und für Unterstützung zu werben. Sie handelt lieber still, als laut zu erklären. In den Koalitionsverhandlungen hat sie für das Zwei-Prozent-Ziel nicht gekämpft, sondern sich damit abgefunden, dass ihr Koalitionspartner, die SPD, das nicht will.

Außenminister Heiko Maas gehört einer jüngeren Generation an als seine Vorgänger. Sein Vater war Berufssoldat. Lässt ihn das unbefangener über neue Wege nachdenken? Maas redet anders über Russland als Sigmar Gabriel. Natürlich haben die ersten Stellungnahmen eines neuen Ministers immer auch das Ziel, sich vom Vorgänger abzusetzen. Maas ist im Saarland aufgewachsen, gemeinsames deutsch-französisches Handeln ist dort eine Selbstverständlichkeit. Seine Partei, die SPD, ist freilich keine große Unterstützung für neues Denken. Sie ist gespalten. Ein Flügel fällt über Maas her, als er kritisch über Putins Russland redet. Die Funktionärsschicht hält es mit Russlandromantik und pazifistischer Rhetorik.

Die außenpolitischen Köpfe hingegen sind überzeugt, dass Gabriels Versuch, den Bundestagswahlkampf 2017 mit Polemik gegen die Zwei-Prozent-Verpflichtung in der NATO zu führen, sachlich ein schlimmer Fehler war und politisch erfolglos geblieben ist. Maas müsste, wenn er der Fürsprecher einer dezidiert neuen Außen- und Sicherheitspolitik werden wollte, diese erst mal jenseits der außenpolitischen Köpfe in der SPD durchsetzen, inklusive der zwei Prozent für Verteidigung. Er wird zudem mit den täglichen Herausforderungen des Amts mehr als genug zu tun haben.

Ursula von der Leyen ist die erste weibliche Verteidigungsministerin. Sie hat versucht, das Harte, Kämpferische und Männliche im öffentlichen Bild von der Bundeswehr zu reduzieren und ihr den Anschein eines normalen Arbeitsplatzes mit Elternurlaub, Kinderkrippe und geregelten Dienstzeiten zu geben. Kann sie den Deutschen aus dieser Position heraus erklären, dass es kein Widerspruch sein muss, mehr Verantwortung in der Welt zu übernehmen und die Werteorientierung der deutschen Außen- und Verteidigungspolitik zu bewahren? In Berlin ist quer durch die Parteien zu hören, sie habe sich in den Konflikten um die Traditionspflege und um angebliche Skandale in der Truppe zu unbeliebt gemacht. Sie könne keine großen Debatten mehr anstoßen und durchhalten.

Die Außen- und Verteidigungspolitiker der Fraktionen im Bundestag verstehen durchaus, dass Deutschland sich bewegen muss – nicht nur die der CDU/CSU, auch die der SPD, der Grünen, der FDP, solange man vertraulich spricht und kein Mikrofon eingeschaltet ist. Sie zeigen aber eine große Zurückhaltung, öffentlich dafür einzustehen, was sie denken. Nur selten sagt einer laut und hörbar, dass Deutschland aus guten Gründen Verpflichtungen in der NATO und der EU übernommen habe und diese erfüllen müsse.

In der politischen Klasse scheint die Vorstellung zu herrschen, dass man den Bürgern die eigenen Erkenntnisse nicht zumuten könne; dass da draußen im Volk eine pazifistische Grundstimmung dominiere, die es politisch riskant mache, sich mit einem Eintreten für eine Außenpolitik, die andere EU-Partner für selbstverständlich halten, zu exponieren. Wenn ich ihnen berichte, dass ich ganz andere Erfahrungen gemacht habe bei meinen öffentlichen Debatten quer durch die Republik, dass die Bürger, die zu diesen Veranstaltungen kommen, meist wenig über sicherheitspolitische Themen wissen und neugierig sind, mehr zu erfahren, sagen sie, das mache ihnen Mut. Sie würden es demnächst auch versuchen. Viel vernommen habe ich von solchen »mutigen« Auftritten der Verteidigungsexperten bislang nicht.

Die Vertreter der Think Tanks wären begierig, ihre Erkenntnisse einer breiteren Öffentlichkeit zu erklären. Sie beklagen, dass sie außerhalb ihrer Fachgruppen wenig Gehör finden. Die Medien nähmen die Argumente der Experten nur selten auf. Die Redaktionen ließen sich überwiegend von derselben Annahme wie die Politiker leiten: Die Bürger interessierten sich nicht für Außen- und Verteidigungspolitik. Zudem sei das alles zu kompliziert und lasse sich nur schwer auf die vereinfachende Art herunterbrechen, in der man gewöhnlich in Talkshows diskutiere.

Gelegentlich ist auch der Verdacht zu hören, in den Entscheidungspositionen der Medien seien Alt-68er überdurchschnittlich vertreten. Sie zeigten eine innere Abneigung, Verteidigungspolitik als legitimen Teil einer verantwortlichen Außenpolitik zu akzeptieren und sich von ihrem Jugendglauben zu verabschieden, dass Militär immer nur Schlechtes bewirken könne. Das gelte insbesondere für die öffentlich-rechtlichen Fernseh- und Radiosender. Die Kritik an den Medien, meiner eigenen Branche, ist in Teilen durchaus berechtigt.

Wie also kann man die Debatte über eine zeitgemäße deutsche Außen- und Verteidigungspolitik samt ihrer Bedeutung für eine gemeinsame europäische Politik in das Herz der deutschen Gesellschaft tragen? Wer wird es sich zur Aufgabe machen, das zu tun?

Deutschland als Landschaftspfleger

Aus dem Saal, in dem der Bundespräsident den Historiker Heinrich August Winkler ehrt, geht der Blick in den großen Garten von Schloss Bellevue. Der streitbare amerikanische Kolumnist Robert Kagan beschreibt den Zustand der Welt mit einem Bild aus der Pflege von Garten- und Kulturlandschaft: *The Jungle Grows Back*. Die aktuellen Schwierigkeiten, die liberale, regelbasierte Ordnung zu erhalten, beruhten auf einer Fehlannahme unter vielen Zeitgenossen. Sie gingen unausgesprochen davon aus, dass diese Ordnung, die dem Westen in den vergangenen sieben Jahrzehnten so viele Erfolge beschert hat, der Normalzustand sei, dem alle zustreben: Demokratie, Rechtsstaat, Marktwirtschaft, Freihandel, die Vereinten Nationen mit ihrer Grundrechtecharta und dem Gewaltanwendungsverbot.

In die Erhaltung eines Normalzustands, wenn es denn einer ist, muss man nicht viel investieren. Historisch gesehen sei diese Ordnung aber nicht Normalität, sondern eine einmalig erreichte Ausnahme, sagt Kagan. In der Menschheitsgeschichte seien die wenigen Jahrzehnte, seit diese Ordnung eingeführt wurde, ein kurzer Zeitraum. Zuvor galten die Dschungelgesetze: das Recht des Stärkeren, Krieg und Not. Es habe über die Jahrhunderte auch kein kontinuierliches Wirtschaftswachstum gegeben, aus dessen Erträgen sich soziale Errungenschaften finanzieren ließen, die heute zum sozialen Frieden beitragen.

Womöglich gehöre es zudem zur menschlichen Natur, sich nach starken Führern zu sehnen und spirituelle Bedürfnisse zu haben, die Demokratie, Rechtsstaat und Marktwirtschaft mit ihrer Rationalität nicht befriedigen können. Erst die liberale Ordnung habe es auch schwächeren Nationen erlaubt, das Streben nach wirtschaftlichem und sozialem Erfolg zur Priorität zu machen und sich nicht zuallererst um die Sicherheit kümmern und einen Großteil der Ressourcen dafür ausgeben zu müssen, argumentiert Kagan.

Was passiert, wenn nicht mehr genügend Kräfte für den Fortbestand der liberalen Ordnung eintreten? Dann erobert der Dschungel die Gebiete zurück, die nicht mehr gepflegt werden.

Bundespräsident Steinmeier könnte sich ein Experiment erlauben, der Garten von Bellevue ist groß genug dafür. Er könnte eine abgegrenzte Parzelle sich selbst überlassen und die anderen Bereiche in gewohnter Weise gärtnerisch pflegen lassen. Über kurz oder lang entstünde so ein Demonstrationsobjekt für alle, die zweifeln, was passiert, wenn niemand die Ordnung pflegt. Eine solche Gartenparzelle im Park von Bellevue wäre ein Natur-nahes Denkmal, das zeigt, warum auch Deutschland einen Beitrag zum Fortbestand dieser Ordnung leisten muss, der seinem Gewicht in Europa und in der Welt entspricht.

2.

Wie überwinden die Deutschen ihre Lebenslügen?

Abschied von alten Gewissheiten

Washington, Deutsche Botschaft, Ende April 2018.

Angela Merkel hat gerade ihren zweiten Besuch in Donald Trumps Weißem Haus beendet. Bevor es zurück nach Berlin geht, setzt sie sich mit einigen Journalisten zum Hintergrundgespräch in der Residenz des deutschen Botschafters zusammen. Sie sitzt mit dem Rücken zur breiten Fensterfront, durch die der Blick auf den lang gestreckten, abfallenden Garten in Richtung des Potomac-Stroms fällt. Im Minutentakt ziehen Flugzeuge im Landeanflug auf den Ronald-Reagan-Flughafen hinter ihrem Kopf vorbei, in einer drehenden Bewegung von rechts nach links. Seit dem Terroranschlag auf das Pentagon vor knapp 17 Jahren, am 11. September 2001, dürfen sie nicht mehr über das Stadtgebiet fliegen, sondern müssen sich exakt über dem Potomac halten und dessen Windungen folgen, damit die Flugsicherung sofort erkennt, wenn eine Maschine vom vorgeschriebenen Kurs abweicht.

Die aktuelle Begegnung mit Trump ist atmosphärisch freundlicher verlaufen als die erste vor einem Jahr. Damals handelten die Schlagzeilen davon, dass Trump ihr angeblich den Händedruck während des kurzen Fototermins im Oval Office verweigert habe. Auch die Bilder von ihrem skeptisch-verwunderten Seitenblick, als er in der Pressekonferenz über die angeblichen Lügen der Medien herzog und sich über eine ebenso angebliche Benachteiligung der USA im Welthandelssystem beschwerte, wurde in den Fernsehnachrichten und den Zeitungen gerne als Beleg für das Unverständnis zwischen diesem US-Präsidenten und der Kanzlerin gezeigt. Damals, 2017, passte die Distanz beiden gut ins Konzept. Trump nutzte jede Gelegenheit, um zu demonstrieren, dass nun alles anders sei als unter Vorgänger Obama; der hatte eine enge Kooperation mit Merkel gepflegt. Und Merkel wollte sich vor dem Bundestagswahlkampf 2017 nicht von der SPD in die Ecke einer zu engen Partnerschaft mit Trumps USA drängen lassen.

2018 sind die Voraussetzungen andere: Merkel ist zum vierten Mal zur Kanzlerin gewählt worden, das imponiert Trump. Es steht kein Wahlkampf an, für den Merkel die USA auf Abstand halten müsste. Trump, so sieht sie das, arbeitet seine Wahlkampfversprechen nach und nach ab. Manches davon sei bedauerlich; manches sei aber auch als Erfolg zu bewerten, zum Beispiel die geschlossene Sanktionsfront gegen Nordkorea, die Kim Jong Un zu Zugeständnissen bewegt habe. Trump begrüßt Merkel mit Wangenküssen und sucht mehrfach die Gelegenheit zum Handschlag. Die demonstrative Freundlichkeit hat auch mit Emmanuel Macron zu tun. Der französische Präsident war in der ersten Wochenhälfte zu einem dreitägigen Staatsbesuch mit Galadinner in Washington. Weder Trump noch Merkel wollen, dass ihr nur dreistündiger Arbeitsbesuch so aussieht, als seien die deutsch-amerikanischen Beziehungen weniger wert als die französisch-amerikanischen.

Inhaltlich haben Macron und Merkel ohnehin dieselben zwei Ziele: Trump zu bewegen, dass er die EU von den angedrohten Strafzöllen auf Stahl und Aluminium ausnimmt. Und dass er nicht aus dem Atom-Deal mit dem Iran aussteigt. Das Abkommen sei nicht ideal, aber ein Stein, auf dem man aufbauen könne. Wenige Tage später nimmt Trump die EU für einen weiteren Monat von den Strafzöllen aus. Im Juli führt er sie dann aber doch ein. Aus dem Iran-Abkommen steigt er aus. Nach seiner Darstellung tut er das nicht, um die Diplomatie zu beenden, sondern um mit dem Druck verstärkter Sanktionen ein besseres Abkommen zu erreichen. Die Iran-Entscheidung ist ein klarer Bruch mit der EU. Die Europäer wollen zwar auch nachverhandeln, aber ohne Ausstieg aus dem Atom-Deal.

So gilt die Erkenntnis weiter, die Merkel am 28. Mai 2017 in einem Bierzelt in Bayern ausgesprochen hatte – nüchtern, aber auch ein wenig enttäuscht. »Die Zeiten, in denen wir uns auf andere völlig verlassen konnten, die sind ein Stück vorbei.« Es war ihre Schlussfolgerung aus dem ersten NATO-Gipfel und dem ersten G7-Treffen mit Donald Trump als US-Präsidenten, gut vier Monate nach dessen Amtsantritt. Die Lagebeschreibung mündete in eine Aufforderung zu handeln: »Wir Europäer müssen unser Schicksal wirklich in unsere eigene Hand nehmen.«

Was hat die Kanzlerin seither getan, um diesem Aufruf zu folgen und der veränderten Lage gerecht zu werden? Und: Stellt sie die deutsche Gesellschaft auf die daraus folgenden Herausforderungen ein?

Deutschland, das belegt der Koalitionsvertrag 2018, leistet sich die riskante Illusion, es könne weitermachen wie bisher. Denn Deutschland, sagen die Verfechter dieser Sicht, sei doch alles in allem erfolgreich und stabil. Die »Disruptionen«, die Risse in der gewohnten Ordnung, zeigten sich in anderen Staaten: in Griechenland und Italien mit ihren Schuldenkrisen; in Großbritannien mit dem Brexit; in den USA mit der Wahl Trumps; in den Erfolgen nationalpopulistischer Kräfte von Ungarn und Polen über Österreich und die Niederlande bis nach Italien. Im Vergleich dazu ist die AfD in Deutschland eine kleine und moderate Partei. Warum sollen wir uns ändern? Uns geht es gut. Wenn das für andere weniger gilt, dann müssen die sich ändern. Am besten passen sie sich an das deutsche Modell an.

Die liebste Illusion: Alle werden wie wir

Das ist noch immer die unausgesprochene Erwartung der Deutschen an die internationale Entwicklung – Konvergenz mit dem deutschen Modell als Vorbild. Am Ende werden alle wie wir: demokratisch, freiheitsliebend, rechtsstaatlich, sozialstaatlich, pazifistisch. Diese Erwartungshaltung hat sich als Lebenslüge erwiesen. 1989/1990 konnte man sie noch nachvollziehen, als Francis Fukuyama unter dem Eindruck des Falls der Berliner Mauer und des Endes der Ost-West-Spaltung des Kontinents ein *Ende der Geschichte* proklamierte.

2018 sieht die Welt anders aus: In Peking erhält Präsident Xi umfassende Vollmacht. Er ist ein neuer Kaiser von China. In Russland baut Wladimir Putin den autoritären Staat weiter aus; Andersdenkende werden ermordet; Nachbarn, die sich nicht unterordnen, mit Krieg überzogen. Die Türkei, die man eben noch auf dem Weg zur Demokratie wähnte und mit der die EU über einen Beitritt verhandelte, ist zu einer Autokratie geworden. Nicht mal in Europa entsprechen die Partner den deutschen Erwartungen. Robert Kagans Formel *The Jungle Grows Back* trifft die Lage.

Mit allen diesen »Disruptionen« bröckeln die Fundamente, auf denen Deutschlands Stellung in der Welt und sein wirtschaftlicher Erfolg ruhen. Dieser Erfolg ist wiederum die Grundlage unseres Sozialstaats, der die inneren gesellschaftlichen Spannungen befriedet. Was geschieht mit Deutschland, wenn diese Fundamente wegbrechen?

Sie bröckeln im Übrigen nicht erst seit Trumps Wahl. Zudem betreffen diese Dynamiken nicht nur das Verhältnis zu den USA. Die allmähliche Integration Europas ist zu einem Stillstand gekommen. Die EU ist ein unvollendetes Projekt. Ihr fehlen, zum Beispiel, vertragliche Sicherungen, wie sie sich schützen kann, wenn Länder den Rückwärtsgang bei Demokratie, Rechtsstaat und Grundfreiheiten einlegen. Den Drang nach Freiheit und Marktwirtschaft hatte man sich in der Euphorie nach dem Mauerfall 1989 wie eine Einbahnstraße vorgestellt. Deshalb wurden keine Vorkehrungen gegen Rückfälle getroffen, als die EU 2004 neben Malta und Zypern acht Staaten aus Ostmitteleuropa aufnahm, die vormals autoritär regiert worden waren. Darunter waren auch Polen und Ungarn, deren nationalpopulistische Regierungsparteien PiS und Fidesz heute die liberalen Grundwerte der EU sowie Grundprinzipien der Demokratie und des Rechtsstaats infrage stellen. Auch die Währungsunion hatten ihre Gründer zu sehr auf das Prinzip Hoffnung gebaut, wie die Eurokrise zeigt. Und dass ein Land aus freien Stücken aus der EU austreten möchte, war ebenfalls nicht vorgesehen, wie der mühsame Umgang mit dem Brexit belegt.

Deutschland kann sich auf die alten Gewissheiten nicht mehr verlassen. Seinen phänomenalen Aufstieg zur viertstärksten Wirtschaftsmacht der Welt verdankt es der liberalen, auf Regeln basierenden Weltordnung, die die USA nach 1945 geschaffen und durchgesetzt haben. Dazu gehören die Vereinten Nationen mit ihren Unterorganisationen, die universellen Menschenrechte, ein Weltwährungssystem samt einem Internationalen Währungsfonds (IWF) zur Stabilisierung dieses Systems sowie einer Weltbank als Entwicklungsagentur, eine Welthandelsorganisation WTO, die den Freihandel zum Ziel hat und die feste Regeln für Zölle und andere Handelshindernisse vorgibt; sowie die NATO als Sicherheitsallianz der westlichen Welt.

In Donald Trumps Präsidentschaft ist kein Verlass mehr darauf, dass die USA diese liberale Ordnung in gleicher Weise verteidigen und ihren Fortbestand garantieren, wie Europa das über Jahrzehnte gewohnt war. Trump hat die NATO »obsolet« genannt und gedroht, dass die USA Verbündete, die nicht ihren Teil zur gemeinsamen Verteidigung beitragen, im Fall eines Angriffs eventuell nicht unterstützen werden. Er wendet sich gegen multilaterale Freihandelsabkommen wie die von Vorgänger Barack Obama ausgehandelte Transpazifische Wirtschaftspartnerschaft TPP. Er will das Nordamerikanische Freihandelsabkommen NAFTA mit Kanada und Mexiko neu verhandeln; solche Verträge hätten den USA angeblich mehr Nachteile als Vorteile beschert, behauptet er. Er zieht bilaterale Wirtschaftsabkommen vor. In solchen Konstellationen hat Amerika als größte Volkswirtschaft der Erde mehr Verhandlungsmacht. Mit Strafzöllen auf den Import von Stahl, Aluminium und auf Waschmaschinen aus Asien riskiert Trump einen Handelskrieg. Er blockiert die Ernennung von Richtern, die in der WTO über solche Streitfälle entscheiden sollen. Er tritt aus UN-Organisationen wie der UNESCO und dem Menschenrechtsrat aus. Und kündigt globale Verträge wie das Klimaabkommen von Paris.

Das bedeutet freilich nicht, dass die von den USA geschaffene liberale Ordnung zerbrechen muss. Es bedeutet zunächst lediglich, dass Amerikas aktuelle Regierung diese Ordnung nicht mehr so stützt wie Trumps Vorgänger das taten. Diese Entwicklung stellt Deutschland vor die Frage, ob der Fortbestand dieser Ordnung in seinem Interesse liegt – und, wenn ja, was es zu tun bereit ist, um sie zu erhalten, wenn die alte Garantiemacht es nicht mehr tut, jedenfalls nicht im gewohnten Umfang.

Die liberale Ordnung kann ohne die USA überleben

Es gibt Hoffnungszeichen, dass diese Ordnung nicht zum Untergang verdammt ist, wenn die USA, ihr bisheriger Verteidiger, sich von ihr abwenden. Sie kann auch dann überleben. Als Trump den Transpazifischen Wirtschaftspakt TPP 2017 kündigte, warb Japan, die drittgrößte Volkswirtschaft nach den USA und China, dafür, an TPP festzuhalten, nun eben ohne Trumps Amerika. Das Abkommen sei weiter sinnvoll, um der Pazifikregion, die sich im 21. Jahrhundert zum Rückgrat der Weltwirtschaft entwickeln werde, Mindeststandards für Freihandel, Arbeitsbedingungen, Soziales und Umwelt vorzugeben. Das sei besser, als sich Chinas wachsender Dominanz zu beugen. Zudem könne ein solches Regelwerk über kurz oder lang auch illiberale Staaten wie China dazu bringen, diese Regeln anzuerkennen. Beim APEC-Gipfel im November 2017 in Vietnam verkündeten die elf verbliebenen TPP-Staaten ihre Einigung auf ein TPP-11, also ein Abkommen ohne die USA. Im Frühsommer 2018 sind in Washington Andeutungen zu hören, vielleicht würden die USA es sich anders überlegen und doch beitreten.

Diese Entwicklung lehrt, zugespitzt gesagt: Die von Amerika geschaffene Ordnung kann auch ohne Amerika überleben, wenn andere Führungsmächte das wollen und dieses Interesse mit Engagement verfolgen.

Deutschland ist die nächstgrößte Wirtschaftsmacht nach Japan, die Nummer vier in der Welt – und doch weit davon entfernt, sich als eine Führungsmacht in diesem Sinn zu begreifen. Stellt Deutschland sich an die Spitze einer Bewegung, die nach Japans Vorbild nun erst recht den Abschluss eines Transatlantischen Wirtschaftsabkommens (ehemals TTIP) betreibt? Was tut Deutschland, um den europäischen Pfeiler der NATO zu stärken? Was unternimmt es, um das internationale Handelssystem mit der Welthandelsorganisation WTO im Zentrum zu retten? Und was tut es, um UN-Organisation wie die UNESCO vor dem Bedeutungsverlust zu schützen? Am Anfang eines solchen Wegs müsste allerdings erst einmal das Eingeständnis stehen, wie reformbedürftig WTO und UNESCO sind. Und die Kritik an ihnen sowie am Klimaabkommen muss nicht rundum falsch sein, nur weil sie von Donald Trump kommt.

Generell ist die Absicht dieses Buches nicht, mit der Schilderung der vielen bedauerlichen Entwicklungen Trübsinn zu verbreiten. Sondern: zum Nachdenken und Handeln zu animieren. Die zeitliche Parallelität von Europas Krise und Trumps Aufstieg zum US-Präsidenten hat nicht notwendig zur Folge, dass die EU und die liberale westliche Ordnung zerbrechen. Die deutsche Gesellschaft und Politik muss sich aber darüber klar werden, welche gravierenden Folgen es hätte, wenn kein Verlass mehr auf diese Fundamente ihres Erfolgs wäre. Oder wenn sie ganz wegbrechen. Gesellschaft und Politik sollten aus dieser Erkenntnis heraus handeln. Wenn beides stimmt – dass die liberale Ordnung unsere Erfolgsgrundlage ist und dass sie bedroht ist, weil wir uns nicht mehr darauf verlassen können, dass andere sie für uns aufrechterhalten –, dann müssen wir in Deutschland eben selbst mehr tun, um diese Ordnung zu schützen, weil ihr Fortbestand in unserem Interesse liegt.

Bemüht sich die deutsche Öffentlichkeit um diese Selbstvergewisserung? Nein. Auch die Bundesregierung tut wenig, um diesen Prozess anzustoßen. Stattdessen ergötzt sich die Mediengesellschaft mit Blick auf die USA an einer Debatte, in der sie die Position eines vermeintlich unbeteiligten Zuschauers einnimmt. Entweder spottet sie über Trump und sein Amerika. Oder sie beklagt sich über seine Fehlleistungen und Zumutungen und redet seine Amtsenthebung herbei. Sie erweckt nicht den Anschein, als nehme sie ihn ernst und begreife, welche Risiken von ihm für das deutsche Erfolgsmodell ausgehen. Wenig Energie wird der Frage gewidmet, wie Deutschland mit Trump und seiner Regierung umgehen soll, um die eigenen nationalen Interessen zu verteidigen. Oder wie es sich in der EU positionieren muss, damit Europa die gemeinsamen Interessen schützt.

Ähnliche Anzeichen der Realitätsverweigerung zeigen sich in anderen Bereichen des außenpolitischen Meinungsaustauschs, zum Beispiel im Verhältnis zu Russland und China. Sowie im Verständnis, worauf Führungsfähigkeit und Einfluss in den internationalen Beziehungen beruhen. China und Russland sind weder freiheitliche Demokratien noch liberale Marktwirtschaften. Wenn auf die USA kein Verlass mehr ist, kommen diese Länder jedenfalls nicht als alternative Schutzmächte des deutschen Erfolgsmodells infrage. Im Gegenteil, sie bedrohen dessen Grundlagen noch weit mehr als ein unzuverlässiges Amerika.

Europa ist schon gar nicht in einem Zustand, in dem es das Führungsvakuum in der Weltpolitik füllen könnte, das Trump mit seiner Wende zu »America First« hinterlässt. Manche deutsche Kolumnisten beschwören diese Hoffnung gelegentlich – freilich ohne auszubuchstabieren, wie das gehen könnte. In ihren Entwürfen scheint der Wunsch, die von ihnen verachteten USA als Führungsmacht zu ersetzen, als Vater dieses Gedankens auszureichen. Wie das praktisch funktionieren soll, erklären sie nicht. Hindernisse dabei sind nicht nur die bereits genannten vielfältigen Krisen Europas. Es sind auch keine Kräfte zu sehen, die ernsthafte Absichten zeigen, Europa in solch eine Weltmachtrolle hineinzuführen. Auf die Deutschen ist in dieser Hinsicht kein Verlass, wie die folgenden Seiten anhand praktischer Beispiele illustrieren werden. Im Alleingang würden sie es ohnehin nicht schaffen; sie stellen nur 16 Prozent der Einwohner der EU. Andere europäische Nationen haben einen noch geringeren Anteil. Es ginge also nur, wenn Deutschland sich mit anderen Staaten Europas zusammentäte. Sind die Deutschen willens und fähig zu solch einem Aufbruch?

Deutschland als unsicherer Kantonist

Die Deutschen halten sich zumeist für Mustereuropäer, die das Gemeinwohl der EU im Auge haben und ihre nationalen Ambitionen oft den Gemeinschaftsinteressen unterordnen. Bei näherem Hinsehen ist das aber gar nicht so. In Sonntagsreden wird, zum Beispiel, gerne betont, dass sich der Datenschutz nur international regeln lasse. Wenn der Bundestag dann aber die Vorratsdatenspeicherung neu regeln muss, weil höchste Gerichte die bisherige Praxis für rechtswidrig befunden haben, fragt kaum jemand in Deutschland, wie das die Franzosen, Italiener, Schweden oder Spanier handhaben. Das wäre doch eine Vorbedingung, wenn man wirklich eine gemeinsame europäische Regelung anstrebt. Nein, die Deutschen machen flugs ein neues nationales Gesetz, ohne rechts und links zu schauen. Ähnlich selbstbezogen agieren sie bei der Energiewende oder in der Flüchtlingspolitik. Sie beschwören europäische Lösungen, handeln aber oft, ohne sich mit den Partnern abzustimmen.

Das wirft die Frage auf, welche Vorstellung diese Gesellschaft von Macht und Führungsfähigkeit hat. Allem Anschein nach verstehen viele Deutsche den Einfluss als viertgrößte Wirtschaftsmacht der Erde und als potentestes Mitglied der EU unausgesprochen so, als solle Deutschland den Partnern nach seinen Vorstellungen die Richtung weisen. Und nicht als die Verantwortung einer zur Führung willigen Macht, die diesen Führungsanspruch immer wieder neu legitimieren muss, damit andere mitmachen. Eine solche Macht müsste, um Einfluss auszuüben, nach den Interessen der Partner fragen und diese in die eigene Politik integrieren. Deutschland kann erst dann seinen potenziell großen Einfluss in der EU ausüben, wenn es Mehrheitskoalitionen mit anderen EU-Partnern bildet. Dazu muss es auf diese Partner zugehen, ihnen zuhören, um zu verstehen, was ihnen wichtig ist, und diese Perspektiven in die eigene Vorgehensweise aufnehmen. Ein selbstbezogener Ansatz in der Gemeinschaft hingegen trägt das Risiko mit sich, sich zu isolieren. Das hat in der europäischen Geschichte mehrfach zu Konflikten geführt. Und im Extremfall zu zerstörerischen Kriegen.

Die Erfahrungen mit der Flüchtlingskrise 2015 haben eindrücklich vor Augen geführt: Führung ist nicht möglich, wenn Deutschland die Führung beansprucht, aber eine Richtung einschlägt, in die die anderen nicht folgen möchten.

Diese Diskrepanz zwischen der Selbstsicht der Deutschen als Mustereuropäer und der etwas anderen Wahrnehmung von außen ist ein Grundproblem der außenpolitischen Debatte in Deutschland. Fragt man die Nachbarn, hört man erstaunlich oft die Einschätzung, dass die Deutschen gerne anderen sagen, was sie von ihnen erwarten und wie diese anderen sich verhalten sollen, aber nur selten fragen, was die anderen von Deutschland erwarten. Dieses Buch verfolgt den umgekehrten Ansatz: Es möchte Deutschland sowie seine Außen-, Sicherheits- und Europapolitik mit den Augen der anderen betrachten. Und den Deutschen die Wünsche und Erwartungen der Verbündeten vermitteln.

Die Partner in der EU fühlen sich häufig von deutschen Handlungen überrascht. Dann reagieren sie verärgert, weil es Folgen für sie hat, wenn ein so einflussreiches Land seine Energie- oder Migrationspolitik eigenwillig ändert, ohne sich mit den Partnern abzustimmen. Gewiss darf man diskutieren, ob die deutsche Energiewende ein Vorbild sein könnte oder nicht. Doch unabhängig von der Antwort bleibt das Faktum: Die meisten Länder wollen oder können sie nicht kopieren. Frankreich will nicht so schnell aus der Atomkraft aussteigen, es hält Atomstrom für unverzichtbar beim Ziel emissionsarmer Energie. Polen mit seiner hohen Abhängigkeit von der Kohle – nicht nur bei der Energieversorgung, sondern auch mit Blick auf die Arbeitsplätze in dieser Sparte – kann nicht einfach aus der Kohle aussteigen. Viele andere Länder wollen sich die hohen Kosten der Energiewende – über 20 Milliarden Euro jährliche Umverteilung zur Förderung der Erneuerbaren in Deutschland – nicht leisten. In vielen Bereichen wirkt das deutsche Vorgehen von außen betrachtet nicht so vorbildlich, wie es sich die Deutschen gerne bescheinigen. Sondern es erscheint oft ideologisch motiviert. Dann klagen die Partner über die sprichwörtlichen *Incertitudes Allemandes:* die Unsicherheit der Deutschen, aus der eine Unberechenbarkeit für ihre Partner folgt.

Was Europa kann: Regeln für Handel und fürs Digitale

In zwei Bereichen übt die EU tatsächlich den Einfluss aus, der dem größten Wirtschaftsblock der Erde gebührt: in der internationalen Handelspolitik und bei der Formulierung von Regeln für die digitale Welt, um einen Ausgleich zwischen dem ökonomischen Interesse an einer Nutzung der Daten und dem individuellen Interesse am Schutz der persönlichen Daten herzustellen. Unter Donald Trump haben sich die USA aus der Debatte um zeitgemäße multinationale Freihandelsverträge verabschiedet. Die EU hingegen treibt in allen Himmelsrichtungen neue Freihandelsabkommen voran oder modernisiert bestehende: in Nordamerika mit Kanada und Mexiko, in Asien mit Japan, Südkorea, Australien und Neuseeland, in Afrika mit einer großen Zahl von Ländern, in Südamerika mit dem Staatenbund Mercosur (Argentinien, Brasilien, Paraguay und Uruguay). So nimmt die EU großen Einfluss auf die Gestaltung der künftigen Welthandelsordnung, während die USA als schmollender Zuschauer an der Seitenauslinie sitzen.

Ähnliches geschieht neuerdings beim Datenschutz. Die EU prägt mit ihrer Datenschutz-Grundverordnung (DSGVO) die internationalen Standards beim Umgang von Unternehmen mit den

Daten von Bürgern. Jedes Unternehmen, das Geschäfte in der EU abwickelt, muss seit Ende Mai 2018 unabhängig von seinem Sitz die EU-Richtlinien für die Speicherung und Weitergabe der Daten von EU-Bürgern beachten. Das spüren nicht nur gewinnorientierte Unternehmen, sondern auch Nonprofit-Organisationen in den USA, die mit EU-Bürgern kommunizieren wollen, zum Beispiel Think Tanks, die Hinweise auf ihre Arbeit per E-Mail an Europäer verschicken. Auch sie müssen die DSGVO einhalten. Mit über 500 Millionen vergleichsweise zahlungskräftigen Bürgern, die zugleich Konsumenten sind, hat die EU ein beträchtliches Marktgewicht. Die großen IT-Konzerne im Silicon Valley, die bislang eher dadurch auffielen, wie sie die EU-Vorgaben, zum Beispiel für faire Besteuerung, umgehen können, nehmen Europa bei der DSGVO ernst, berichten Europa-Abgeordnete wie Reinhard Bütikofer von den Grünen nach Besuchen am Sitz von Google, Facebook & Co in Kalifornien. Ein Regelwerk, auf das man sich einstellen kann, ist für sie vielleicht doch praktikabler als eine ungeregelte internationale Landschaft, von der man zunächst profitiert, in der man sich dann aber plötzlich unerwartetem politischen oder ökonomischen Druck ausgesetzt sehen kann.

Ein vergleichbares Druckpotenzial hat die EU in den Bereichen der klassischen Machtpolitik nicht. Wenn es um Grundfragen der inneren und äußeren Sicherheit geht, um Verteidigung und Schutz der Grenzen, wirkt die Europäische Union durchsetzungsschwach.

Doch auch in den Gebieten, wo Europa stark ist, Handel und Datenschutz, fällt auf: Der deutschen Gesellschaft hat die EU diesen Einfluss nur bedingt zu verdanken. Die Deutschen gehören nicht immer zu den Antreibern, die auf gemeinsame Regelungen drängen und die Regelungskompetenz der EU begrüßen. In Deutschland sind Gruppen zu Hause, die sich bei Freihandel und Datenschutz als Quertreiber betätigen. Ihnen sind die europäischen Regelungen nicht gut genug. Zu dieser Einschätzung haben sie natürlich jedes Recht. Die Frage ist nur, mit welcher Zielsetzung man Kritik betreibt: um Regelungen zu verbessern oder um sie zu verhindern? Eine Kritik, die im Blick behält, was andere EU-Partner wollen, und unter diesen Voraussetzungen den bestmöglichen politisch durchsetzbaren Standard anstrebt, ist konstruktiv. Ein Kritik dagegen, die die eigenen Vorstellungen absolut setzt und sich nicht dafür interessiert, welche Abwägungen andere Europäer treffen, sondern alles darangibt, ein Abkommen zu verhindern, das nicht den eigenen Maßstäben entspricht, ist destruktiv.

In Deutschland sind beide Arten von politischer Lobbyarbeit zu beobachten. Als Vor- und Nachteile der Transatlantischen Handels- und Investitionspartnerschaft TTIP diskutiert wurden, haben sich viele Gruppen, in denen sich Kritiker zusammenfanden, um eine Verbesserung der Entwürfe bemüht. Es gab aber auch Gruppen, deren Ziel die Verhinderung von TTIP war und nicht ein bestmögliches TTIP. Im gesamteuropäischen Maßstab waren diese deutschen TTIP-Gegner eine kleine Minderheit. Sie haben der Mehrheit jedoch ihren Willen aufgezwungen. Am Ende ist TTIP nicht daran gescheitert, dass die öffentliche Meinung in der EU insgesamt dagegen war. Sie ist am Widerstand in drei deutschsprachigen Ländern gescheitert, der zu einem Gutteil mit wahrheitswidrigen Diskreditierungen arbeitete, vom angeblich gesundheitsschädlichen »Chlorhühnchen« bis zu verleumderischen Darstellungen der bewährten internationalen Schiedsgerichtsbarkeit. In EU-weiten Meinungsfragen war eine Mehrheit kontinuierlich für TTIP. Demokratisch war dieser Ausgang also nicht. Bei CETA, dem Freihandelsabkommen mit Kanada, hat die europäische Mehrheit gegen die Partikularinteressen gekämpft. Und sie hat sich durchgesetzt.

Auch beim Datenschutz gab es Versuche, eine gute europäische Lösung mit der Forderung nach einer noch idealeren digitalen Grundrechtecharta zu torpedieren. Europa hat die DSGVO jedoch verabschiedet, und dies übt Druck auf andere Großmächte aus.

3.

Wie europäisch sind wir?

Die Sonntagsredner: Wege weisen, ohne sie zu gehen

Brüssel, Europäisches Parlament, Mitte Mai 2018

Der Sitzungssaal 2Q2 im Jozsef-Antall-Gebäude des Europäischen Parlaments hat an die zweihundert Plätze für Abgeordnete und Zuhörer. Sie sind an diesem Mittwochnachmittag gut belegt, als die gemeinsame öffentliche Anhörung der Ausschüsse für Auswärtige Angelegenheiten und Internationalen Handel des Parlaments zum Stand der Beziehungen zwischen der Europäischen Union und den USA beginnt. Ich bin als einer von drei Experten geladen, um in zehn Minuten thesenartig die Ergebnisse meines Forschungsprojekts vorzustellen. Die beiden anderen Gäste sind Anthony Gardner, US-Botschafter der Obama-Regierung bei der EU, und Jeremy Shapiro vom European Council on Foreign Relations, auch er stammt aus dem Obama-Lager. Danach diskutieren die Abgeordneten rund 50 Minuten, teils in Form von Nachfragen an die Experten, überwiegend aber in Form von Meinungsäußerungen.

Die Anhörung offenbart erneut den Zwiespalt: Die erdrückende Mehrheit der Abgeordneten, die das Wort ergreifen, beschwert sich über Trump, zum Teil in vernichtenden Worten, oder spottet über ihn. Vorschläge, wie die EU mit ihm und der entstandenen Lage umgehen soll, um Europas Interessen zu schützen, machen nur wenige. Alojz Peterle, der frühere Ministerpräsident und Außenminister Sloweniens, fasst zusammen: Im Wesentlichen diskutieren wir Europäer über uns selber, unsere Gefühle mit Blick auf Amerika und unseren begrenzten Einfluss. Das Bündnis mit den USA sei unverzichtbar, China oder Russland sind keine Alternativen. Auch andere Christdemokraten sprechen dieses Dilemma an. Wie kann Europa sich emanzipieren? Mehrere Abgeordnete aus dem linken Lager werben für einen Gegenkurs zu Trump. Eine Spanierin nennt ihn »das Schlimmste, was der Welt seit Langem passiert ist«. Die Abgeordneten warnen, die Zeiten könnten noch schwerer werden. Die Gegentherapie müsste mehr europäische Einigkeit sein. Die Entwicklung gehe jedoch in die andere Richtung. Die Staaten Europas bewegten sich auseinander, die politischen Lager spalten sich in Zeiten des Populismus auf. Nach der Europawahl 2019 werde das Parlament mehr Splittergruppen haben. Einen Weg, wie Europa stärker werden kann, weisen die Empörten nicht.

Drei Hinweise aus meinem Kurzvortrag lösen besondere Resonanz aus. Erstens verschwindet Trump nicht so schnell von der Bühne; und auch nach seiner Amtszeit werden die Beziehungen nicht wieder so, wie sie vor ihm waren. Europa muss sich dauerhaft auf neue Zeiten im transatlantischen Verhältnis einstellen.

Zweitens wird Europas Emanzipation nicht gegen die USA gelingen. Europa muss innerhalb des Bündnisses mit Amerika handlungsfähiger werden; dafür muss die EU sich vor allem da verbessern, wo sie die größten Schwächen hat, also in der Sicherheitspolitik und bei der Durchsetzung der gemeinsam beschlossenen Regeln, von den Stabilitätskriterien bis zum Umgang mit Massenmigration.

Drittens darf man wesentliche Fortschritte in der EU auf absehbare Zeit nur von der Kooperation der nationalen Regierungen erwarten; für Vertragsänderungen und weitere Kompetenzübertragung von nationaler auf EU-Ebene gibt es keine Einstimmigkeit; folglich sollte das Parlament die Kräfte unterstützen, die etwas voranbringen wollen, zum Beispiel den französischen Präsidenten Macron; und es sollte seine Erwartungen an zögerliche Partner offen formulieren – also auch nicht zu höflich mit Deutschland umgehen.

So sieht das auch Elmar Brok, einer der amtsältesten deutschen Europaabgeordneten. Er ist der Berichterstatter für das Thema und wird die Empfehlungen formulieren. Sein Entwurf umfasst 37 Punkte. Er schlägt keinen Bruch mit den USA vor, sondern bekräftigt die gemeinsamen Werte und Ziele. Er kritisiert Trumps Politik, von »America First« und den Strafzöllen über die Ausstiege aus dem Klima- und dem Iran-Abkommen bis zur Politik in Afrika und Asien. Er hält aber auch fest, dass Europa in der Sicherheitspolitik und der Terrorabwehr keine Alternativen zum Bündnis mit den USA habe. Im Wesentlichen sind das Appelle. Das Parlament hat keine Exekutivgewalt.

Der Elefant im Raum

Ob es ausgesprochen wird oder nicht: Auch in dieser Debatte ist Deutschland der sprichwörtliche Elefant im Saal. Es ist der einflussreichste Staat der EU. Es ist die leistungsfähigste Volkswirtschaft in Europa mit 28 Prozent Anteil an der Wirtschaftskraft der EU und die viertstärkste der Welt nach den USA, China und Japan. Deutschland hat auch die größte Bevölkerung der EU-Mitglieder, annähernd 83 Millionen. Das sind rund ein Fünftel mehr als die Einwohnerzahl in Frankreich oder Großbritannien und rund ein Drittel mehr als in Italien.

Zugleich stellen die Deutschen aber nur rund 16 Prozent der gut 500 Millionen EU-Bürger. In der Innenpolitik würde es wohl kein Bundesbürger akzeptieren, wenn eine Partei, die 16 Prozent der Wähler repräsentiert, die Richtlinien der Politik bestimmen wollte. Wer die Richtung vorgeben möchte, muss eine Mehrheit mit seinen Argumenten überzeugen.

Und international? Da macht sich in deutschen Debatten mitunter ein Hang zu aufgeklärtem Absolutismus bemerkbar. Entweder gehen viele Deutsche ungeprüft davon aus, dass eine Mehrheit in Europa oder der Welt die Dinge gewiss ganz ähnlich sieht wie sie selbst; schließlich meinen sie, die besten Argumente zu haben. Oder sie suchen nach Wegen, wie sie ihre wohlbegründete Minderheitenmeinung trotz andersdenkender Mehrheit durchsetzen können – in bester Absicht, versteht sich. Sie wollen jenen zur Einsicht verhelfen, denen sich die Weisheit der deutschen Lösung für ein Problem noch verschließt.

Vorbild – oder Führungsmacht – wird man jedoch nicht, indem man sich selbst dazu erklärt. Man muss es in den Augen der anderen werden.

Deutscher Triathlon: pro-europäisch, rational, rechtstreu

Es gehört zu den Binsenweisheiten der internationalen Beziehungen, dass das Selbstbild einer Nation und die Sicht der anderen auf sie selten übereinstimmen. Beherzigt wird die Einsicht freilich nur in der Theorie. In der Praxis wird die Unterscheidung zwischen der Selbsteinschätzung und der Fremdwahrnehmung gerne verdrängt. Die Frage, ob die Deutschen die gesamteuropäischen Interessen und die Interessen ihrer EU-Partner im nationalen politischen Alltag tatsächlich so sehr im Blick haben, wie sie sich einbilden, ist nur ein Aspekt dieser Diskrepanz. Ein anderer ist die Neigung vieler Deutscher, sich für besonders nüchtern und vernunftorientiert zu halten – etwa im Vergleich mit den angeblich so heißblütigen und emotionalen Südeuropäern. Das dritte Element schließlich ist der Glaube der Deutschen, dass sie sich besonders rechtstreu verhalten und die in der EU vereinbarten Regeln respektieren, während andere EU-Partner es damit nicht so genau nehmen.

Wie schneidet Deutschland in diesem Triathlon aus gemeinschaftsorientiertem Handeln, vernunftbasierten Entscheidungen und Rechtstreue tatsächlich ab? Nicht unbedingt schlechter als andere EU-Partner, aber doch weit entfernt von der Selbstwahrnehmung. Die Abweichung rührt weniger daher, dass andere EU-Staaten sich gemeinschaftsdienlicher verhalten als Deutschland. Vielmehr bekennen sich andere Führungsnationen – Frankreich, Großbritannien, Italien, Polen – offen dazu, dass sie nationale Interessen haben, denen sie mitunter den Vorzug geben, wenn diese in Konflikt mit den gesamteuropäischen Interessen geraten. In Deutschland tun viele hingegen so, als sei die Bundesrepublik eine »postnationale« Gesellschaft, die den angeblich historisch überholten Nationalstaat hinter sich gelassen habe und darauf vertraue, dass supranationale Institutionen wie die EU und die Vereinten Nationen die traditionellen Staaten über kurz oder lang überflüssig machen. Doch weder die Völker in Europa noch in der übrigen Welt sind bereit, ihre Nationalstaaten so gering zu schätzen, wie die Deutschen das tun, oder sie gar abzuschaffen. Und im Gegensatz zu vielen Deutschen gaukeln sie sich und den Partnern auch nicht vor, dass dies in absehbarer Zeit eine realistische Perspektive sei.

Die besonderen Probleme Deutschlands rühren daher, dass ein beträchtlicher Teil seiner Eliten das Offenkundige bestreitet: Auch Deutschland ist ein Nationalstaat und verfolgt nationale Interessen. Diese Interessen sind nicht automatisch identisch mit dem Gemeinschaftsinteresse Europas.

EU-Staaten verstoßen gelegentlich gegen die gemeinsam verabschiedeten Regeln. Auch Deutschland tut das, nicht nur in seltenen Ausnahmefällen, sondern immer wieder. Einen psychologisch gravierenden Sündenfall beging die Bundesregierung unter Gerhard Schröder bei den Maastricht-Kriterien. Unter deutschem Druck hatten die künftigen Euroländer die Einführung der Gemeinschaftswährung an einen Stabilitätspakt geknüpft. Danach darf die Neuverschuldung im laufenden Staatshaushalt drei Prozent vom Bruttoinlandsprodukt (BIP) nicht überschreiten und die Gesamtverschuldung der öffentlichen Hand nicht über 60 Prozent vom BIP steigen. Doch dann gehörten Deutschland und Frankreich zu den Ersten, die dagegen verstießen und auch noch verlangten, dass die dafür vorgesehenen Sanktionen ausbleiben sollten. Das erschwerte es der Bundesregierung später, die Stabilitätskriterien durchzusetzen, als die Verschuldung in mehreren EU-Staaten außer Kontrolle geriet und den Fortbestand des Euro gefährdete.

Ungewöhnlich ist ebenso wenig, dass EU-Staaten, Deutschland eingeschlossen, nicht lang nach den Interessen ihrer Partner und der Mehrheitsfähigkeit ihrer eigenen Ideen fragen, wenn sie nationale Ziele verfolgen, die der eigenen Bevölkerung gerade auf der Seele brennen. Als der NSA-Skandal ganz Europa erschütterte, setzte sich die Bundesregierung für eine internationale Grundrechtecharta beim Datenschutz und der Vorratsspeicherung ein, die auch die Geheimdienste binden sollte. Doch sie scheiterte bereits bei der ersten Etappe auf diesem Weg: einen Konsens in Europa herzustellen. Briten, Franzosen, Polen oder Spanier treffen andere Abwägungen zwischen den konkurrierenden Wünschen, einerseits bestmöglichen Schutz vor Terrorangriffen zu genießen, wozu die Geheimdienste einen gewissen Zugriff auf Daten haben müssen, und andererseits ein Selbstbestimmungsrecht der Bürger anzuerkennen, was mit den eigenen Daten geschieht.

Neu ist auch nicht, dass einzelne Nationen ihre Politik meist für sachlich begründet halten, während ihre Partner darin einen Ausdruck von nationaler Verirrung oder Ideologie vermuten. Ein Beispiel ist der deutsche Zickzackkurs beim Ausstieg aus der Atomenergie. Schon der erste solche Beschluss 2003 unter Rot-Grün war im Ausland eher als Ausdruck einer Gesinnung denn als Folge sachlicher Zwänge wahrgenommen worden. Nach dem Regierungswechsel zu Schwarz-Gelb verlängerte die Regierung Merkel die Laufzeiten der Atomkraftwerke wieder. Die deutsche Energiepolitik näherte sich dadurch erneut der Lage in anderen EU-Staaten an. Unter dem Eindruck der Havarie im japanischen AKW Fukushima 2011, die ein Tsunami ausgelöst hatte, kehrte die Regierung Merkel zum Ausstiegsbeschluss ihrer rot-grünen Vorgänger zurück. Angesichts der Stimmung in der deutschen Öffentlichkeit mag das innenpolitisch zwingend erscheinen. Aus Sicht der Mehrheit der EU-Partner war dies jedoch eine emotionale Reaktion und nicht sachlich notwendig. Schließlich drohen in Europa keine Tsunamis. Deutschland war zwar nicht das einzige Land, das Fukushima zum Anlass nahm, den Ausstieg aus der Atomkraft zu einem früheren oder späteren Zeitpunkt zu erklären. Die Schweiz und Japan als geschädigtes Land beschlossen das ebenfalls. Die meisten westlichen Industriestaaten taten dies aber nicht – weshalb man durchaus fragen darf, welche der jeweiligen Reaktionen rational begründet waren.

»Fighting for peace« und »Fucking for virginity«

Die Diskrepanz zwischen dem Selbstbild und der Fremdwahrnehmung, ob Deutschland sich besonders rechtstreu, europakompatibel und rational verhalte oder nicht, war bereits fest etabliert, als sich die Migrationskrise 2015 zuspitzte. Sie wurde zu einem besonderen Einschnitt, denn hier summierten sich alle drei Verfehlungen: Deutschland ignorierte die vorhandenen vertraglichen Regelungen, versäumte europäische Absprachen, als es handelte, und beschrieb die Lage sowie die Handlungsoptionen auf eine Weise, die Zweifel an der Sachorientierung weckten. Zudem beging Deutschland beim Versuch, die Folgen dieser Fehler zu beheben, die nächsten Verstöße, zum Teil abermals aus sachfremden Motiven. Die Irritationen in anderen EU-Staaten wirken bis heute nach. Das haben meine Gespräche in Paris, Warschau und Brüssel deutlich gezeigt.

Beginnen wir mit der Einstellung zur Bindewirkung europäischer Verträge. Eines der verblüffendsten Phänomene im deutschen Umgang mit Europa ist die Leichtfertigkeit, mit der das geltende Recht ignoriert und der Regelbruch hingenommen wird, samt der Verwunderung darüber, dass andere sich auch nicht an die Regeln halten wollen. Dabei ist das doch nur logisch: Häufiger Rechtsbruch hat die Folge, dass das Regelwerk nicht mehr als verbindlich angesehen wird. Da liegt ein wichtiger Unterschied zwischen einem Rechtsstaat und einer Bananenrepublik.

Die deutsche Bereitschaft, Vertragsbruch hinzunehmen, trat nicht erst in der Migrationskrise auf. Das ist wichtig festzuhalten. Denn eine beliebte Erklärung – oder Ausrede – in der zugespitzten Lage lautete: Wegen der Ausnahmesituation könne man sich nicht an den Buchstaben geschlossener Verträge orientieren. Vielmehr gelte: »Not kennt kein Gebot.«

Die deutsche Neigung, sich mal auf die Rechtslage zu berufen und sie mal zu ignorieren, je nachdem wie es gerade opportun erscheint, ist jedoch viel älter. Schon in der Eurokrise trat dieser Widerspruch zutage. Das schien damals kaum jemanden in Deutschland zu stören und ebenso später in der Migrationskrise. Ein sich über Jahre wiederholender Rechtsbruch war der Hauptgrund, warum Griechenland in seine Notlage und der Euro in die Krise geriet. Die Regeln, die sich die Mitglieder zum Schutz der Währungsstabilität und zur Sicherung der Finanzdisziplin gegeben hatten, wurden missachtet. Wenn aber Rechtsbruch und Mogelei die Ursünde dieser Krise waren, hätte die rationale Konsequenz lauten müssen, sie nicht mehr zu tolerieren. In linken Sponti-Sprüchen aus früheren Jahrzehnten war diese Wahrheit noch lebendig. Konzepte mit einem immanenten Widerspruch wie »Fighting for Peace« und »Fucking for Virginity« haben keine Aussicht auf Erfolg.

Die Eurokrise: Neigung zum Rechtsbruch

Die Verantwortlichen in der Eurozone jedoch taten in ihrem Bemühen, Griechenland im Euro zu halten, genau das: Sie versuchten, den Rechtsbruch und seine Folgen zu heilen, indem sie nun erst recht gegen Grundregeln des Stabilitätspakts sowie der Gesetzgebung in demokratischen Rechtsstaaten verstießen. Ein Großteil der deutschen Medien lobte dieses Vorgehen, den Rechtsbruch mit noch mehr Rechtsbruch zu beantworten – vorzugsweise taten dies Medienvertreter links der Mitte, in deren Reihen die ehemaligen 68er gut vertreten sind. Sie hätten mit der Wahrheit der Sponti-Sprüche vertraut sein müssen. Aber die guten Absichten gewannen die Oberhand über die Logik.

Die No-bailout-Klausel in den Verträgen zur Währungsunion verbietet es, ein Sünderland mit europäischen Staatsgeldern vor den Folgen unsolider Finanzpolitik zu retten. Dennoch wurde diese unzulässige Vorgehensweise immer wieder als Ausweg angepriesen.

Die griechische Regierung peitschte 2015 höchst folgenreiche Reformpakete durchs Parlament, ohne sich um die Regeln des Gesetzgebungsprozesses zu scheren wie die Beratungen in Ausschüssen und mehrere Lesungen im Plenum. Sie setzte eine Volksabstimmung an, ohne die formalen Bedingungen dafür einzuhalten, wie die rechtzeitige Bekanntgabe der Frage, über die abzustimmen sei, und ohne die Chance, Wahlkampf pro und contra zu führen. Das Referendum sollte angeblich der Demokratie dienen sowie dem Ziel, dem Volkswillen Geltung zu verschaffen. Schon das war eine Farce.

Doch es kam schlimmer. Nur eine Woche, nachdem das Volk mit gut 60 Prozent die von den Europartnern geforderten Einschnitte abgelehnt hatte, unterschrieb Regierungschef Tsipras ein noch schärferes Reformpaket und ließ das Parlament darüber abstimmen, ohne die Bürger zu befragen. Im Volk hatte die Stimmung inzwischen gewechselt. Unter dem Eindruck der Banken- und Auszahlungskrise und im Bewusstsein, dass es eben doch um den Ausstieg aus dem Euro gehen könnte, was die Regierung beharrlich geleugnet hatte, waren nun laut Umfragen 70 Prozent bereit, das schärfere Reformpaket anzunehmen. Diese Vorgehensweise – erst ein Referendum, um kurz darauf den dort ausgedrückten Volkswillen zu ignorieren – gleicht einem demokratischen Absurdistan. Trotz all dieser Defizite applaudierten viele Kommentatoren in Deutschland der Regierung Tsipras.

2018 bahnt sich nun mit den Entwicklungen in Italien die nächste schwere Eurokrise an. Wird Europa diesmal auf Einhaltung der Regeln bestehen?

Die Migrationskrise: Deutsche Alleingänge

Das Muster der Rechtsvergessenheit wiederholte sich in der Migrationskrise. Es gab ein Regelwerk, das Dublin-Abkommen, doch es wurde ignoriert. Für die sogenannten Schengen-Staaten der EU, die auf Passkontrollen an ihren inneren Grenzen verzichtet haben, gibt das Dublin-Abkommen vor, wie sie mit Asylbewerbern umgehen sollen: Der Staat, in den ein Zufluchtsuchender zuerst einreist, soll ihn erfassen, die Fingerabdrücke nehmen und das Verfahren betreuen. Das dient auch dem Ziel, zu verhindern, dass Menschen in mehreren EU-Staaten nacheinander Asylanträge stellen.

Diese Regeln wurden nie konsequent befolgt. Die Hauptlast hätte zunächst auf Italien gelegen, wo das Gros der Zufluchtsuchenden über das Mittelmeer nach Europa kam. Und später auf Griechenland, als die Hauptroute über die Ägäis und den Balkan nach Zentraleuropa führte. Doch in Italien (und später ebenso in Griechenland) machte man sich nicht die Mühe, Fingerabdrücke zu nehmen und Asylverfahren einzuleiten – oder die offenkundig gar nicht Asylsuchenden konsequent zurückzuschicken. In der Annahme, dass es sich um Wirtschaftsmigranten handele, die ihr Glück ohnehin nicht in Italien (oder Griechenland), sondern in reicheren EU-Ländern wie Deutschland suchen, wies man ihnen den Weg nach Norden.

Dann kam das Jahr 2015 mit dramatisch steigenden Migrationszahlen. 2013 waren etwa 120.000 Migranten nach Deutschland gekommen, 2014 rund 240.000, 2015 kamen 890.000 Menschen. Wie war das überhaupt möglich in einem Staat und einer Gesellschaft, die sich selbst Rechtstreue, Rationalität und pro-europäische Einstellungen zugutehält?

Wer sich informieren wollte, was Regierung und Behörden in dieser Situation hätten tun müssen, konnte auf der Internetseite des Bundesamts für Migration und Flüchtlinge (BAMF) klare Vorgaben finden: Wer auf dem Landweg an die deutsche Grenze kommt, hat kein Recht auf Asyl und auch keinen Anspruch, in Deutschland als Flüchtling aufgenommen zu werden. Ihm muss die Einreise nach Deutschland bereits an der Grenze verweigert werden. Denn er war auf dem Weg dorthin in mehreren sicheren Drittstaaten gewesen. Einen Asylantrag muss ein Flüchtling im ersten sicheren Staat stellen, den er erreicht. Tut er das nicht, ist er kein Flüchtling mehr, der Schutz sucht, sondern ein Migrant, der freiwillig weiterzieht – im Bestreben, sich seinen künftigen Wohnort frei auszuwählen.

Die besondere Dynamik des Sommers 2015 hatte sich aus mehreren Entwicklungen ergeben, etwa aus dem verstärkten Migrationsdruck wegen des Bürgerkriegs in Syrien und der Unruhen in weiteren arabischen Staaten und der Unterfinanzierung der UN-Flüchtlingslager in den Nachbarstaaten. Doch einen wesentlichen Teil trug die Bundeskanzlerin bei mit ihrer einsamen Entscheidung, den Migranten auf der Ägäis-Balkan-Route den Weg nach Deutschland zu weisen. Es hatte keine ernsthafte Beratung und Folgenabschätzung im Kabinett gegeben, die Abstimmung mit den wichtigsten Verbündeten unterblieb ebenfalls. Merkel hat dies später mit dem Zeitdruck und mit humanitären Gründen erklärt. Die meisten deutschen Medien folgten ihr: Not kennt kein Gebot.

Andere EU-Staaten wurden von Merkels Entscheidung überrumpelt und mussten mit den gravierenden innenpolitischen Folgen fertigwerden. Polen, zum Beispiel, stand kurz vor einer schicksalhaften Parlamentswahl. Radek Sikorski, damals Parlamentspräsident und zuvor Außenminister, ist noch heute verärgert. Er sagt, Bundeskanzlerin Merkel habe einen folgenschweren Beitrag zum Wahlsieg der nationalkonservativen PiS-Partei am 25. Oktober 2015 geleistet. Sikorski ist im übertragenen wie im wörtlichen Sinne schwer verschnupft, als wir im Februar 2018 über diese Entwicklung reden. Mit Tee, Honig und Zitrone kämpft er gegen einen grippalen Infekt an. Dank Merkel habe die PiS damals die Angst schüren können, es drohe die Überwältigung Europas durch eine Million Muslime –, und habe so die Wahl in Polen gewonnen. Das Argument, der Problemdruck habe Merkel keine andere Wahl gelassen, als allein zu entscheiden, lässt er nicht gelten. »Ein Krisentreffen der Innenminister der Schengen-Staaten hätten man in 24 bis 48 Stunden organisieren können.«

Die Nachbarn im Westen teilen den Ärger über Merkel. Im Februar 2016 hatte sich der französische Regierungschef Manuel Valls am Rande der Sicherheitskonferenz in München mit einem kleinen Kreis deutscher Journalisten getroffen, um sich über die in Deutschland verbreitete Hoffnung auf eine Verteilung der Syrien-Flüchtlinge zu echauffieren. Frankreich sei generell »gegen einen permanenten Umverteilungsmechanismus in Europa«. Das Problem der Massenmigration müsse in den Herkunftsländern gelöst werden und durch einen verlässlicheren Schutz der EU-Außengrenzen.

Deutschland wurde von den Folgen der humanitären Entscheidung der Kanzlerin erschüttert und verlor für Monate die Kontrolle über die Entwicklung. Hunderttausende reisten nach Deutschland ein, ohne dass die Behörden die Identität dieser Menschen kannten oder potenzielle Gefahren, die von ihnen ausgehen könnten, abzuschätzen vermochten.

Die deutsche Verwaltung und die Selbsthilfekräfte der Gesellschaft wuchsen einerseits über sich hinaus. Andererseits stießen sie an ihre Grenzen – und man kann nur hoffen, dass diese Erfahrung als heilsame Lehre weiterwirkt. Die Bereitschaft zu mitmenschlicher Hilfe und Solidarität, die die Regierung und der Großteil der Bürger zeigten, war gewiss ein Grund zur Freude und zum Stolz. Zugleich bewiesen Staat und Gesellschaft ein beunruhigendes Maß an Realitätsverweigerung und Wunschdenken. Besonders erschreckend war der Unwille, die Sicht der EU-Partner und die generelle internationale Rechtslage ernst zu nehmen. Sowie die häufig anzutreffende Haltung, man habe es mit einer Art Naturgewalt zu tun, die man nicht beeinflussen könne. Das glich einer Ohnmachtserklärung.

Deutschland steuert Migration, will es aber nicht wahrhaben

Verwunderlich war diese Stimmung, weil Bundesbehörden damals gerade Erfahrungen sammelten, in welchem Ausmaß sie Migrationsbewegungen beeinflussen können. Eine große Gruppe unter den 2015 nach Deutschland strömenden Menschen kam aus Balkanstaaten wie Albanien, dem Kosovo, Serbien. Sie konnten keine zwingenden Asylgründe belegen, sie waren ganz überwiegend Wirtschaftsflüchtlinge. Bundesbehörden schalteten Anzeigen in Medien dieser Staaten in der Landessprache. Sie wiesen darauf hin, dass Deutschland Migranten aus diesen Staaten zurückschicken werde. Über soziale Netzwerke verbreiteten sie Videos, in denen balkanische Landsleute berichteten, dass die Versprechen der Schlepper Lügen seien. Und Deutschland organisierte Rückführungen in die Heimatländer. Binnen weniger Monate sanken die Migrationszahlen aus diesen Ländern beträchtlich.

Warum wurden diese Lernerfahrungen nicht für den Umgang mit anderen Migranten genutzt? Die Erkenntnis aus diesen Experimenten wäre gewesen: Migration ist keine Naturgewalt. Sie lässt sich zu einem gewissen Teil steuern. Doch während Deutschland diese Erfahrung im Praxistest machte, behaupteten viele Medien das Gegenteil: Die Rhetorik der Willkommenskultur habe nichts mit den steigenden Migrationszahlen zu tun. Und es gebe keine verantwortbaren Mittel, um den Zustrom zu drosseln.

Die Nachbarn beurteilten es anders: Deutschland hatte die Migrationskrise des Jahres 2015 zwar nicht ursächlich ausgelöst. Aber als die Zahlen bereits dramatisch stiegen und die Herausforderung gewesen wäre, sie einzugrenzen, verstärkte die Kanzlerin mit ihrem Auftreten den Strom nochmals beträchtlich.

Europäer erster und zweiter Klasse

In diesen unterschiedlichen Sichtweisen liegen die Ursachen der folgenden Zerwürfnisse. Im Moment der Zuspitzung der Lage hatte Angela Merkel die Partner nicht konsultiert, sondern alleine entschieden. Kurz darauf wollte Deutschland die Partner jedoch mit haftbar machen für die Folgen. Diese lehnten das ab. In ihren Augen trug die Bundesregierung die Hauptverantwortung für die hohe Zahl; dann sollte sie auch mit den Konsequenzen fertigwerden. In Deutschland wurden diese Reaktionen als Ausdruck fehlender Solidarität angeprangert.

Wieder einmal war die Bereitschaft gering, das eigene Handeln durch die Brille der anderen zu betrachten. In der Migrationskrise nahmen die EU-Partner ja nicht Anstoß daran, dass die angeblich so kühlen und genau kalkulierenden Deutschen ein großes Herz im Umgang mit Migranten aus Kriegsgebieten zeigten – ebenso wenig wie es sie in den Konflikten um die Energiepolitik gestört hatte, dass die Deutschen einen grünen Ehrgeiz entwickelten, der sich nicht so leicht durch ökonomische Rentabilität rechtfertigen ließ. Beides wirkte auf die Nachbarn zunächst eher sympathisch. Misstrauisch sind sie, wenn sie den Eindruck gewinnen, dass die guten Absichten in Deutschland überborden und nicht mehr durch pragmatische Überlegungen im Zaum gehalten werden. Das sollte eine generelle Lehre sein: In solchen Situationen wächst die Angst der Partner vor deutscher Irrationalität und ihren Folgen.

Der Zorn über die fehlende Solidarität richtete sich in bemerkenswerter Weise vor allem gegen die östlichen Nachbarn Polen, die Slowakei, Tschechien und Ungarn, obwohl die westlichen Partner Frankreich, Großbritannien oder Dänemark auch keine Bereitschaft zeigten, einen angemessenen Teil der nach Deutschland gekommenen Migranten aufzunehmen. Empört wurde hervorgehoben, dass in Polen und Ungarn rechte, nationalpopulistische Kräfte regieren. Diese Einordnungen verrieten einiges über das Schubladensystem in den Köpfen und Herzen jener Deutschen, die so redeten: Westeuropäern muss man mit mehr Respekt begegnen als Osteuropäern. Linkspopulismus trifft auf Verständnis, Rechtspopulismus nicht. Was in dieses Schema nicht hineinpasste, wurde verdrängt: zum Beispiel, dass in Tschechien und der Slowakei Sozialdemokraten regierten, die keinen Deut mehr Solidarität zeigten als die Rechtspopulisten in Polen und Ungarn. Und dass die französische Regierung unter dem Sozialisten François Hollande auch nicht zu Entgegenkommen bereit war.

»Grenzen kann man nicht schützen«

Zusätzlich belastend wirkte die Frustration über die Zumutungen, die Deutschland selbst ausgelöst hatte. Viele Schulen konnten bald keinen Sportunterricht mehr anbieten. Die Turnhallen wurden als Notunterkünfte gebraucht. Viele Erstaufnahmestellen waren überlastet. Die Begegnungen mit den in langen Schlangen wartenden Migranten waren nicht immer angenehm für die Anwohner. Lagebeschreibungen und Prognosen, die oft ohne genaues Überlegen in die Welt gesetzt und verbreitet worden waren, erwiesen sich als Fehleinschätzungen. Einige Beispiele:

Die Behauptung, Grenzen könne man bei einem solchen Ansturm nicht schützen, wurde gerne verbunden mit der vorwurfsvollen rhetorischen Frage: »Sie wollen doch nicht auf Menschen schießen?« Die Offiziellen von Bundeswehr und Bundesgrenzschutz hätten erklären können, wie man Grenzen schützen kann, ohne Menschen zu erschießen, aber daran war der Großteil der Medien nicht interessiert. Schließlich beschlossen Österreich und die Balkanstaaten, die Balkanroute zu schließen, indem sie ihre Grenzen mit Zäunen besser sicherten. Es ging also, wenn man wollte. Das brachte die Wortführer der »Grenzen kann man nicht schützen«-Erzählung aber nicht dazu, ihren Irrtum einzugestehen.

Eine andere Meinung, die im Ausland Kopfschütteln auslöste, war die verbreitete Erwartung in der Bundesrepublik, unter den Migranten seien ganz viele Ärzte, Krankenschwestern und Ingenieure – Menschen mit Qualifikationen also, die man auf dem deutschen Arbeitsmarkt braucht. Vielleicht sollte dieses Narrativ die Hilfsbereitschaft stärken. Diverse Studien im Jahr 2016 zeigten dann aber, dass je nach Herkunftsland zwischen zwei Drittel und vier Fünftel der Migranten aus dem Irak, Syrien und Afghanistan keine Berufsausbildung mitbrachten. Und dass die vorhandenen Berufsausbildungen keine ausreichende Qualifizierung für den deutschen Arbeitsmarkt darstellten. Auch da haben die Urheber nie öffentlich Abbitte geleistet für das Schüren falscher Erwartungen.

Kulturelle Missverständnisse und Fehlerwartungen hatten sich von Anfang an bemerkbar gemacht. Mitarbeiter des Krisenmanagements berichteten bereits im Herbst 2015 von folgender Erfahrung: Jedem Migranten werde bei der Erfassung an der deutschen Grenze ein Platz für die Erstaufnahme zugewiesen samt Fahrschein für Zug oder Bus. 40 Prozent fuhren aber nicht an die zugewiesenen Orte. Über die Gründe kann man nur spekulieren. Vielleicht hatten diese Menschen persönliche Anlaufstellen in Deutschland: Verwandte oder Freunde aus derselben Herkunftsregion. Vielleicht brachten sie aufgrund ihrer Erfahrung mit dem Regierungsapparat in ihren Heimatländern ein Grundmisstrauen gegen Behörden mit und entzogen sich deshalb den »von oben« vorgeschlagenen Prozeduren.

Da trat also ein doppelter Widerspruch ans Licht. Die Deutschen, die behauptet hatten, der Staat könne internationale Migration nicht beeinflussen, setzten im Umgang mit den Ankömmlingen darauf, dass der Staat die Verteilung innerhalb Deutschlands sehr wohl steuern könne. Überhaupt glaubten sie felsenfest an die Zuständigkeit und Handlungsfähigkeit des Staats. Die Erfahrung mit den Migranten zeigte freilich, dass viele von ihnen lieber auf ihre Selbsthilfefähigkeiten setzten. Warum sollten Syrer, Iraker oder Afghanen, die durch die Erfahrung mit einer feindlichen Obrigkeit geprägt sind, auch plötzlich glauben, dass der Staat ein Wohltäter sei?

Sie taten das, was Menschen seit Jahrhunderten getan haben, wenn sie ihre Heimat auf der Suche nach einer besseren Zukunft verlassen. Wenn man schon in die Fremde geht, dann dorthin, wo man Anlaufstellen hat: Familie, Freunde, Bekannte von Bekannten – oder eine ganze Gemeinschaft aus der eigenen Heimat oder Religionsgruppe. Menschen suchen in solchen Situationen nicht den helfenden Staat, sondern Seelenverwandte, die Erfahrung mit dem Abenteuer des Ankommens haben. Deutsche Theorie und menschliche Praxis prallten hart aufeinander.

Kritikwürdig war und ist weniger, dass die Deutschen sich mit vielen Erwartungen und Prognosen geirrt hatten. Es war schließlich eine Ausnahmesituation. Erschreckend war vielmehr, wie gering die Bereitschaft war, dazuzulernen, eingefahrene Überzeugungen zu korrigieren und das eigene Reden und Verhalten zu ändern.

Im Widerspruch zum Flüchtlingsrecht

Mit ihrem Vorgehen strapazierte die Bundesregierung zudem die Loyalität ihres Beamtenapparats. Staatsbedienstete fühlten sich plötzlich wie Fremde im eigenen Land. Sie hatten ihren Beamteneid darauf geschworen, der Bundesrepublik treu zu dienen und die Verfassung und die Gesetze einzuhalten. Doch nun forderte ihre eigene Regierung sie auf, das Recht und die europäischen Verträge zu ignorieren, beschwerte sich ein zutiefst frustrierter hoher Polizeibeamter bei mir.

2015, als die Medien die Willkommenskultur in den Himmel lobten, wies er mich auf die Informationen auf der Internetseite des Bundesamts für Migration und Flüchtlinge (BAMF) hin: »Wenn ein Ausländer bereits einen anderen Staat erreicht hat, in dem er gleichfalls Schutz nach der Genfer Flüchtlingskonvention erhalten kann, ist ihm die Einreise in die Bundesrepublik Deutschland bereits an der Grenze zu verweigern. Denn wer aus einem ‚sicheren Drittstaat' einreist, kann sich nicht mehr auf das Grundrecht auf Asyl berufen (§26a AsylVfG).« Dieser Polizeibeamte, dessen Auftrag eigentlich gewesen wäre, Vorschriften durchzusetzen, vermochte nicht zu begreifen, wie die Gesellschaft, der er diente, die Vorgaben der Behörden für irrelevant erklären konnte.

Viele Medien benutzten einen Sammelbegriff zur Beschreibung der Ankömmlinge, egal woher sie stammten: »Kriegsflüchtlinge«. Und sie stellten es so dar, als sei dies ein Fachbegriff und Status, der den Betroffenen besondere Rechte nach der Genfer Flüchtlingskonvention sichert. Die Genfer Konvention von 1951 bezieht sich jedoch gerade nicht auf Kriegsflüchtlinge im heutigen Sinn. Es gibt zwar politische Kräfte, die das ändern wollen. Aber nach internationalem Rechtsverständnis fallen Kriegsflüchtlinge nicht unter die Genfer Konvention. Der britische Sender *BBC*, zum Beispiel, hielt sich bei der Berichterstattung an die international korrekte Wortwahl: Wer nach Europa kam, war – politisch neutral und definitorisch korrekt – Migrant. Nicht jedoch für die öffentlich-rechtlichen Sender in Deutschland und einen Großteil der übrigen Medien, die am Oberbegriff »Flüchtlinge« oder »Kriegsflüchtlinge« festhalten.

Ist es nicht erstaunlich, dass viele Deutsche einerseits so sehr auf das Recht pochen, andererseits vom Recht nichts wissen wollen, wenn es nicht ins flüchtlingspolitische Weltbild passt?

Zerbricht die Koalition am Migrationsstreit?

Im Sommer 2018 gerät Deutschland wegen dieses Streits in eine ernste Regierungskrise. Bundesinnenminister Seehofer beruft sich – gewiss auch mit Blick auf die nahende Landtagswahl in Bayern – auf die Möglichkeit, Zufluchtsuchende an der deutschen Landgrenze abzuweisen. Denn sie hatten auf ihrem Weg dorthin Gelegenheit, Asyl oder Schutz nach der Genfer Konvention zu beantragen. Kanzlerin Merkel behauptet, das dürfe man nicht, der Zurückweisung an der Grenze stünde das Recht entgegen. Zu diesem Zeitpunkt steht auf der Webseite des BAMF immer noch die Information zur Rechtslage, nach der Deutschland nicht nur das Recht, sondern sogar die Pflicht habe, Menschen an der Grenze abzuweisen.

Wie ist dieser Widerspruch erklärbar? Beide haben auf ihre Weise ein bisschen recht. Deutsche und europäische Gerichte haben mittlerweile Klagen zu Einzelfällen geprüft und sind dabei auf Lücken in der Dublin-Ordnung gestoßen. Im Regelfall dürfen EU-Staaten, die nicht an der Außengrenze liegen, durchaus Menschen von der Einreise abhalten. Unter bestimmten Umständen muss Deutschland aber vor der Zurückweisung prüfen, welches EU-Land zuständig ist. Das kann man schlecht im Schnellverfahren an der Grenze – schon gar nicht, wenn die Betroffenen die Mitwirkung verweigern und, zum Beispiel, keine Auskunft geben, wo sie erstmals EU-Territorium betreten haben. Unbegleitete Minderjährige darf man gar nicht zurückweisen.

Freilich sollte man daraus nicht den Umkehrschluss ziehen, Deutschland dürfe in gar keinem Fall schon an der Grenze zurückweisen. Frankreich tut es im großen Stil an der Grenze zu Italien.

Kanzlerin Merkels Ausweg: Sie verlangt eine »europäische Lösung«. Diese Formel ist eine neue Mogelpackung. Es gibt keine Mehrheit in der EU für Merkels Kurs eines großzügigen Umgangs mit Zufluchtsuchenden. Wohin man schaut, wollen die EU-Partner restriktiver vorgehen: Frankreich, Österreich, die östlichen Nachbarn, die Niederlande usw.

Das eigentliche Problem: Der Schutz der Grenzen und die Entscheidung, wer einreisen darf, liegen im Prinzip noch immer in nationaler Kompetenz. Aber europäisches Recht hat begonnen, das nationale Recht zu überlagern. Daraus ergeben sich Widersprüche. Hinzu kommt die unterschiedliche Anwendungspraxis. Die Regierung Merkel ist mit ihrem weicheren Kurs in der Minderheit in der EU. Worauf stützte sich also die Hoffnung, die europäischen Partner wollten eine liberale Lösung, und so könne sie sich retten?

Moralischer Größenwahn

Der Richtungsstreit von 2015 setzt sich 2018 fort, nun ergänzt um die komplizierten Rechtsauslegungen auf deutscher und europäischer Ebene, die kein normaler Bürger mehr nachvollziehen kann. Im *Deutschlandtrend* im Juni 2018 stellt sich nun auch die große Mehrheit der Deutschen gegen den Kurs der Kanzlerin. 86 Prozent sprechen sich für eine konsequente Abschiebung abgelehnter Asylbewerber aus, 62 Prozent für die Zurückweisung direkt an der Grenze. Ein Großteil der Medien erklärt hingegen Horst Seehofer zum bösen Buben und hält an der Merkel-Linie fest.

Was steckt hinter dieser merkwürdigen Realitätsverzerrung der medialen Eliten? Womöglich ein Hauch von einem – diesmal ins Positive gewendeten – deutschen Größenwahn? In dem Sinne: Niemand könne sich besser um Kriegsflüchtlinge kümmern als die Deutschen? Und in keinem anderen Land, nicht einmal in direkten Nachbarländern wie Österreich, der Schweiz, Frankreich, die notabene allesamt verlässliche demokratische Rechtsstaaten sind, seien Flüchtlinge wirklich willkommen und sicher, sondern nur in Deutschland? Gewisse Zweifel, ob Griechenland dem Ansturm organisatorisch gewachsen wäre, waren ja durchaus nachvollziehbar. Aber sind die Deutschen so viel humaner als andere Europäer? Die Bundesrepublik ist ja nun auch ein Land, dem Fremdenfeindlichkeit durchaus bekannt ist, siehe die Zahl der Übergriffe gegen Menschen anderer Hautfarbe oder gegen Gäste, die sich vom Äußeren als Juden zu erkennen geben. Da schwang also eine Menge Selbstgerechtigkeit mit.

In diesem Beharren zeigte sich wohl auch eine Haltung, die der Historiker Heinrich August Winkler gerne als »Täterstolz« bespöttelt: Die Deutschen haben mit dem Holocaust das größte Menschheitsverbrechen begangen. Aus dieser fragwürdigen Ausnahmestellung leiten sie nun aber nicht etwa die Schlussfolgerung ab, dass sie sich mit moralischen Bewertungen zurückhalten sollten. Nein, sie tun vielmehr so, als wüssten sie dank der deutschen Geschichte am besten, wie man Opfer schützt. Nur: Warum sollten andere, die nie so monströse Verbrechen begangen und schon früher Verfolgte aufgenommen haben, das weniger gut können? In dem Bemühen der Deutschen, sich selbst zu bescheinigen, dass sie im Umgang mit Migranten besser seien als andere, trat eine beunruhigende Arroganz zutage. Wenn man sich all diese Aspekte in Erinnerung ruft, fällt es schwer, das Verhalten der Deutschen in der Migrationskrise als besonders pro-europäisch zu bewerten. Die drei zentralen Äußerungsformen – Rechtsvergessenheit, irrationale Lagebeschreibungen und Erwartungen, Führungsanspruch trotz fehlender Absprachen mit den Partnern – waren jedoch kein einmaliges deutsches Verhalten in der Migrationskrise. Sie bilden ein wiederkehrendes Muster für Deutschlands Umgang mit Europa.

In diesen Wiederholungen der immer gleichen Muster ist kaum eine Lernkurve zu erkennen. Aus den Folgen der Rechtsvergessenheit in der Eurokrise zieht Deutschland nicht den Schluss, dass es bei der nächsten Großkrise Europas umso mehr auf die Vertragslage achten muss. Aus den Spannungen, die sich aus deutschen Alleingängen in der Energie- oder der Migrationspolitik ergeben, folgt nicht das konsequente Bemühen, sich besser mit den Partnern abzusprechen. Und die Erkenntnis, wie irreal die deutschen Erwartungen in der Flüchtlingskrise waren, führt nicht zu Zweifeln an der eigenen Prognosefähigkeit und auch nicht zu der Bereitschaft, andere Meinungen ernster zu nehmen. Das ist das eigentlich Verstörende. Solange sich das nicht ändert, bleiben die Deutschen in den Augen ihrer Partner Sonntagsredner. Und unsichere Kantonisten.

Gasgeschäfte: Wie man Eigennutz als europäisch verkauft

Die Neigung, die doch eher speziellen nationalen Vorlieben als gesamteuropäisches Interesse darzustellen, lässt sich auch in der Energieversorgung beobachten. Die deutsche Vorliebe für umfängliche Gasgeschäfte mit Russland beißt sich mit den Belangen anderer EU-Mitglieder. Und es sind keineswegs nur Polen und die baltischen Staaten, die sich da angeblich – noch so eine deutsche Legende – von unverbesserlichem Russenhass leiten lassen. Während die EU darauf drängt, die Abhängigkeit von russischen Energielieferungen zu reduzieren, und mehrere EU-Partner auch deswegen Flüssiggas-Terminals in ihren Häfen bauen, treiben deutsche Firmen das Pipeline-Projekt Nord Stream 2 voran, das die Abhängigkeit von Russland noch erhöht.

Wechselnde Bundesregierungen haben über Jahrzehnte so getan, als dienten Energiegeschäfte mit Russland dem internationalen Interessenausgleich und damit der europäischen Friedensordnung. Gerhard Schröder war schon als Kanzler ein Fürsprecher dieser Lesart. Inzwischen ist offenkundig, dass er damit auch seine persönlichen Karriere- und Verdienstinteressen verfolgt hat: Er wurde Aufsichtsratsvorsitzender der Nord Stream AG, die diese Ostsee-Pipeline betreibt, sowie des Energiekonzerns Rosneft, der zu 70 Prozent dem russischen Staat gehört und von Igor Setschin geleitet wird, zuvor Leiter der Präsidialverwaltung unter Wladimir Putin.

2017 wurde es selbst der Europäischen Kommission zu bunt. Sie forderte Deutschland auf, die Verhandlungen über Nord Stream 2 an die Kommission abzutreten, damit Europas Interessen nicht unter die Räder kommen. Die Kommission konnte sich mit ihrer Rechtsauffassung, dass sie zuständig sei, zwar nicht durchsetzen. Der Konflikt mit Brüssel und die Parteinahme der Kommission gegen Berlin machten aber offenkundig, dass das deutsche Vorgehen nicht so gemeinschaftsdienlich war, wie Berlin behauptet hatte – genauer: wie es Bundesregierungen, denen die SPD angehörte, darstellten. In den Jamaika-Koalitionsverhandlungen im Herbst 2017 zeigte sich dann, dass die Grünen ebenfalls Bedenken gegen Nord Stream 2 haben.

Die Gründe dafür liegen auf der Hand: Die EU-Staaten können ihren Energiebedarf (mit Ausnahme Dänemarks) nicht selbst decken. Russland ist mit rund 30 Prozent Anteil in jeder der drei Sparten Erdgas, Erdöl und feste Brennstoffe das wichtigste Lieferland. Das bedeutet Abhängigkeit und eventuell Erpressbarkeit. Zugleich tragen dieser Handel und die Devisenerlöse daraus zur Finanzierung des zunehmend aggressiven Auftretens Russlands bei, von der Ukraine über den Kaukasus bis Syrien.

Nur: Warum hatte sich diese Darstellung, dass die deutschen Energiegeschäfte mit Russland im europäischen Interesse liegen, überhaupt so lange so unangefochten halten können?

Desinteresse an den EU-Partnern

Die deutsche Öffentlichkeit hat keine Übung darin, die Perspektiven anderer Europäer in ihre Meinungsbildung einzubeziehen. Sie hält an eingefahrenen nationalen Sichtweisen fest, hier dem deutschen Wunsch nach Ausgleich mit Russland, der nicht nur, aber auch mit den deutschen Verbrechen im Osten im Zweiten Weltkrieg zu tun hat. Das Bemühen, darüber nachzudenken, ob EU-Staaten mit einer anderen Geschichte – die Polen, die Balten, die Tschechen – aus guten Gründen ganz andere Einstellungen zu Russland haben, ist nicht eben ausgeprägt.

Dieses Desinteresse an dem, was sich in anderen EU-Staaten tut, gilt selbst für Themen, bei denen deutsche Medien ansonsten hellwach sind wegen ihres emotionalen Potenzials wie etwa dem Umgang mit der Atomkraft. Erstaunlicherweise löste die Entscheidung Großbritanniens im Jahr 2013, ein chinesisch-französisches Konsortium zwei neue Kernkraftblöcke im britischen Hinkley Point bauen zu lassen, kaum Resonanz in der deutschen Öffentlichkeit aus. Dabei ist Atomkraft sonst generell ein Aufreger in Deutschland, nun kam auch noch chinesische Technik und chinesische Teilfinanzierung ins Spiel. Der emotionale Sturm in den deutschen Medien blieb diesmal jedoch aus. Man musste schon suchen, um Berichte darüber zu finden.

Was die Frage aufwirft: Wie konsequent interessieren die Deutschen sich tatsächlich für ihre EU-Partner und für das, was bei ihnen vorgeht? Ist der europäische Impuls der Deutschen womöglich nur eine Pose in Sonntagsreden? Was wissen Deutsche wirklich über die Einstellung ihrer Partner zu Datenschutz versus Terrorabwehr, zu Freihandel versus Verbraucherschutz, zum Militär oder zu den energiepolitischen Vorlieben?

Ein Vehikel gibt es allerdings, mit dem sich das Interesse an der Energieversorgung zumindest in einem Teil der deutschen Öffentlichkeit schlagartig wecken lässt: mit der Behauptung, die USA wollten Deutschland oder Europa ihre Politik aufzwingen. Der ehemalige Bundesaußenminister Sigmar Gabriel bediente sich dieser Option 2017 mehrfach, um der Kritik an den deutschen Energiegeschäften mit Russland zu begegnen. Die Sanktionen, die der US-Kongress wegen der russischen Annexion der Krim und der Kriegsführung in der Ostukraine verhängt hatte, interpretierte Gabriel als Versuch der USA, Europa seine Entscheidungsfreiheit über die Energieversorgung zu nehmen und den Europäern die Abnahme amerikanischen Flüssiggases aufzuzwingen.

Selbst wenn dies tatsächlich die Absicht der USA gewesen wäre – und nicht die nachvollziehbare offizielle Begründung, dass es um Sanktionen wegen Russlands Krieg in der Ukraine gehe –, wäre eine solche Fernsteuerung der deutschen und europäischen Energiepolitik auf absehbare Zeit gar nicht möglich. Denn die nötige Infrastruktur für den Flüssiggastransport von Nordamerika nach Europa fehlt noch. Und falls es sie eines fernen Tages geben wird: Was wäre denn so bedrohlich daran, wenn Europa die Wahl hätte zwischen russischem Gas und amerikanischem Flüssiggas? Konkurrenz belebt das Geschäft, die Preise würden sinken, die strategische Abhängigkeit von einer Seite, Russland, ebenso. Klar doch, die Pipeline Nord Stream 2 hätte dann keine so dominierende Position mehr. Das wäre aber kein Schaden für Europa, sondern allenfalls ein Verlust für jene, die in Nord Stream 2 investiert haben, politisch wie finanziell.

Brexit: Das falsche Narrativ

Bei allen diesen Beispielen geht es immer wieder um ein faszinierendes Phänomen: In der öffentlichen Debatte in Deutschland setzen sich Narrative durch, die bei näherem Hinsehen nicht so ganz den Fakten entsprechen. Deutschland verfolgt spezielle eigene Interessen, mitunter gegen die Interessen seiner Partner, aber der Mainstream im Land stellt es so dar, als handele die Regierung im gemeinsamen europäischen Interesse. Deutschland beruft sich auf Recht und Gerechtigkeit, obwohl es selbst europäische Verträge bricht. Und deutsche Medien teilen die Beteiligten an einem komplexen Sachverhalt wie der Migrationskrise in hilfreiche und in schädliche Kräfte ein, wobei diese Einteilung eher tief sitzenden Ressentiments zu folgen scheint als einer nüchternen Analyse der Handlungen: Westeuropäer sind angeblich kooperativer als Ostmitteleuropäer, Linkspopulisten erträglicher als Rechtspopulisten, und die USA sind für Europas Interessen schädlicher als Russland.

Strafen statt Schaden begrenzen

Was ist die Ursache dieses wiederkehrenden Phänomens? Sein Kern ist die Verkennung der eigenen Interessen. Die beginnt mit der Unterdrückung der Frage nach den nationalen Belangen. Außenpolitik ist ein vielschichtiges Geschäft. Oft gibt es gute Argumente für widerstreitende Handlungsempfehlungen. Für Bürger, die sich nicht hauptberuflich mit den komplexen Themen beschäftigen, ist es schwer, den Überblick zu bewahren und sich ein eigenes Urteil zu bilden. Bei vielen Medien geht der Trend in die Richtung, die emotionalen statt die sachpolitischen Aspekte in den Vordergrund zu rücken.

Es gäbe einen Weg, die Sachargumente mit emotionaler Ansprache zu verbinden: In jeder Analyse eines internationalen Konflikts müssten die Autorinnen und Autoren die Frage nach dem nationalen Interesse Deutschlands ausdrücklich stellen und beantworten. Auch da kann es Meinungsverschiedenheiten geben. Im Ukraine-Konflikt gehört es einerseits zu den deutschen Interessen, dass Demokratie, Rechtsstaat und Marktwirtschaft sich durchsetzen, und andererseits, den Konflikt mit Russland nicht eskalieren zu lassen, sondern zu befrieden, was ohne Kompromisse in den Prinzipienfragen wohl kaum möglich sein wird.

Oft kann die Frage nach dem nationalen Interesse aber auch helfen, die Perspektive und die Prioritäten zu klären. Zum Beispiel im Umgang mit dem Brexit. Als die Briten mehrheitlich für den Austritt aus der EU stimmten, war in deutschen Medienkommentaren verblüffend oft die Meinung zu hören, in den Verhandlungen müsse man den Preis, den das Vereinigte Königreich für die Scheidung bezahlt, in die Höhe treiben – also die Verursacher für die aus deutscher Sicht falsche Entscheidung bestrafen.

Liegt es im deutschen Interesse, europäische Partner für ein Verhalten zu bestrafen, das nach den geschlossenen Verträgen legitim ist, nur weil wir es nicht für gut halten? Nein.

Wenn der Brexit aus deutscher Sicht falsch und schädlich ist, müsste es im deutschen Interesse liegen, den Schaden zu minimieren und Anreize zu setzen, die es für die Briten attraktiv machen, die Entscheidung jetzt oder später zu revidieren.

Der Impuls, die Briten zu bestrafen, fand in den deutschen Medien mehr Verbreitung als die Frage nach den deutschen Interessen. Eine Ausnahme gab es: In den Kommentaren, die die britische Entscheidung verdammten, tauchte häufig die Hoffnung auf, nun werde die beschleunigte Integration oder zumindest die vertiefte Kooperation der verbleibenden EU-Partner leichter, weil London oft Einspruch erhoben hatte. Das ist ein berechtigtes Sachargument, auch eines im Sinne deutscher Interessen. Fraglich ist freilich, ob die Hoffnung trägt. Großbritannien war nicht der einzige Bremser, nur der prominenteste. Andere übernehmen diese Rolle gerne, voran Polen, jedenfalls solange es von der nationalpopulistischen PiS regiert wird. Aber auch Ungarn. Oder Zypern. Bei der Frage der Planung für die nächste Finanzperiode der EU führt sogar ein Gründungsmitglied, die Niederlande, eine Koalition der Gegner von mehr Umverteilung an.

Schweigen über Großbritanniens Wert als Partner

Dagegen blieben die nationalen Interessen Deutschlands, die für einen empathischen Umgang mit den Briten gesprochen und die eine Schadensminimierung zur Priorität gemacht hätten, lange Zeit unterbelichtet. Großbritannien war in der EU bislang einer der wertvollsten strategischen Partner der Bundesrepublik, vor allem als Gegengewicht gegen die französischen Eigenheiten, die den deutschen Interessen abträglich sind: Frankreichs Hang zum Staatskapitalismus und zu Protektionismus. Deutschlands Erfolg beruht auf einem liberalen Handelsmodell. Bei dieser innereuropäischen Auseinandersetzung über die Entwicklung des Binnenmarkts und dessen Außenbeziehungen war Großbritannien ein starker Verbündeter für Deutschland. Als Seefahrernation sind die Briten Verfechter einer freien Wirtschaft und des freien Handels.

Unverzichtbar ist Großbritannien auch als militärischer Alliierter. Nur zwei Staaten der EU haben die Erfahrung und die Fähigkeit, rasch und wirkungsvoll international zu intervenieren:

Großbritannien und Frankreich. Ein Ausscheiden der Briten aus der gemeinsamen europäischen Außen- und Sicherheitspolitik bedeutet eine Schwächung. Ihr diplomatisches Netzwerk im Commonwealth wird fehlen. Sie sind standfest, verteidigen westliche Werte gegen Russland und China, zeigen Abwehrbereitschaft, wenn Alliierte bedroht sind wie Polen und Balten durch Moskau. Obwohl sie nach Wirtschaftskraft und Bevölkerungszahl um ein Viertel schwächer als Deutschland sind, bieten sie, wenn EU, NATO oder die UN um militärische Beiträge bitten, ebenso viel an. Oft sind ihre Einheiten flexibler einsetzbar. Die Briten erfüllen als einzige zugleich die Absprache, 0,7 Prozent des BIP für Entwicklungshilfe auszugeben. Ihr Fair Play ist ein Vorbild für Europa. Würden Tories oder Labour einen parteipolitischen Zugriff auf die BBC wagen, wie das in Polen mit dem öffentlichen Rundfunk geschehen ist und zumindest ansatzweise auch in Deutschland mit den politisch besetzten Rundfunkräten der öffentlich-rechtlichen Sender?

Das Ausscheiden der Briten aus der EU verschiebt die Kräfteverteilung zwischen Nord und Süd in der EU. Die nördlichen Staaten vertreten eine liberale Grundrichtung und sind wirtschaftlich erfolgreicher. Die südlichen Staaten folgen einem staatswirtschaftlichen Modell, sind ökonomisch weniger erfolgreich und höher verschuldet. Der Brexit macht den Norden schwächer und den Süden stärker. Ist das eine Entwicklung, die Deutschland begrüßen soll? Gewiss, das Bremsen der Briten bei der europäischen Integration entfällt künftig. Aber die Nachteile des Brexits sind für Deutschland gravierender.

Nachvollziehbar ist, dass Frankreich den Briten kaum Tränen nachweint. Sein Einfluss wird durch den Brexit wachsen. Von Deutschland wäre hingegen bei einem analytischen Blick auf seine Interessen zu erwarten gewesen, dass es das Datum des Brexit-Antrags als Trauertag begreift und die EU dazu aufruft, Großbritannien nicht zu bestrafen, sondern alles dafür zu tun, dass London auch in Zukunft ein gutwilliger Partner ist.

Auch das zeitliche Umfeld des Brexit-Antrags hätte für solche Weitsicht gesprochen. Europa beging gerade den 60. Jahrestag der Römischen Verträge, die die europäische Integration begründet hatten. Nun erklärte erstmals ein EU-Mitglied seinen Austritt. Das war nicht nur eine technokratische Herausforderung: Wie lassen sich die engen Beziehungen, die in Jahrzehnten Mitgliedschaft mit fortschreitender Vertiefung entstanden sind, entflechten und wie die Millionen Detailfragen, die daraus erwachsen, regeln? Diese Herkulesaufgabe war in den zwei Jahren, die die Austrittsklausel vorsieht, kaum zu bewältigen. Schwierig und folgenreich würde freilich auch das Management der verletzten Gefühle sein, die mit der Trennung und der wechselseitigen Enttäuschung verbunden sind.

Ansteckungsgefahr gebannt

Aus dem Blickwinkel der deutschen Interessen war die Hauptaufgabe der Bundesregierung, zwischen zwei Gefahren abzuwägen. Da war einerseits die Furcht vor Ansteckung. Die Briten sollen nach dem Austritt nicht besser dastehen als zuvor als Mitglied, sonst macht das Beispiel Schule. Die Versprechen der Brexit-Befürworter, man könne Vorteile wie den freien Marktzugang für Waren und Dienstleistungen behalten und die aus ihrer Sicht nachteiligen Bedingungen wie die Freizügigkeit der Arbeitnehmer, die Zahlungen in EU-Kassen und den Souveränitätsverzicht durch Übertragung von Entscheidungsrechten an Brüssel loswerden, sollten sich nicht erfüllen dürfen. Erfolgreiche Rosinenpickerei hätte andere zum Austritt animieren können.

Der Umgang mit dieser Herausforderung drohte nun andererseits zu einer psychologisch bedenklichen Verhandlungsdynamik zu führen. Sollte die EU es allen Ernstes zum Ziel der Gespräche erklären, dass es den Briten spürbar schlechter gehen soll – um andere abzuschrecken? Das normale Ziel von Verhandlungen ist »Win-win«. Alle sollen Vorteile haben.

Der freie Marktzugang und viele Verflechtungen liegen auch künftig im beiderseitigen Interesse. Selbstverständlich muss London einen Preis dafür bezahlen, wenn es EU-Bürger nicht mehr unbeschränkt auf seinen Arbeitsmarkt lassen, aber freien Zugang zum EU-Markt behalten möchte. »Bestrafen« ist jedoch das falsche Wort. Und ein gefährliches dazu. Es kann die Beziehungen für eine Generation vergiften, wenn junge Briten über mehrere Verhandlungsjahre ständig hören, die EU wolle ihr Land und damit sie als Bürger möglichst hart bestrafen.

Weitsicht bei der Verhandlungsstrategie würde bedeuten: Großbritannien bleibt in Europa, nur eben nicht als EU-Mitglied. Es bleibt ein wertvoller Partner in der Sicherheitspolitik. Die Zusicherung, Teil der Verteidigungsgemeinschaft zu bleiben, hatte London rasch gegeben.

Die Ansteckungsgefahr war im Übrigen schnell gebannt. Kein EU-Land macht Anstalten, den Briten zu folgen. Die Nachteile sind offenkundig. Die Briten werden weiterhin alle Regeln für den EU-Zugang übernehmen müssen, aber nicht mehr an der Festlegung der Regeln teilhaben. Sie verlieren ihre Vertretung in der Kommission und im Parlament und werden weiter in EU-Kassen zahlen.

Deutschland verhandelt den Brexit nicht, das ist Aufgabe der EU. Aber es kann dazu beitragen, eine Atmosphäre zu schaffen, in der die EU und Großbritannien sich bemühen, das Beste aus der Situation zu machen und zu einem Geist des »Win-win« zurückzufinden. Dialogforen wie die traditionsreiche Königswinter-Konferenz helfen. Was spricht dagegen, eine Lösung zu suchen, die sowohl von der EU als auch von den Briten als vorteilhaft empfunden wird?

Die »roten Linien« beider Seiten sind klar. Für die Deutschen hat der Zusammenhalt der verbleibenden 27 EU-Mitglieder Priorität. Für die Briten die Rückgewinnung ihrer Souveränität, zum Beispiel darüber, wer einreisen darf. Wer nicht 100 Prozent der EU-Pflichten erfüllen möchte, kann nicht 100 Prozent der Rechte haben. Was »100 Prozent minus x« konkret bedeutet, ist zu verhandeln. Längst ist offenkundig: Einen billigen Brexit wird es nicht geben. Man muss ihn aber auch nicht künstlich verteuern. Deutschlands kurzfristiges Interesse, die Briten nicht zu preiswert ausscheiden zu lassen, findet seine Grenze im langfristigen Interesse, das Verhältnis zu diesem wichtigen europäischen Partner nicht dauerhaft zu beschädigen.

Das Brexit-Votum Ende Juni 2016 kam für viele in Deutschland überraschend. So waren die ersten Reaktionen Ärger und Enttäuschung. Das ist verständlich. Als die Verhandlungen über den Austritt ein Jahr später begannen, tat sich Deutschland jedoch immer noch schwer, seine nationalen Interessen zum Maßstab der öffentlichen Debatte zu machen. 2018 hat sich daran wenig geändert.

Krieg und Frieden: Die Sehnsucht nach Neutralität

Deutsche Orientierungslosigkeit

Eine weitere Spielart dieses Unwillens, offen über die nationalen Interessen zu sprechen, zeigt sich regelmäßig, wenn Krieg und Frieden auf die europäische Tagesordnung rücken. Dann trübt sich der deutsche Blick dafür, wer der Aggressor und wer das Opfer ist, wer zu den Gegnern und wer zu den Verbündeten zählt. Nicht einmal der brutale Angriff Russlands auf die Ukraine, der Landraub der Krim, das Morden in der Ostukraine und der Abschuss eines Passagierflugzeugs durch die von Moskau unterstützten Rebellen brachten die deutschen Russland-Lobbyisten, die Wladimir Putin einen Partner und Russland einen guten Nachbarn nennen, zu beschämtem Schweigen. (Dazu mehr im Kapitel »Wie global handlungswillig sind wir?«)

Was ist da im Spiel? Eine romantische Verklärung Russlands und der angeblich so tiefgründigen kulturellen Verbindungen? Eine bemerkenswerte Gedächtnisschwäche, wie viel Leid und Unterdrückung die unseligen deutsch-russischen Waffenbrüderschaften über die Völker gebracht haben, die zwischen den beiden Mächten wohnen, von den polnischen Teilungen bis zum Hitler-Stalin-Pakt? Oder ist das schamvoll schlechte Gewissen wegen des deutschen Angriffs auf die Sowjetunion und der rücksichtslosen Strategie der verbrannten Erde die Erklärung? Jedenfalls reagieren viele Deutsche zögerlich bis abwehrend auf Vorschläge, Wladimir Putin mit Abschreckungsmaßnahmen von weiteren gewaltsamen Eroberungen abzuhalten.

Das hat mit einem generellen Widerstreben zu tun, sich mit den praktischen Aspekten von Machtpolitik und Druckszenarien auseinanderzusetzen. Diese deutschen Berührungsängste werden besonders spürbar, sobald es um Militär oder Waffen geht. Wer die Debatten in britischen, französischen, polnischen oder amerikanischen Think Tanks über die Konflikte in der Ukraine, auf dem Balkan, in Nordafrika, in Syrien, im Irak oder in Afghanistan mit denen in einem entsprechenden deutschen Diskussionsforum und Personenkreis vergleicht, kann immer wieder die Erfahrung machen: Die intellektuelle Neugier, was man mit militärischen Einsätzen eventuell erreichen könnte, ist in Deutschland gering. Die Vorbehalte gegen solche Optionen sind groß. Und mitunter ist geradezu eine Furcht davor zu spüren, solche Erörterungen könnten zu Handlungsansätzen führen. Denn das würde lang gehegte Überzeugungen gefährden, wonach Waffen niemals Gutes bewirken dürfen. Und wonach man ein Militär zwar eventuell haben darf, aber auch nur, wenn es niemals für die Zwecke eingesetzt wird, für die andere Nationen Militär gewöhnlich aufstellen.

Zwei Interpretationen von »Nie wieder«

Die deutsche Abneigung, sich mit dem Sinn von Streitkräften auseinandersetzen, hat viele Ursachen. Im Zentrum des Problems steht jedoch die Schlussfolgerung, die die Deutschen aus dem verbrecherischen Gebrauch der Wehrmacht im Zweiten Weltkrieg gezogen haben: »Nie wieder« – und ihre sehr spezielle Interpretation, was das praktisch bedeutet. Die deutsche Variante ist das »Nie wieder« aus der Perspektive der Täter: Wir wollen nie wieder derart Böses tun. Und da wir uns selbst misstrauen, ist es vielleicht das Beste, wenn die Deutschen erst gar nicht wieder eine Armee von erheblichem Machtpotenzial haben.

Zu kurz kommt in der deutschen Debatte, dass die Opfer der deutschen Aggression dem »Nie wieder« eine ganz andere Interpretation abgewinnen. Es bedeutet im Kern: »Nie wieder wehrlos sein«. Für sie ist es prinzipiell gut, Streitkräfte zu haben, die stark genug sind, einen Aggressor abzuwehren. Haben sie nicht recht? Und selbst wenn die Deutschen ihrem eigenen Umgang mit Militär misstrauen, dann dürfte es sie doch beruhigen, dass die deutschen Soldaten in integrierte europäische Einheiten eingebunden sind und ihr Einsatz damit auch vom politischen Willen der europäischen Partner abhängt. Deren Urteil müssten sie, jedenfalls solange es nach der Logik geht, mehr trauen als ihrem eigenen Urteil. Schließlich haben die anderen Europäer nicht solche Menschheitsverbrechen begangen wie die Deutschen unter dem Hakenkreuz.

Natürlich geht es bei solchen Abwägungen nicht nach der Logik. Die Deutschen meinen in einer geradezu verqueren »Logik«, sie wüssten, gerade weil sie Schlimmes verbrochen haben, besser als andere, die nichts Vergleichbares verbrochen haben, wann man Streitkräfte einsetzen darf und wann nicht.

Europäische Armee versus Parlamentsarmee

Dieser speziell deutsche Widerspruch lässt sich nicht nur im Rückblick beobachten. Er macht sich auch bei einem Zukunftsprojekt bemerkbar: dem Aufbau europäischer Streitkräfte. In Deutschland löst diese Idee regelmäßig Faszination oder zumindest jede Menge Goodwill aus, während andere Nationen in Europa – soweit sie nicht zu klein sind, um militärisch eine Rolle zu spielen – sie eher als nicht praktikable Gedankenspielerei abtun. Die Suche nach den Ursachen für diese Diskrepanzen führt erneut in eine spezielle deutsche Gedankenwelt voller immanenter Widersprüche.

Dabei liegen die Fragen doch auf der Hand. Wie soll das zusammengehen: der Wunsch nach einem stärkeren militärischen Gewicht Europas bei gleichzeitiger Weigerung, Geld dafür auszugeben? Wie soll eine europäische Armee in der Praxis funktionieren, wenn die militärisch starken Länder Europas wie Frankreich und Großbritannien darin ein Instrument der internationalen Politik sehen, sie also einsetzen wollen, Deutschland hingegen hohe Barrieren errichten möchte, die den praktischen Einsatz einer solchen Armee verhindern sollen? Viele deutsche Politiker erklären, zum Beispiel, den Parlamentsvorbehalt für unverzichtbar. Nur: Warum sollten Briten, Franzosen, Niederländer oder Polen ihre Einheiten in eine europäische Armee eingliedern, deren Einsatz von der Zustimmung des deutschen Parlaments abhängt? Und wie passt das alles zu einem weiteren Ziel, das insbesondere die deutsche Linke gerne im Zusammenhang mit dem Projekt einer europäischen Armee verbindet: »Strategische Autonomie« gegenüber der NATO?

Den Träumen der deutschen Linken ist relativ leicht zu begegnen. In Europa findet sich keine Mehrheit für eine Abkoppelung von den USA in Sicherheitsfragen. Und selbst wenn es sie eines Tages gäbe, müssten die Verteidigungsausgaben der Europäer noch erheblich mehr steigen, um dieses Ziel ohne eine spürbare Einbuße an Sicherheit zu erreichen. Heute steuern die USA rund 70 Prozent zur Verteidigungsfähigkeit in der Allianz bei, Europa nur rund 30 Prozent. Wollte Europa dieselbe Sicherheit wie heute haben, ohne sich auf die USA zu verlassen, müsste es seine Verteidigungsausgaben vervielfachen.

Sinnvoll, praktikabel und dringend nötig ist ein anderer Weg: nicht das Aufgehen der nationalen Armeen in einer europäischen Armee, sondern verstärkte Kooperation in multinationalen Großverbänden und verstärkte Abstimmung zwischen den Nationalstaaten bei Rüstungsprojekten, um das vorhandene Geld effektiver einzusetzen. Die Entscheidung, ob man Soldaten in Lebensgefahr schickt, gehört zu den nationalen Kernkompetenzen. Wie viele Bürger in Deutschland oder anderen EU-Staaten würden, wenn die Frage in den Meinungserhebungen so gestellt würde, ihr Einverständnis erklären, dass Volksvertreter anderer Nationen entscheiden sollen, ob die eigenen Soldaten in den Einsatz geschickt werden?

Bisher klaffen Theorie und Praxis also auseinander. Besonders groß ist die Kluft zwischen Wunsch und Wirklichkeit mal wieder in Deutschland. Spitzenpolitiker der Union, der FDP, der Grünen und der SPD benutzen das Schlagwort von der »europäischen Armee« – auch dann, wenn sie eigentlich nur die verstärkte Kooperation nationaler Armeen meinen. In der alljährlichen Umfrage zum »Foreign Policy Forum« der Körber-Stiftung im Dezember 2017 in Berlin bezeichneten 58 Prozent der befragten Deutschen eine europäische Armee als »wünschenswert«. 38 Prozent äußerten sich skeptisch.

In derselben Umfrage wollten aber nur 43 Prozent, dass Deutschland sich in internationalen Krisen stärker engagiert. 52 Prozent forderten Zurückhaltung. 32 Prozent wollten die Erhöhung des Verteidigungsetats unterstützen, 51 Prozent hielten die aktuelle Höhe für ausreichend.

Generell nehmen Deutsche die Fragen der Sicherheit und Verteidigung weniger wichtig als ihre Partner in Europa und den USA. Fragt man Polen, was den Kern der westlichen Partnerschaft ausmache, ist die Antwort vorhersehbar: militärische Sicherheit. Bei Umfragen unter Deutschen nennen 45 Prozent Wirtschaft und Handel, nur 16 Prozent Sicherheit. In den USA werden drei Ziele nahezu gleichwertig genannt: gemeinsame Werte (35 Prozent), Sicherheit und Verteidigung (34 Prozent), Wirtschaft und Handel (33 Prozent).

Eine verstärkte europäische Integration der nationalen Verteidigungspolitiken hätte praktische Konsequenzen. Das ist den deutschen Verteidigungspolitikern wohl bewusst. Sie scheuen jedoch die öffentliche Diskussion darüber im Inland. Denn die praktischen Konsequenzen sind beileibe nicht so populär wie das Schlagwort von der europäischen Armee. Bei internationalen Konferenzen können die Politiker dieser Debatte freilich nicht ausweichen, zum Beispiel beim Brussels Forum des German Marshall Fund of the United States im März 2015. Ein Jahr zuvor hatte der Bundestag eine Kommission einberufen, die die Parlamentsrechte bei der wachsenden Zahl von Auslandseinsätzen überprüfen sollte, die so genannte »Rühe-Kommission«. Sie steuerte im Frühjahr 2015 auf den Abschluss ihrer Überlegungen zu. Das Thema hatte also Konjunktur.

Den Parlamentsvorbehalt aufgeben?

Verteidigungsministerin Ursula von der Leyen (CDU) lobte die Idee einer europäischen Armee in Brüssel als »wichtiges Langzeitziel«. Bei Teilnehmern aus anderen EU-Staaten war die Zustimmung zu dem Projekt nicht ganz so groß. Briten und Polen sehen in der NATO ihre verlässliche Sicherheitsgarantie. Franzosen und

Niederländer fragen, ob integrierte Truppenteile, die sie gemeinsam mit den Deutschen aufbauen, in der Praxis einsetzbar sind oder dies am deutschen Parlamentsvorbehalt scheitern kann. Von der deutsch-französischen Brigade hatte sich Paris eine umfassende Einsatzfähigkeit versprochen, inklusive Kampfeinsätze, vor allem in Afrika.

Die deutsche Realität sieht anders aus. Während französische Soldaten seit 2013 in Mali kämpften, um den Aufstand der Tuareg im Norden Malis zu beenden und die mit ihnen verbündeten radikalislamistischen Milizen zurückzudrängen, beschränkten sich deutsche Soldaten auf Unterstützungsmissionen. Sie stellten, zum Beispiel, Lufttransport, Luftbetankung und Aufklärungskapazitäten zur Verfügung: für die afrikanische Mali-Unterstützungstruppe AFISMA, für die UN-Mission MINUSMA sowie für die Franzosen. In den gemeinsamen Kampf gehen die Deutschen nicht.

Nach geltendem Recht können Einheiten mit deutschen Soldaten nur mit Zustimmung des Bundestags in einen Einsatz geschickt werden. Integrierte Einheiten entfalten ihren Nutzen jedoch nur, wenn alle mitmachen. Sobald eine Nation ihre Soldaten herauszieht, ist diese Einheit nur noch eingeschränkt oder gar nicht mehr einsatzfähig. Auf die Frage, wie die Skepsis der Partner beim Aufbau einer europäischen Armee überwunden werden kann, sagte von der Leyen in Brüssel: »Es kann sein, dass wir das deutsche Recht ändern müssen.«

Die Verteidigungsministerin verwies auf die multinationalen Verbände mit deutscher Beteiligung: die Deutsch-Französische Brigade, das Deutsch-Niederländische Korps in Münster und das Multinationale Korps Nordost in Stettin mit dänischen, deutschen und polnischen Soldaten, das damals eine größere Rolle beim Schutz der baltischen Staaten übernehmen sollte; die fühlten sich angesichts der noch frischen Annexion der Krim und des Kriegs in der Ostukraine von Russland bedroht. Den Verbündeten sind jedoch eine

Reihe von Situationen in Erinnerung, in denen Deutschland sich gar nicht an Einsätzen integrierter NATO-Einheiten beteiligen oder nur bestimmte Hilfsdienste zur Verfügung stellen wollte, bei denen man nicht in Kämpfe verwickelt wird. Es führt dann zu ganz praktischen Problemen, wenn die deutschen Soldaten in integrierten Einheiten ausfallen. Ein klassischer Fall ist die Luftaufklärung mit AWACS-Flugzeugen über Einsatzgebieten: zum Beispiel im Irak-Krieg oder bei der Intervention in Libyen 2011. Die deutsche Weigerung, mitzumachen, beeinträchtigte die Einsätze. Integrierte multinationale Verbände funktionieren nur, so die Lehre, wenn kein Land sich im Einzelfall aus ihnen zurückziehen kann. Britische und amerikanische Konferenzteilnehmer fragten beim Brussels Forum, ob eine europäische Armee »nur eine Armee für Friedenszeiten« sei.

Die Deutschen fotografieren, die anderen bombardieren

Mit den Konsequenzen einer Europäisierung nationaler Streitkräfte, unter anderem für den Parlamentsvorbehalt, hat sich die »Rühe-Kommission« 2014/15 befasst. Sie ist nach dem früheren Verteidigungsminister Volker Rühe (CDU) benannt. Er ist inzwischen 75. Als wir kurz vor Ostern 2018 darüber sprechen, was aus den Empfehlungen seiner Kommission geworden ist, reagiert er hörbar frustriert und möchte erst einmal wissen: »Haben Sie den Bericht überhaupt gelesen?« – »Ja, alle 54 Seiten, Drucksache 18/5000 des Deutschen Bundestags.« Die Antwort beruhigt ihn. Rühe macht keinen Hehl aus seinem Eindruck, dass viele, die über den Parlamentsvorbehalt reden und schreiben, den Bericht nicht im Detail kennen.

Man muss sich in der Tat etwas Zeit nehmen, um sich in die Logik der Vorschläge hineinzudenken. Die Zielrichtung liegt etwas quer zu den üblichen Ja-oder-Nein-Diskussionen, ob der Parlamentsvorbehalt bestehen kann oder fallen muss. Rühe sagt: »Wir müssen von unserer Rechtslage ausgehen. Wir können den Parlamentsvorbehalt nicht reduzieren.« Zugleich verlangt er aber, dass sich die Kultur des deutschen Denkens über den Gebrauch von Militär europäisieren muss. »Wir brauchen eine gemeinsame militärische Kultur, wann man Gewalt einsetzen soll.« Schluss also mit der deutschen Sonderrolle. »Entweder ist es moralisch, die Terrormilizen des IS zu bombardieren; dann gilt das auch für die Deutschen. Oder es ist nicht moralisch, für alle.« Eine Arbeitsteilung nach dem Motto: »Die Deutschen fotografieren die Ziele nur, bombardieren müssen andere [...] das geht nicht. Jeder muss dasselbe Risiko tragen.«

Und wie soll das mit einem nationalen Parlamentsvorbehalt funktionieren? Das Bewusstsein müsse sich ändern, sagt Rühe. Das sei eine politische Führungsaufgabe. Die deutsche Öffentlichkeit müsse lernen, dass »integrierte europäische Einheiten und ihre militärischen Fähigkeiten nicht einem Volk allein gehören«. Er sieht in der heutigen Lage ein Versagen der Bundesregierung – und damit seiner Parteikollegin Angela Merkel, die seit 2005 Bundeskanzlerin ist. Sowie ihrer diversen Verteidigungsminister samt der aktuellen Ministerin Ursula von der Leyen. »Die Regierung versteckt sich hinter dem Parlamentsvorbehalt«, um nicht Militäreinsätze befürworten zu müssen, die vielleicht unpopulär sind. »Das ist mangelnde Führung«, grummelt Rühe. »Wenn man das Parlament nicht überzeugen kann, kann man auch die Bevölkerung nicht überzeugen.«

Ein jährlicher Bericht über Deutschlands Pflichten

Rühe will umgekehrt vorgehen: Jährlich einen Bericht über die Verflechtungen öffentlich diskutieren, um die Bevölkerung allmählich an die europäischen Realitäten heranzuführen und so Verständnis für die gegenseitigen Abhängigkeiten zu wecken. Und: Verteidigung ist teuer. Das zur Verfügung stehende Geld wird ineffizient ausgegeben, wenn jedes Land alles machen, alle Ausrüstungen haben und womöglich noch national in kleiner Stückzahl selbst produzieren möchte. Streitkräfte und Rüstungsindustrien der EU-Staaten müssen kooperieren und sich allmählich zusammenschließen, damit Strukturen entstehen, die nutzbar und bezahlbar sind. Mit diesem integrierten Modell wächst freilich auch die gegenseitige Abhängigkeit. Wenn ein NATO-Land darauf verzichtet, eigene Transportflugzeuge oder eine eigene Luftaufklärung vorzuhalten und diese Fähigkeiten anderen anvertraut, die sich darauf spezialisieren, muss es sich darauf verlassen können, dass es diese Fähigkeiten im Bedarfsfall nutzen kann.

Die Rühe-Kommission hat im Sommer 2015 ihren Bericht vorgelegt, der zunächst die aktuelle Lage und die erwartbare Zukunft analysiert. Auf der Grundlage machte sie eine Reihe praktischer Vorschläge, die zum Teil mehr technischer Natur sind, zum Teil hochpolitisch, weil sie auf die Aufklärung der Bürger und die öffentliche Bewusstseinsänderung zielen. Die eher technischen Empfehlungen betreffen Klärungen des Einsatzbegriffs und eine Regelung zu multinationalen Stäben und Hauptquartieren. Das politische Kernelement ist der Vorschlag, »dass die Bundesregierung jährlich einen Bericht über die multilateralen militärischen Verbundfähigkeiten vorlegt, deren Verfügbarkeit politisch gesichert werden soll«. Damit würden die deutschen Pflichten gegenüber den Bündnispartnern, die sich aus der europäischen Integration und den integrierten Einheiten ergeben, jedes Jahr öffentlich diskutiert. Dadurch werde das Verständnis der Bürger wachsen.

Die Öffentlichkeit, so Rühes Ziel, müsse verstehen, dass der Bundestag sich nicht einfach gegen einen Einsatz stellen könne, den europäische Verbündete aus guten Gründen wollen, der aber unmöglich würde, wenn der Bundestag Nein zur Beteiligung der deutschen Soldaten in integrierten Einheiten sagen würde. Deutschland stellt ungefähr 15 Prozent des NATO-Personals in den Kommandostrukturen. »Ein Rückruf der Soldatinnen und Soldaten in dieser Größenordnung könnte kurzfristig nicht adäquat kompensiert werden«, warnt der Bericht. In AWACS, dem multinationalen System zur Luftraumaufklärung, besetzt Deutschland ein Drittel der Posten. Wenn der Bundestag sie in einem Konfliktfall zurückrufen sollte, können die Partner das nicht ausgleichen. Kurzfristig wäre AWACS noch einsetzbar, aber »die Durchhaltefähigkeit wäre erheblich eingeschränkt«, und »die Durchführung einer mittelfristig angelegten Operation (wäre) ohne deutsche Beteiligung faktisch kaum noch möglich«.

Der Bericht nennt weitere Beispiele: Die neue *Alliance Ground Surveillance* (AGS) der NATO wäre nur eingeschränkt nutzbar, wenn einer der drei großen Teilnehmer (USA, Deutschland, Italien) sein Personal zurückzieht. Angesichts des Aufbaus gemeinsamer Lufttransportkapazitäten hätte es gravierende Konsequenzen, wenn Deutschland im Bedarfsfall nicht mitmacht. Nach der Einführung des »A 400 M« wird die Abhängigkeit der Partner von Deutschland größer, da die Bundesrepublik laut Plan 40 dieser 93 Transportflugzeuge stellen wird.

Rühe: Die Regierung ist schuld, nicht der Bundestag

Rühe ist überzeugt: Wenn man den Bürgern diese Abhängigkeiten Jahr für Jahr anlässlich der Vorlage des Berichts erklären und ihnen sagen würde, »AWACS gehört uns nicht allein«, würde ihre Unterstützung für gemeinsame Einsätze wachsen. Denn die Deutschen befürworten tendenziell die europäische Integration. Doch die Vorschläge Rühes und seiner Kommission wurden nicht umgesetzt. »Das lag an der Regierung, nicht am Parlament«, klagt Rühe. Die SPD-Fraktion sei bereit gewesen, mitzumachen. »Das Kanzleramt und das Verteidigungsministerium haben Nein gesagt.« Die Regierung »fürchtet die Bindewirkung«, sie wolle sich »selbst die Hände binden«. Rühe, der von 1992 bis 1998 als Verteidigungsminister diente, hatte seinerzeit »geglaubt, dass wir in 20 Jahren eine Normalisierung erreichen«. Als serbische Milizen Sarajevo einkesselten und beschossen, »haben wir deutsche ECR-Tornados mit scharfen Raketen eingesetzt«. Seit 2005 wolle die Regierung »nur noch Flugzeuge mit Kameras entsenden«. Rühe ist regelrecht empört: »Wir schützen unsere eigenen Soldaten nicht.«

Wie wolle die Bundesregierung unter solchen Bedingungen gemeinsame Drohnen mit Frankreich betreiben? Rühe wiederholt: »Wir brauchen eine gemeinsame militärische Kultur, unter welchen Bedingungen wir Waffen einsetzen. Wer das nicht will, zerstört den Weg zur gemeinsamen europäischen Einsatzfähigkeit.«

Deutschland muss sich entscheiden, was es will und was wichtiger ist: Die militärische Integration, die nur um den Preis zu haben ist, dass die Möglichkeiten, nicht mitzumachen, geringer werden. Oder den nationalen Sonderweg – samt der Konsequenz, dass die Partner mit der Integration zögern, da sie sicher sein wollen, dass sie ihr Militär einsetzen können, wenn nötig.

Statt die Debatte zu führen, flüchtet sich die politische Klasse in Ausreden und Notlügen. Sie bekennt sich wortreich zur »Europäischen Armee«, verhindert aber zugleich die Vorbedingungen für den Weg der Integration. Die Bundesregierung unterschreibt PESCO, das Konzept einer verstärkten militärischen Zusammenarbeit in der EU, aber sie stellt die Finanzierung nicht bereit. Wo man hinschaut: Lippenbekenntnis ohne die nötigen Taten.

Rühes Konzept, man könne und solle am Parlamentsvorbehalt nicht rütteln, sondern das öffentliche Bewusstsein verändern, damit der Bundestag den Rückhalt in der Bevölkerung habe, wenn er die Bundeswehr in gemeinsame NATO- oder EU-Einsätze schicken wolle, findet nicht nur Unterstützer. Da gibt es jene, die gar keine Bewusstseinsänderung wünschen, sondern am Modell eines pazifistischen Deutschlands festhalten wollen, das in allen oder wenigstens den meisten Fällen strukturell daran gehindert sei, sich an tödlichen Militäreinsätzen zu beteiligen. Es gibt aber auch jene, die anders als Rühe meinen, dass der Parlamentsvorbehalt nicht so bleiben könne, wie er heute ist, wenn man gemeinsame integrierte Einheiten in NATO und EU anstrebe.

In einem Punkt sind sich die Rühe-Kommission und die Gegner des Parlamentsvorbehalts einig: Das Vertrauen der Partner, dass die militärischen Fähigkeiten integrierter Einheiten tatsächlich nutzbar sind, wenn sie gebraucht werden, ist entscheidend. Ihr Wille zur Integration erlahmt, wenn sie den Eindruck haben, ein Partner – zum Beispiel Deutschland – behalte sich ein Veto des Parlaments gegen den Einsatz gemeinsamer Einheiten vor.

Zwei Fälle haben das Vertrauen der Verbündeten in Deutschland stark beeinträchtigt. 2011 hat sich das deutsche Personal zwei Mal nicht an AWACS-Missionen beteiligt. Bei der ISAF-Mission in Afghanistan durften sie anfangs nicht mitmachen; bei der NATO-Mission *Unified Protector* in Libyen wurden sie zurückgerufen.

Rühe betont, das sei eine Entscheidung der Bundesregierung gewesen. Es lag nicht am Parlamentsvorbehalt. Seit der Entscheidung des Bundesverfassungsgerichts von 1994, dass ein militärischer Einsatz an die Zustimmung des Bundestags gebunden sei, bis zu seinem Bericht 2015 habe die Bundesregierung 138 solche Anträge gestellt – und das Parlament habe ohne Ausnahme jedes Mal zugestimmt.

Manche halten diese Argumentation für fadenscheinig. Zur Abstimmung im Bundestag kommen schließlich nur Einsätze, bei denen die Zustimmung vorher gesichert ist. Wenn die Bundesregierung Zweifel habe, dass sie die Parlamentsmehrheit gewinnt, frage sie erst gar nicht und nehme die Ablehnung auf sich. Siehe die beiden AWACS-Einsätze: Da nahm sie an, dass der Bundestag nicht zustimmen werde.

Die andere Option: Man macht zwar formal mit, geht aber nicht zu denselben Bedingungen in den Einsatz wie die Verbündeten. Siehe oben: Die Deutschen fotografieren, bombardieren sollen die anderen.

Der CDU-Verteidigungsexperte Roderich Kiesewetter, selbst ein Mitglied der Rühe-Kommission, sagt, er wäre bereit, den Parlamentsvorbehalt abzuschwächen: »Niederländer und Polen wären schwer enttäuscht, wenn ein von ihnen gewünschter Einsatz gemeinsamer Einheiten am Bundestag scheitert. Wer integrierte Streitkräfte aufbaut, erwartet Verlässlichkeit – sie von uns und wir von ihnen.« Sein SPD-Kollege Niels Annen, ebenfalls Kommissionsmitglied, stellt dagegen klar: »Eine Einschränkung des Parlamentsvorbehalts wird es mit der SPD nicht geben.«

Spricht man mit nicht-deutschen europäischen Diplomaten, rangiert der Parlamentsvorbehalt weit oben auf der Wunschliste, was Deutschland ändern soll, gleich nach den Beschwerden über die generelle Trittbrettfahrerei in der Sicherheitspolitik und über den deutschen Exportüberschuss. »Ihr habt Soldaten in Bataillonsstärke in Mali, aber die dürfen nicht raus den Kasernen, weil die Regierung Angst hat um deren Leben«, spottet ein ranghoher Franzose. Die praktischen Probleme begännen schon bei der Planung gemeinsamer Missionen. »Plant uns bei dieser oder jener Fähigkeit erst gar nicht ein«, hörten die Franzosen von ihren deutschen Kollegen immer wieder. »Dafür kriegen wir keine Zustimmung im Parlament.« Und wenn Deutschland schließlich mitmache, »dann seid ihr immer die Letzten, die kommen«. Denn erst müssten die Parlamentsdebatten und Beschlüsse abgewartet werden.

Gratwanderung des Wehrbeauftragten

Einer, von dem man das am wenigsten erwartet hätte, widerspricht: der Wehrbeauftragte des Bundestags, Hans-Peter Bartels (SPD). Er kennt die Lage der Bundeswehr samt ihrer Schwächen und Fähigkeiten im Bündnis bis ins Detail. In unserem Gespräch überrascht er zunächst mit einem hohen Maß an Dialektik. Die spiegelt sich auch in der Einrichtung seines Büros in der Neustädtischen Kirchstraße in Berlin unweit vom Bahnhof Friedrichstraße. Vom Besuchersofa aus fällt der Blick an der rechten Wand auf ein Kunstwerk mit Friedenstauben. Auf dem Regal links thront ein Modell der Drohne *Taurus*, die die stärksten Bunkerbrecher der Bundeswehr ferngesteuert ins Ziel bringen kann. Direkt neben der Tür hängt eine Deutschlandkarte aus der Zeit der Teilung und des Kalten Kriegs als Mahnung.

Es bereitet Bartels sichtbar Vergnügen, die von ihm vermuteten Erwartungen des Gastes erst mal zu enttäuschen. Zum Beispiel die, dass wir die verfügbare Zeit im Terminkalender des Wehrbeauftragten dazu nutzen, um über Wege zu sprechen, wie sich die Lage der Bundeswehr verbessern ließe. Und darüber, wer den deutschen Debatten um die Außen- und Sicherheitspolitik zu etwas mehr Realismus verhelfen könnte. Bartels stellt erst mal alles infrage, was ich ihm an Erkenntnissen aus Paris, Warschau und Washington berichte. Man solle doch nicht auf die klischeehaften Klagen der Amerikaner, Franzosen und Polen hereinfallen. So großartig seien die Erfolge, die die USA mit ihren militärischen Interventionen der letzten Jahrzehnte erzielt haben, ja auch nicht. Er kenne die Fragen der Angelsachsen zur Genüge. Warum seid ihr Deutschen so zurückhaltend mit dem Militär? Der Subtext dahinter laute: Haut mal drauf! Wir wissen, dass ihr das könnt. Auch die Klagen, dass Deutschland keine strategischen Debatten führe, könne er langsam nicht mehr hören. Nirgendwo sonst gebe es eine so pluralistische Landschaft von Institutionen, die Informationen, Sichtweisen und Argumente zur internationalen Sicherheitspolitik diskutieren, von den Think Tanks im engeren Sinne bis zu den politischen Stiftungen der Parteien mit ihren Hunderten von Auslandsbüros. In weltweiten Umfragen der BBC, welches Land einen guten Einfluss auf die Weltpolitik habe, liege Deutschland seit Jahren an der Spitze. Danach komme mal Japan, mal Kanada. Die USA und China rangieren im Mittelfeld. Pakistan, Nordkorea und der Iran am Ende. »Deutschland hat einen guten Ruf.«

Wir kabbeln uns eine Weile. Ist seine Gegenrede nicht auch ein bisschen klischeehaft? Führt der angeblich so pluralistische Ansatz deutscher Think Tanks, Friedensforschungsinstitute und politischer Stiftungen denn dazu, dass sie mit ihren inhaltlichen Vorschlägen für die deutsche Außen- und Sicherheitspolitik in einer ebenso großen Bandbreite konkurrieren wie die Institute in Frankreich oder den USA, von der Ablehnung bis zur Befürwortung militärischer Strategien? Und wo sind solche Kontroversen in den Medien zu finden?

Natürlich kann Bartels auch anders. Aber erst, wenn er den Kontrapunkt gesetzt und den Eindruck gewonnen hat, dass es hier nicht um das gehen soll, was er als amerikanische und französische Klischees über Deutschland empfindet. Aus den Erfahrungen in Afghanistan zieht er die Lehre, dass eine hohe Luftbeweglichkeit mit Hubschraubern und Präsenz in der Fläche sowie Nachrichtengewinnung und modernste Aufklärungsmittel überlebenswichtig sind. »Ausbildung, Personalstruktur und Ausrüstung müssen auf der Höhe der Zeit sein, qualitativ und quantitativ. Nicht irgendwann, sondern jetzt.« Die bisher im Etat eingeplanten Mittel reichen nicht. Die Investitionen in Gerät müssen deutlich steigen. »Im Haushalt 2019 muss es einen Sprung geben.« Und »in den Bündnissen müssen alle die gleichen Risiken tragen«. Deutschland »muss nicht überall dabei sein. Aber wenn, dann zu den gleichen Bedingungen wie die anderen.«

Deutsche Militärpolitik: Zusagen, die man nicht einhält

Die gebrochenen Zusagen betreffen nicht allein die NATO. Die EU hat im November 2017 einen neuen Weg eingeschlagen: PESCO – für *Permanent Structured Cooperation*. Das Kürzel steht für eine vertiefte militärische Zusammenarbeit von 25 EU-Staaten. Dänemark macht aus Prinzip nicht mit; Malta, weil es eine Bedingung, nämlich die kontinuierliche Erhöhung des Verteidigungsetats, nicht erfüllen möchte; Großbritannien nicht, weil es den Austritt aus der EU beantragt hat.

Die Bedingungen für die Teilnahme an PESCO, zu denen Deutschland sich verpflichtet hat, legen abermals die deutschen Widersprüche offen. Wie wollen Regierung und Parlament die folgenden Zusagen erfüllen? Regelmäßige Erhöhung des Verteidigungshaushaltes, um die gemeinsamen Ziele zu erreichen; mittelfristige Anhebung der Beschaffungsausgaben auf 20 Prozent des Verteidigungshaushalts; Beteiligung an gemeinsamen strategischen Rüstungsprojekten, die vom Europäischen Verteidigungsfonds unterstützt werden sollen; Erhöhung der Ausgaben für Forschung auf zwei Prozent des Verteidigungshaushalts; engere Zusammenarbeit im Bereich der Cyber-Abwehr; Bereitstellung von Einsatztruppen und Logistik für die EU-Kampfgruppen (EU-Battlegroups, EUBG) und für Einsätze im Rahmen der Gemeinsamen Sicherheits- und Verteidigungspolitik (GSVP) der EU; im Bedarfsfall müssen Mitglieder innerhalb von 5 bis 30 Tagen bewaffnete Kräfte und logistische Unterstützung für einen Zeitraum von 30 bis 120 Tagen bereitstellen; Verbesserung der Interoperabilität der Streitkräfte, ihrer Strategien und Waffensysteme; gemeinsame Finanzierung von GSVP-Missionen; mehr Wettbewerb auf den europäischen Rüstungsmärkten (»Rüstungs-Binnenmarkt«).

Zu diesen PESCO-Zielen hat sich die Große Koalition aus CDU/CSU und SPD verpflichtet. Zum selben Zeitpunkt lehnte die SPD die Erhöhung des Verteidigungsetats in Richtung auf das Zwei-Prozent-Ziel der NATO jedoch vehement ab. Und wie verträgt sich die prinzipielle Zusage, innerhalb von 5 bis 30 Tagen auf Antrag der EU bewaffnete Kräfte zur Verfügung zu stellen, mit dem Parlamentsvorbehalt?

2017 betrug der Anteil der Investitionen in militärische Beschaffungen nur rund 13 Prozent des deutschen Verteidigungsetats. Der Investitionsanteil müsste also in absoluten Zahlen um rund die Hälfte steigen, um beim selben Haushaltsansatz die 20-Prozent-Quote für den Anstieg der Beschaffungsausgaben zu erfüllen. Wie soll das anders gehen als durch eine spürbare Erhöhung des Gesamtetats für Verteidigung? Oder will die Regierung die Personalausstattung drastisch reduzieren, um hier Ausgaben zu sparen und diese Beträge den Investitionen zuzuschlagen?

Auch in der Verteidigungspolitik sind die typischen drei deutschen Sünden zu beobachten: Bruch von Zusagen, Verweigerung von gemeinschaftsdienlichem und vernunftbasiertem Handeln.

Schon in der NATO hatten wechselnde Bundesregierungen die Zusicherung mehrfach bekräftigt, mindestens zwei Prozent des BIP für Verteidigung auszugeben: 2002, 2006 und erneut 2014. Doch Deutschland sparte die Bundeswehr nach dem Ende des Kalten Kriegs auf rund 1,1 Prozent vom BIP herunter. Nach den drei jüngsten Jahren mit Erhöhungen oberhalb der durchschnittlichen Steigerungsraten des Bundeshaushalts erreichte das Verteidigungsbudget 2017 1,2 Prozent vom BIP. Für 2019 stellte Bundeskanzlerin Merkel bei ihrem Besuch in Washington Ende April 2018 1,3 Prozent des BIP in Aussicht. Auch das reicht offenkundig nicht, wenn man sich den beklagenswerten Zustand der Ausrüstung der Soldaten anschaut: viele Kampfjets und Hubschrauber fliegen nicht. Panzer fahren nicht. Von sechs U-Booten kann keines auslaufen; demnächst soll ein einziges einsatzfähig sein. Die Beschaffung neuer Systeme wird auf die lange Bank geschoben.

Pseudoargumente gegen Verteidigungsausgaben

Im Wahlkampfjahr 2017 ging die SPD gegen die Zusage, die ihre eigenen SPD-Verteidigungsminister immer wieder bekräftigt hatten, auf die Barrikaden, in absehbarer Zeit zwei Prozent vom BIP für Verteidigung auszugeben. Besonders erstaunlich – oder soll man es perfide nennen? – war der Versuch, den Wortbruch als ein Handeln im europäischen Interesse umzudeuten. Angeblich könne niemand in Europa wollen, dass die Bundesrepublik zwei Prozent für Verteidigung ausgebe, schon allein mit Blick auf die deutsche Geschichte, schrieben SPD-Kanzlerkandidat Martin Schulz und der SPD-Fraktionsvorsitzende im Bundestag, Thomas Oppermann, in einem gemeinsamen Zeitungsbeitrag. Außenminister Sigmar Gabriel stellte es wiederholt so dar, als dürfe man nicht vor US-Präsident Trump einknicken und ihm zuliebe die Militärausgaben erhöhen.

Das sind Scheinargumente, sie verzerren die wahren Zusammenhänge. Die europäischen Partner wollen, dass Deutschland das Zwei-Prozent-Ziel erfüllt. Übrigens gerade auch die unmittelbaren Nachbarn, die Nazideutschland mit der Wehrmacht überfallen hatte. Doch die SPD-Oberen verbieten es den Polen, Balten, Tschechen und Franzosen, einen angemessenen deutschen Beitrag zur gemeinsamen Verteidigung zu wünschen. »Das kann niemand wollen«, so ihre Behauptung

Und was bezweckt der Hinweis, dass Deutschland, sofern alle NATO-Staaten die vereinbarten zwei Prozent ihres BIP für Verteidigung ausgeben, den höchsten Etat aller EU-Mitglieder hätte? Selbstverständlich gibt die mit Abstand größte Wirtschaftsmacht Europas in der Regel in jedem Politikfeld in absoluten Zahlen mehr Geld aus als die kleineren Staaten. Das ist normal und bedarf keiner besonderen Erklärung. Es beschwert sich doch auch niemand, dass Deutschland in absoluten Zahlen mehr für Bildung oder Entwicklungshilfe oder Soziales ausgibt als EU-Partner, die ein geringeres BIP haben. Eine Begründung ist vielmehr erforderlich, wenn man von diesem Regelfall abweichen möchte – sprich: wenn Deutschland weniger zur Verteidigung beisteuern möchte als die Partner, obwohl es über ein weit höheres BIP verfügt.

Im Übrigen stimmt es gar nicht, dass die Erfüllung der Zwei-Prozent-Zusage Deutschland automatisch zur größten Militärmacht Europas machen würde. Da gibt es ja noch Russland, das nach Angaben des Friedensforschungsinstituts SIPRI 2017 ein Militärbudget von 69 Milliarden Dollar hatte (Deutschland 42 Milliarden Dollar). Dabei war Russlands BIP mit rund 1,5 Billionen Dollar 2017 nicht mal halb so hoch wie das deutsche (3,7 Billionen Dollar). Zudem gibt es andere NATO-Staaten, die freiwillig einen höheren Anteil als zwei Prozent vom BIP für Verteidigung ausgeben, obwohl ihre Wirtschaftskraft geringer ist als die deutsche: zum Beispiel galt das viele Jahre für Frankreich und Großbritannien.

Auch Gabriels Verweis auf Trump ist irreführend. Die USA fordern seit Jahrzehnten ein faires *Burden sharing*, Barack Obama tat das ebenfalls. Die Deutschen haben sich davon nicht beeindrucken lassen und ihre Wehrausgaben nicht einmal den populären US-Präsidenten Clinton oder Obama zuliebe erhöht. Sie werden es gewiss nicht Trump zuliebe tun. Wenn Deutschland den Verteidigungsetat neuerdings überdurchschnittlich erhöht, hat das nichts mit Trump im Westen zu tun, sondern mit den Ereignissen im Osten, ganz voran mit der Annexion der Krim und dem Beginn des Ukraine-Kriegs 2014 unter Wladimir Putin.

Gelegentlich ist auch der Einwand zu hören, die Zwei-Prozent-Marke bedeute gemessen an den heutigen 1,2 Prozent nahezu eine Verdoppelung, und so viel Geld könne man gar nicht sinnvoll ausgeben. Auch dieses Argument greift nicht. Weder hat jemand vorgeschlagen, dass der Etat im Handumdrehen verdoppelt wird, noch ist das zu erwarten. Es wird im besten Fall langsame, kontinuierliche Steigerungen geben, Jahr für Jahr. Diese Summen werden nicht ausreichen, um den bereits eingeplanten Investitionsbedarf in Ausrüstung und die Entwicklung künftiger Waffensysteme zu decken.

Vielmehr war über die Jahre ein anderes – auch wieder typisch deutsches – Phänomen zu besichtigen. Der Anteil der Wehrausgaben am BIP sank nach Ende des Kalten Kriegs, nicht aber die Zahl der Mitarbeiter im Bundesamt für Wehrtechnik und Beschaffung in Koblenz, das die Materialausgaben für die Bundeswehr plant, prüft und verwaltet. Im Jahr 2010 hatte es immer noch 8500 Beschäftigte. Großunternehmen mit einem ähnlichen Einkaufsvolumen wickeln ihre Beschaffung mit einem Zehntel dieses Personalstands ab. 2012 wurde die Behörde mit einer anderen, dem Bundesamt für Informationsmanagement, zusammengelegt. Die neue Behörde heißt Bundesamt für Ausrüstung, Informationstechnik und Nutzung der Bundeswehr. Sie hat 11.000 Mitarbeiter. Müsste das nicht reichen, um den Beschaffungsbedarf kontrolliert abzuwickeln?

Zwei Prozent Versicherungsprämie für Wohlstand ist billig

Zuletzt: Auf welche Argumentation stützt sich die Behauptung, zwei Prozent vom BIP seien skandalös viel? Im historischen Vergleich klingt die Marke eher wie ein Schnäppchen. Im Kalten Krieg hat die Bundesrepublik wesentlich mehr für den Wehretat ausgegeben: Mitte der 1960er-Jahre 4,4 Prozent, Mitte der 1980er-Jahre laut dem Weißbuch zur Verteidigungspolitik 3,3 Prozent. Im Jahr des Mauerfalls 1989 waren es – wenn man die deutschen Aufwendungen für die Präsenz der Alliierten einrechnet – nahe drei Prozent. Und 2,33 Prozent, wenn man sich auf die Ausgaben für die Bundeswehr beschränkt.

Der Wirtschaft ging es auch damals gut. Hätte man den Deutschen seinerzeit versprochen, sie könnten effektive Verteidigung für zwei Prozent vom BIP haben, hätten sie dankbar gejubelt, die SPD eingeschlossen. Gewiss, es wird noch billiger, wenn man die anderen für die gemeinsame Verteidigung zahlen lässt und seinen gerechten Anteil verweigert. Aber will ausgerechnet die SPD die Verweigerung von Solidarität zu einer deutschen Tugend erheben? Die Bundesrepublik ist der Export-Weltmeister. Kein anderes Land profitiert mehr von der Sicherheit der Handelswege. Es ist nur fair, dass Deutschland sich angemessen an den Kosten beteiligt.

Wäre es wirklich so schwer, den Bürgern diese Zusammenhänge zu erklären: Zwei Prozent vom BIP für Verteidigung sind wie eine Versicherungsprämie, um Frieden und Stabilität in Europa zu erhalten, um unser Land vor externen Schocks durch vermeidbare Konflikte zu schützen und um freie Handelswege zu garantieren, damit die Exportwaren, mit deren Hilfe wir unseren Wohlstand finanzieren, verlässlich ihre Ziele erreichen. Man stelle sich nur mal vor, jedes 20. Handelsschiff mit deutschen Waren müsste wegen Kriegen, Piraten und anderen Gefahren komplett abgeschrieben werden.

Europa braucht eine EU-weite Erhöhung der Verteidigungsetats auf zwei Prozent vom BIP aber auch, wenn es aus dem Schatten der USA heraustreten möchte. Darüber hinaus sind eine bessere Aufgabenteilung unter den PESCO-Mitgliedern und ein effizienteres Management seiner Rüstungsindustrien unverzichtbar. Die Forschungsabteilung der Münchner Sicherheitskonferenz (MSC) hat in einer gemeinsamen Studie mit der Hertie School of Governance und dem Beratungsunternehmen McKinsey die betrübliche Bilanz der europäischen Sicherheitspolitik im Herbst 2017 aufgefächert.

Europas Militäreinheiten sind mit veraltetem Material ausgerüstet, sie sind nur zum Teil einsatzfähig und verstreuen ihre begrenzten Ressourcen auf zu viele konkurrierende Waffensysteme. Die USA haben einen Typ Kampfpanzer, Europa hat 17 verschiedene. Die USA operieren mit sechs Typen Kampfflugzeugen, Europa mit 20. Die US-Marine nutzt vier Modelle von Zerstörern und Fregatten, Europa 29. In der Summe zählt die MSC-Studie 30 Waffensysteme für die USA auf und 178 für Europa, rund sechs

Mal so viele. Entwicklung, Anschaffung und Instandhaltung sind folglich in Europa wesentlich teurer, ohne mehr Nutzen zu liefern.

Wegen des mangelnden Gelds für die Modernisierung operiert Europas Militär mit zum Teil über 40 Jahre altem Material, dessen Lebensdauer auf nur 25 bis 30 Jahre ausgelegt war. Interoperabilität und Datenabgleich sind mit solchem Gerät, das lange vor der Digitalisierung entwickelt wurde, nur begrenzt möglich.

Würden alle europäischen NATO-Staaten die Zusage erfüllen, bis 2024 ihre Verteidigungsetats auf zwei Prozent vom BIP zu erhöhen, stünden statt der umgerechnet 242 Milliarden Dollar 2017 dann 386 Milliarden Dollar zur Verfügung (wobei 30 Milliarden Dollar allein auf die Inflation entfallen). Das rechnen die Autoren der MSC-Studie unter dem Titel *More European, More Connected and More Capable* vor. Diese Entwicklung würde es erlauben, einen Großteil der nötigen Modernisierung zu finanzieren sowie in die Digitalisierung und die Abwehr von Cyber-Angriffen zu investieren.

Die aufmunternde Erfahrung ist: Man erntet kaum Widerspruch von Seiten einfacher Bürger, wenn man bei öffentlichen Veranstaltungen so argumentiert, ob in Volkshochschulen oder bei Veranstaltungen der politischen Stiftungen der Grünen, der SPD, der FDP und der CDU, ob in Baden-Württemberg, Niedersachsen oder Nordrhein-Westfalen. In den ostdeutschen Ländern gibt es schon eher mal Stirnrunzeln, am Ende lassen sich Zuhörer auch dort überzeugen.

Volker Rühe hat recht: Die Bundesregierung verweigert ihre politische Führungsaufgabe. Bundestagsabgeordnete, die selbst überzeugt sind von der Notwendigkeit, die Bündnispflichten finanziell wie militärisch zu erfüllen, scheuen die öffentliche Debatte ebenfalls aus einer imaginären Furcht, dafür gebe es öffentlich keine Mehrheit. Die gäbe es durchaus. Die Politik müsste freilich dafür werben.

In der Koalitionsrunde spielt Sicherheitspolitik keine Rolle

Wie sehr die Politiker das Thema scheuen, zeigten die Koalitionsverhandlungen in den ersten Monaten 2018. Fragt man Insider, wie es eigentlich kommen konnte, dass die internationalen Zusagen an die NATO- und an die PESCO-Partner trotz praller Steuereinnahmen nicht finanziell unterfüttert wurden, ergibt sich ein Bild, bei dem einem der Mund offen stehen bleibt. Die Außen- und Sicherheitspolitik wurde überhaupt nicht als wichtiges Thema eingestuft – mit Ausnahme jener Aspekte der Europapolitik, bei denen zu entscheiden war, wie die neue Bundesregierung auf Emmanuel Macrons Vorschläge zur Eurozone reagiert.

Es fing damit an, dass Union und SPD bei der Zusammenstellung ihrer Verhandlungsteams von Union und SPD fast gar keine Experten für Außen- und Sicherheitspolitik beriefen. Die Kanzlerin hatte andere Prioritäten, die Verteidigungsministerin Ursula von der Leyen machte keine Anstalten zu kämpfen. Am großen Verhandlungstisch (22 Entsandte der CDU, 15 der CSU, 35 der SPD) dominierten die jeweiligen Ministerpräsidenten der Länder sowie die Sozialpolitiker. Soweit Sicherheit und deren Finanzierung zur Sprache kam, ging es um Polizei und Grenzschutz sowie die Cyber-Abwehr, nicht aber um die Streitkräfte an sich. In der »kleinen Runde« mit nur 15 Verhandlern, die im Zweifel das letzte Wort hatte, saßen überhaupt keine Fachleute für Außen- und Verteidigungspolitik.

Bei der Verteilung des finanziellen Spielraumes aus den erfreulich hohen Steuereinnahmen gingen alle unausgesprochen davon aus, dass »das Verteidigungsressort bereits versorgt« sei, wie ein Insider berichtet; in der mittelfristigen Finanzplanung sei eine überdurchschnittliche Erhöhung vorgesehen. Die reicht freilich niemals, um auch nur annähernd in die Größenordnung von zwei Prozent des BIP bis 2024 zu kommen. Und: Sie wird schon allein durch die Inflation und die Tariferhöhungen bei den Personalkosten aufgefressen. Für die Investitionen in Ausrüstung würde das Geld weiter fehlen. Das war entweder nicht bekannt oder interessierte nicht sonderlich.

Über das Ziel, den Verteidigungsetat bis 2024 auf zwei Prozent des BIP zu erhöhen, waren sich Union und SPD ohnehin nicht einig – was schon für sich genommen bemerkenswert ist, da es sich um eine mehrfach wiederholte Zusage sowohl unter SPD- als auch unter CDU-Führung an internationale Partner handelt. Als die Außen- und Verteidigungspolitik schließlich auf die Tagesordnung in den Fachberatungen der Koalitionsverhandlungen kam, geschah das laut Insidern mit dem Hinweis, »jetzt aber bitte mal schnell« zu machen; »wir wollen fertig werden«.

Das Ergebnis ist einerseits typisch deutsch. Und klingt andererseits, gemessen am bedrohlichen Zustand der Weltpolitik, wie bitterböses, schwarzhumoriges Kabarett. Man einigte sich darauf, dass weitere nicht eingeplante Haushaltsmehreinnahmen prioritär in Entwicklungshilfe und Verteidigungsetat fließen sollen, im Verhältnis ein Euro zu ein Euro. Bei der Entwicklungshilfe müsse man sowieso mehr machen, hieß es – und in diesem Bereich stellte niemand die kritischen Fragen, die bei Verteidigungsausgaben sofort kommen: Gibt es genügend lohnende Projekte und eine Aufsicht, die die effektive Verwendung der Gelder überwacht? Zugleich bescherten sich die Koalitionäre ein gutes Gewissen, weil sie am Ende doch noch etwas für den darbenden Verteidigungshaushalt getan hatten.

Die deutschen Flugzeuge und Hubschrauber werden also weiter zum Großteil nicht fliegen, die Panzer nicht fahren, die U-Boote nicht auslaufen können. Doch aus unerfindlichen Gründen meinen offenbar zahlreiche deutsche Spitzenpolitiker, dieses magere Resultat sei gut genug, um es den Bündnispartnern präsentieren zu können: Schaut mal, wir bemühen uns im Rahmen unserer Möglichkeiten.

Die Ministerin kämpft für 1,5 Prozent 2024

Ursula von der Leyen macht ihrem Amt als Bundesverteidigungsministerin alle Ehre, als wir Ende Juni 2018 über das Vorgehen der Regierungskoalition reden: Sie verteidigt beherzt. Sie räumt Positionen, die sich nicht halten lassen. Und sie geht, wo immer möglich, in die Offensive.

Am Vortag hat sie mit US-Verteidigungsminister James Mattis, dem neuen Nationalen Sicherheitsberater John Bolton und Außenminister Mike Pompeo gesprochen. Deren Botschaft war unisono: Präsident Trump will ein deutsches Verteidigungsbudget nach der Zwei-Prozent-Formel sehen. Da gibt es keinen Handel, keine Kompromisse – und auch das Argument, auf NATO-Gipfeln solle man offenen Streit vermeiden, werde nicht ziehen.

Die innenpolitische Lage in Deutschland ist ebenfalls schwierig, da bittet die Ministerin um Verständnis. Nach den gescheiterten Jamaika-Gesprächen war es keine leichte Aufgabe, mit einer waidwunden SPD über eine Koalition zu verhandeln. Die SPD hatte gerade noch einen Wahlkampf gegen zwei Prozent geführt. Es stimme, die Ministerpräsidenten der Länder hätten die Gespräche mit ihren Interessen dominiert. Außen- und Verteidigungspolitik seien in diesem Tunnelblick auf die innenpolitischen Herausforderungen zunächst ausgespart worden. Und, gewiss doch, der Kompromiss, Entwicklungshilfe und Verteidigungsbudget zu verknüpfen, sei eine abenteuerliche Konstruktion.

Aber nun sieht sie sich auf einem guten Weg mit Finanzminister Olaf Scholz, die Mittel für die nötigen Einstiege in europäische Beschaffungsprogramme zu finanzieren, zum Beispiel den deutsch-französischen Kampfpanzer. Ihr Ziel: eine kontinuierliche Erhöhung des Verteidigungsetats. Bis 2024 soll er 1,5 Prozent des BIP erreichen. So lasse sich auch der Investitionsanteil von 20 Prozent, den NATO und PESCO gleichermaßen fordern, sichern.

Ihre Strategie: »Wir müssen offen sagen, was wir nicht können und wo die Bundeswehr nicht einsatzbereit ist, auch wenn das wehtut.« Nur so könne man den Bundestag überzeugen, die Mittel zu bewilligen.

Über andere Aspekte spricht sie zögerlich, zum Beispiel die potenzielle Bewaffnung der Drohnen, die Deutschland in Israel kauft. Die Ausbildung deutscher Soldaten, um die Drohnen sicher zu steuern, dauere zwei Jahre. Warum also jetzt über Bewaffnung reden? Das liefere nur den Gegnern Munition. So viel lässt sie sich entlocken: Die Drohnen seien »bewaffnungsfähig«.

Klar bekennt sich die Ministerin zu dem Grundsatz, dass Deutschland an gemeinsamen europäischen Einsätzen zu denselben Bedingungen teilnehmen müsse wie seine Partner. In der CDU/CSU-Fraktion sei das allgemein akzeptiert.

Träume von der Weltmacht Europa und Untergangsszenarien

Erfolge und Versagen der Europäischen Union werden in der neuen Lage zur Schicksalsfrage für Deutschland. Sein Einfluss ist beträchtlich und zugleich begrenzt. Deutschland ist keine Weltmacht, sondern eine Mittelmacht. Sein internationaler Einfluss beruht nicht allein auf dem nationalen Gewicht. Er hängt davon ab, inwieweit die Bundesrepublik das Potenzial der Europäischen Union bei der Verfolgung ihrer Interessen nutzen kann. Das wird freilich nicht gehen, wenn die Bundesrepublik diese EU nach deutschen Vorstellungen zu dirigieren versucht. Denn damit weckt und verstärkt sie den Widerstand gegen deutsche Hegemonie. Vielmehr muss sie die Interessen der EU-Partner in ihre Politik einbeziehen und mit vertreten. Nur wenn Europa seine Kräfte bündelt und eine einheitliche Richtung einschlägt, hat es Gewicht – und nur dann kann Deutschland dieses Gewicht für seine Ziele nutzen.

Gefragt ist also alles, was Europa handlungsfähiger macht. Verzichtbar sind große Entwürfe, die in der Theorie ideal klingen, in der Praxis jedoch nicht durchsetzbar sind. Deutsche Europapolitik muss operationeller werden. Es ist Kraftvergeudung, Ziele zu verfolgen, die erkennbar nicht konsensfähig, ja nicht einmal mehrheitsfähig oder wenigstens kompromissfähig sind. Wenn zu viele Partner partout keine Quoten-Verteilung aller Migranten nach deutschen Fairness-Vorstellungen mitmachen, ist es besser, nach anderen Lösungen zu suchen. Wenn die Nationalstaaten keine »europäische Armee« anstreben und Deutschland mit seinem Parlamentsvorbehalt zudem als Hindernis auf dem Weg zu integrierten Einheiten ansehen, muss Politik nach Wegen zu suchen, den Parlamentsvorbehalt europafähig umzugestalten.

Wolfgang Ischinger, einer der klügsten außenpolitischen Köpfe in seiner Zeit als Diplomat und nun Vorsitzender der Münchner Sicherheitskonferenz, warnt, Europa könne sich weitere Beispiele seiner Machtlosigkeit in weltpolitischen Fragen nicht leisten. Denn darunter leide der Rückhalt für die europäische Idee unter den Bürgern. Das sei wie im Sport. »Im Fußball steigt der Stolz auf den eigenen Club, wenn der mal ein paar Spiele gewinnt. Europas Bürger spüren, dass die EU mit ihren weltpolitischen Anstrengungen ein ums andere Mal auf die Nase fällt. Es ist noch nicht so einfach, auf diese Europäische Union stolz zu sein, solange die nichts hinkriegt. Das ist jedenfalls ein verbreitetes Gefühl.«

Europa hat nicht mehr viele Versuche frei. Die nächsten fünf Anläufe zu mehr Effektivität müssen so gewählt werden, dass mindestens drei davon Erfolg haben. Sonst wenden sich die Bürger ab.

Ist ein solcher Ansatz, der auf den idealistischen Überbau verzichtet und sich in erster Linie an Machbarkeit orientiert, mehrheitsfähig in Deutschland? Das Land ist in einer neuen Situation. Seine Bürger lebten bislang im unreflektierten Vertrauen darauf, dass Außen- und Sicherheitspolitik ein Bereich des weitgehenden

Konsenses sei. Der Außenminister war über Jahrzehnte das beliebteste Regierungsmitglied – nicht weil nur populäre Personen das Amt ausübten, sondern weil umgekehrt der Konsens über die Außenpolitik auf den Amtsinhaber abstrahlte.

Die vielfältigen Krisen der EU – Euro, Migration, Brexit, Krieg an der Ostgrenze – haben auch in Deutschland ein Nebeneinander von überraschend divergierenden Analysen und Perspektiven für Europa provoziert. Skeptiker wie Heinrich August Winkler warnen vor einem Zerbrechen der EU, des Westens, der deutschen Demokratie. Utopisten wie der Journalist Bernd Ulrich beschreiben die Krise als Chance; Europa solle die Gelegenheit nutzen, um die angeblich verkommenen USA als Weltmacht abzulösen. Idealisten wie Ulrike Guerot rufen zu einer republikanischen Neugründung der EU auf, bei der sich die demokratischen Massen nach dem französischen revolutionären Modell gegen die nationalstaatlichen Eliten erheben und diese hinwegfegen sollen.

Winklers Warnungen haben eine reale Grundlage. Diese Bodenhaftung ist bei Ulrich und Guerot nicht so leicht auszumachen. Politiker und Diplomaten aus den europäischen Nachbarländern nehmen die Befürchtungen wie die Hoffnungen als – typisch deutsche – Überhöhungen wahr.

Man erfährt das unter der Hand, wenn man im großzügigen Büro des französischen Botschafters Gerard Araud in Washington sitzt – in einem Gebäudeensemble aus den 1980er-Jahren mit Blick über den Potomac auf das Hochhausviertel Rosslyn am anderen Ufer in Virginia; er betrachtet das Weltgeschehen in gaullistisch-nationalstaatlicher Tradition. Oder im Amtszimmer des höchsten Repräsentanten der EU in den USA, des Iren David O'Sullivan, hoch oben in einem Bürogebäude mit Glasfassade in der K Street; er sieht Europa und die USA in einer neuen Phase, in der die EU sich klar machen müsse, dass sie einen Bruch mit den USA nicht überleben würde; aber Amerika brauche Europa eben auch für sein Wohlergehen. Oder in der Vertretung Polens, einem Stadtpalais an der 16th Street NW rund 2,5 Kilometer nördlich des Weißen Hauses, mit Parkett und Historiengemälden an den Wänden, bei Botschafter Piotr Wilczek. Er ist kein Berufsdiplomat, sondern ein Historiker und Intellektueller.

So vielfältig wie die Stile der Immobilien sind die Perspektiven auf die Zeitläufe. Die Botschafter sprechen liebenswürdig über Deutschland, loben das Bemühen der Kanzlerin Merkel, Europas Krisen zu meistern und die EU voranzubringen. Aber es fallen auch solche Sätze: »Ihr Deutschen reagiert oft so emotional. Ihr nehmt die Wahl Donald Trumps zum US-Präsidenten wie eine persönliche Beleidigung und als gehe deshalb die Welt unter.« Oder sie seufzen, wenn von der Euro-Rettung die Rede ist: »Ihr Deutschen argumentiert meist so legalistisch.« Sie wünschen sich ein unaufgeregtes, pragmatisches Deutschland. Ein Land, das sich weder in Katastrophenszenarien noch Utopien flüchtet.

Sie haben recht: Weder Europas Untergang ist wahrscheinlich noch sein Aufstieg zur Weltmacht noch die revolutionäre Überwindung der Nationalstaaten. Vielmehr droht EU-Europa ein Durchwursteln und eine innere Lähmung. Die EU kann sich aus ihrer Weiterentwicklungs-Blockade nur begrenzt selbst heraushelfen. Der Weg nach vorn zu mehr Handlungsfähigkeit durch beschleunigte Integration ist ebenso versperrt wie der Weg zurück zu mehr Handlungsfähigkeit durch eine Reduzierung der Zahl der EU-Mitglieder, wie sie der grüne Europapolitiker Daniel Cohn-Bendit um die Jahreswende 2017/18 beschworen hat.

Für neue europäische Verträge, die der EU mehr Kompetenzen zubilligen, braucht es die Einstimmigkeit der Mitglieder; die ist nicht zu erwarten. Es gibt aber auch keine Möglichkeit, die Partner, die keine vertiefte Zusammenarbeit wollen, aus der EU herauszudrängen. Warum sollten Länder wie Polen oder Ungarn dem Brexit-Beispiel folgen, nur weil sie nicht auf eine beschleunigte

»Verbrüsselung« von immer mehr Lebensbereichen setzen? *Eurobarometer*-Umfragen zeigen ein ums andere Mal, dass die Zustimmungsraten zur EU in Polen besonders hoch sind: 71 Prozent sagten 2017, die Mitgliedschaft Polens in der EU sei eine gute Sache. Das ist Platz 5 von 28. Polen wollen nicht raus aus Europa wie ein Großteil der Engländer. Sie haben nur eine andere Idealvorstellung von der EU als viele Deutsche. Sie wollen eher eine Kooperationsgemeinschaft von Nationalstaaten als noch mehr Vertiefung, Vergemeinschaftung und Transfer von Kompetenzen nach Brüssel.

Europa bleibt ein Kontinent, der wegen seines wirtschaftlichen Erfolgs und seiner gesellschaftlichen Freiheit attraktiv, aber zugleich nur begrenzt international handlungsfähig ist.

4.

Wie transatlantisch sind wir?

Die moralischen Oberlehrer

Washington, Weißes Haus, im Mai 2018.

Die Räume sind dieselben wie unter dem Vorgänger. Bild und Ton haben jedoch gewechselt. Im Oval Office steht weiter das sogenannte *Resolute Desk*. Der ikonische Schreibtisch des US-Präsidenten, unter dem einst die Kennedy-Kinder spielten, ist ein Geschenk der Briten. Er ist aus dem Holz eines Polarforschungsschiffes, der *HMS Resolute*, geschnitzt, das 1855 im Packeis stecken geblieben war und von amerikanischen Walfängern gerettet wurde. Viele Male habe ich als Mitglied des White House Press Corps aus diesem Raum berichtet, als der Hausherr noch Barack Obama hieß. Der Mann hinter dem Schreibtisch ist heute ein anderer – und ebenso der Inhalt der Gesetze und Dekrete, die er dort mit gewichtiger Miene unterschreibt.

Unter Donald Trump geht es nicht mehr um die Einführung einer allgemeinen Krankenversicherung und um den Abschiebeschutz für Kinder illegaler Einwanderer, die Vorgänger Barack Obama am Herzen lagen, sondern um die Abwicklung dieser Projekte. Und um die Verhängung von Strafzöllen auf Stahl, Aluminium und Autos, die in die USA eingeführt werden. Selbst enge Verbündete wie die Europäer werden nur befristet davon ausgenommen. Die Ausstattung des Oval Office verrät ebenfalls einen neuen Stil. Die zu Obamas Zeiten noch rostbraunen Gardinen sind schweren goldfarbenen Vorhängen gewichen. Die Büste des schwarzen Bürgerrechtlers Martin Luther King ist zwar nicht verschwunden, wie zeitweise berichtet wurde. Sie wurde aber zur Seite gerückt, um Platz für eine Büste des britischen Kriegspremiers Winston Churchill zu machen.

Bei den Pressekonferenzen mit ausländischen Staats- und Regierungschefs empfängt der Präsident im *East Room*, dem größten Raum des Weißen Hauses mit schweren Kristalllüstern und goldenen Brokatvorhängen. Selten gelingt es Trump, sich auf die bilateralen Themen zu beschränken. Meist erliegt er der Versuchung, sich in Anwesenheit des jeweiligen Gasts über angebliche innenpolitische Fake News der US-Medien zu beschweren. Die Fernsehansprachen im *Diplomatic Reception Room* mit seinen grün und blau dominierten Landschaftstapeten handeln im Mai 2018 von der Entscheidung, aus dem Atomabkommen mit dem Iran auszusteigen.

Ein Deutscher im Weißen Haus

Die westlichen Demokratien standen schon vor der US-Wahl 2016 unter erheblichem Druck. Ganz besonders galt das für die EU-Länder. Und dann kam auch noch Donald Trump. Er wurde zum Inbegriff für alles, was falsch läuft, zumindest in den deutschen Debatten.

Liegt das nur an ihm? Und war es unausweichlich? In der Theorie hätte sich das deutsche Verhältnis zu Trumps USA anders entwickeln können – sagen jedenfalls Nicht-Deutsche, die das Staunen noch nicht verlernt haben und das deutsche Leiden an den USA mit Verwunderung wahrnehmen. Da zieht ein Mann mit deutschen Wurzeln ins Weiße Haus ein, zum vierten Mal nach Herbert Hoover, Dwight Eisenhower und Richard Nixon. Der Großvater stammt aus Kallstadt in der Pfalz, in dem leicht amerikanisierten Nachnamen Trump lässt sich noch die deutsche Urform Drumpf erkennen. Man könnte den zwei Generationen kurzen Weg vom einfachen Einwanderer zum Präsidenten auch als Aufstiegsgeschichte erzählen – und bei allen inhaltlichen Meinungsverschiedenheiten ein wenig stolz darauf sein, dass ein Landsmann solch einen Erfolg errungen hat.

Es kam gerade umgekehrt. Dem Präsidenten mit den deutschen Wurzeln gaben die Bundesbürger bei Fehltritten oder umstrittenen Entscheidungen keinen emotionalen Rabatt. Sie gingen schärfer mit ihm ins Gericht als andere Nationen. In den deutschen Debatten über den Zustand des Globus seit der überraschenden Wahl dieses US-Präsidenten am 8. November 2016 klingt es oft so, als sei Trump die Hauptursache der schwierigen Lage.

In Wahrheit waren die vielfältigen europäischen Binnenkonflikte und Krisen allesamt offenkundig, bevor Trump die transatlantische Bühne betrat. Sie haben ursächlich mit ihm nichts zu tun. Sie sind älter als sein Einstieg in die internationale Politik. Doch als er ins Amt kam, passierte etwas Erstaunliches. In Deutschland redeten viele so, als sei er das entscheidende Glied in den Argumentationsketten – sowohl bei den europäischen Herausforderungen wie der Migrationskrise, der Zukunft des Freihandels, der Verteidigungspolitik, der Energieversorgung, dem Umgang mit dem Krieg in der Ukraine und mit Russland als auch bei den außereuropäischen Streitthemen. Die Medien und die Bürger in Deutschland haben oft klare Meinungen zu diesen Konflikten. Die Bundesregierung und ihre Partner in Europa üben aber wenig Einfluss aus, weil die EU-Staaten sich nicht zu einer gemeinsamen Position durchringen können oder weil sie die Risiken der Einmischung scheuen; dazu gehören, zum Beispiel, der Nahostkonflikt, die Rivalität zwischen Saudi Arabien und dem Iran, die Bedrohung durch Nordkoreas Atomwaffen und der Umgang mit China.

Ebenso wahr ist freilich, dass auch Trump keinen Stolz auf seine Familiengeschichte erkennen lässt. In früheren Lebensabschnitten schien es fast so, als wolle er seine Herkunft neu erfinden. Er gab sich als Abkömmling von Schotten oder Schweden aus. Im Wahlkampf und in den ersten anderthalb Jahren seiner Präsidentschaft benutzte er Deutschland als verbalen Prügelknaben. Ob Migrationspolitik, Verteidigungsausgaben oder Exportüberschuss: Nach seinem Urteil machte die Bundesregierung alles falsch.

Der Januar 2017, in dem Trump als US-Präsident vereidigt wurde, war zugleich der Beginn eines Wahljahres in Deutschland mit mehreren Landtagswahlen sowie der Bundestagswahl im September. Bei ganz vielen Themen, die auch ohne direkten Bezug zu ihm hätten diskutiert werden müssen, rückte Trump ins Zentrum des Meinungsstreits. Man dürfe doch nicht ihm zuliebe die Verteidigungsausgaben allmählich in Richtung zwei Prozent vom BIP erhöhen. Im Konflikt um die gemeinsame europäische Energiepolitik und die Russland-Sanktionen hieß es nun, Deutschland dürfe sich nicht von Trump vorschreiben lassen, wie es sich versorge. Nach Trumps Ankündigung, die USA aus dem Pariser Klimaabkommen herauszuführen, konnte man in erstaunlich vielen Kommentaren lesen, China sei auf diesem Feld ein besserer Verbündeter als die USA.

Manche bejubelten sogar den Beitritt Syriens zum Klimaabkommen – ein Bürgerkriegsland unter einem grausamen Diktator, der Giftgas einsetzt und Krankenhäuser bombardieren lässt. Es ist wohl unbestritten, dass Giftgas und Krieg nicht gerade klimafreundlich sind. Aber wichtiger war denen, die Syriens Beitritt lobten, diese Erkenntnis: Damit seien die USA der einzige Staat weltweit, der sich nicht zum Pariser Abkommen bekenne; sie seien also vollkommen isoliert. Die Häufung von Hurrikans im ersten Trump-Jahr wurde als Beleg interpretiert, wie verfehlt die amerikanische Klimapolitik sei – obwohl solche Häufungen auch in der Vergangenheit alle zehn bis zwölf Jahre zu beobachten waren.

Überhaupt China: Das Land, das gegen so viele Prinzipien der freien Marktwirtschaft verstößt und Protektionismus praktiziert, wurde 2017 zur Hoffnung für eine liberale Handelsordnung erklärt. Denn Trump war aus der Transpazifischen Wirtschaftspartnerschaft TPP ausgetreten und drohte, die nordamerikanische Freihandelszone NAFTA (Kanada, USA, Mexiko) zu kündigen oder den Vertrag zumindest neu zu verhandeln. Kurz zuvor waren viele in Deutschland noch gegen Freihandel auf die Straße gegangen, speziell gegen ein Transatlantisches Freihandelsabkommen (TTIP). Tatsächlich hatten die TTIP-Gegner nur in drei von 28 EU-Staaten – Deutschland, Luxemburg, Österreich – in manchen Umfragen die Mehrheit gehabt, anderswo dominierten die Befürworter. Im Eurobarometer vom Herbst 2016 waren 53 Prozent der EU-Bürger für ein TTIP, 34 Prozent dagegen, 13 Prozent unentschieden. Dennoch taten die deutschen TTIP-Gegner so, als gebe es eine paneuropäische Widerstandsbewegung. Als nun aber Trump gegen Freihandel agitierte und auch noch die Wahl gewann, verebbte der Protest gegen Freihandel in Deutschland. Denn nun war es Trump, der Freihandelsverträge infrage stellte. Mit ihm wollten die TTIP-Gegner nichts gemein haben.

Die Deutschen und ihre inneren Dämonen

So brachte der Bundestagswahlkampf all die Probleme, die die Deutschen mit sich selbst und ihren inneren Dämonen haben, erneut ans Licht. Zu denen gehört ein irrationaler Antiamerikanismus und die Neigung, sich als moralische Oberlehrer aufzuspielen, in Europa gegenüber den EU-Partnern (siehe das vorige Kapitel), international bevorzugt gegenüber den USA.

Gewiss darf man zugleich betonen: Alles in allem erwies sich die deutsche Demokratie im Wahlkampfjahr 2017 bemerkenswert gefestigt. Der Rechtspopulismus fand im Vergleich mit Frankreich, Italien, den Niederlanden, Österreich, Polen, Ungarn und auch den USA deutlich weniger Resonanz. Andererseits erlaubten sich mehrere Parteien Appelle an Ressentiments gegen Internationalismus, gegen die USA und gegen liberale Wirtschaftsregeln, die in traditionellen Handelsnationen wie den Niederlanden, Spanien und Frankreich weniger erfolgreich wären.

In diesen Fragen sind sich der rechte und der linke Rand des politischen Spektrums in der Bundesrepublik bemerkenswert einig: Anti-USA, antiliberal, pro Russland, pro Protektionismus samt einer klammheimlichen Bewunderung für autoritäre Figuren wie Wladimir Putin, Xi Jinping und Recep Erdoğan.

Nun muss man kein Hellseher sein, um vorauszusehen, dass ganz, ganz viele sich gegen das Etikett »Antiamerikanismus« verwahren werden: »Wir doch nicht!« Gewiss muss man unterscheiden zwischen berechtigter Trump-Kritik, die sich ja auch gut begründen lässt, und Antiamerikanismus. Aber wie soll man die folgenden Umfrageergebnisse anders erklären als durch ein untergründiges Ressentiment? Laut einer Forsa-Umfrage von Mitte April 2018 meinen drei Viertel der Deutschen, dass von Donald Trump eine größere Gefahr für den Weltfrieden ausgehe als von Wladimir Putin. Der eine, Putin, führt Krieg, überfällt ein Nachbarland, bombardiert Städte und Krankenhäuser in Syrien. Der andere, Trump, führt das große Wort und lässt allenfalls mal einen leeren Flughafen bombardieren, nachdem er den Gegner zuvor vor dem beabsichtigten Angriff gewarnt hat.

In einer weiteren Umfrage im April 2018 hielt jeder zweite Deutsche Trump auch für gefährlicher als den nordkoreanischen

Diktator Kim Jong Un. Auf die Frage, von wem die größere Bedrohung ausgehe, nannten 48 Prozent Trump, 21 Prozent Kim und 15 Prozent Putin. Was ist los mit den Deutschen, die solche Antworten geben? Kim schikaniert ein Volk, lässt Familienmitglieder im In- und Ausland umbringen, schießt mit Raketen um sich.

Es ist schwer zu sagen, wie verbreitet und wie verwurzelt dieser unterschwellige Antiamerikanismus in der deutschen Gesellschaft tatsächlich ist. Möglicherweise wirkt er nur oberflächlich. In vielen Gegenden der alten Bundesrepublik haben die Menschen schließlich gute Erfahrungen mit den Amerikanern gemacht und sind ihnen dankbar. Ganz voran in West-Berlin, das seine Freiheit der Entschlossenheit der USA zu verdanken hatte. Und in Garnisonsstädten wie Ansbach, Frankfurt, Garmisch-Partenkirchen, Gießen, Kaiserslautern, Landstuhl, Pirmasens, Stuttgart, Wiesbaden (um nur einige zu nennen), wo US-Soldaten über Jahrzehnte zum gewohnten Bild gehörten. Vielen Deutschen ist sehr wohl bewusst, dass kein anderes Land in Europa den USA so viel zu verdanken hat für seinen Wiederaufstieg in Sicherheit und Freiheit nach 1945 wie die Bundesrepublik. Der amerikanische Schutzschirm bot das sichere Nest, in dem Demokratie und Marktwirtschaft aufblühen konnten.

Vielleicht ist der antiamerikanische Reflex also nur ein bequemes Ablenkungsmanöver, um sich nicht mit dem Zwiespalt beschäftigen zu müssen, wenn ein den meisten Deutschen unsympathischer Mensch wie Donald Trump (oder zuvor George W. Bush) ins Weiße Haus einzieht. Die USA als Land sind dann immer noch wichtig. Sie bleiben ein Verbündeter, etwa bei der Terrorabwehr, und ein herausragender Wirtschaftspartner. Zugleich möchten die Deutschen aber ihre Abneigung gegen den US-Präsidenten ausdrücken. Dann weisen die Umfragekurven regelmäßig auf einen emotionalen Ausnahmezustand hin.

Extreme Meinungsumschwünge im Amerikabild

Die Deutschen halten sich zwar selbst gerne für nüchterne Beobachter des Geschehens. Umfragen widerlegen diese Selbsteinschätzung jedoch immer mal wieder. In keinem anderen Land der Erde haben die Demoskopen, zum Beispiel, einen so markanten Meinungsumschwung in der Bewertung der USA beim Präsidentschaftswechsel von George W. Bush zu Barack Obama beobachtet wie in der Bundesrepublik. In seiner jährlichen Umfrage *Transatlantic Trends* maß der German Marshall Fund (GMF) in Bushs letztem Amtsjahr 2008 in Deutschland zwölf Prozent Zustimmung zur US-Außenpolitik. Ein Jahr später, Obama war erst wenige Monate im Amt, schnellte der Wert auf 92 Prozent Zustimmung. Eine Veränderung um 80 Prozentpunkte! Diese Diskrepanz war ein Novum in den GMF-Umfragen. In keinem anderen Land war der Meinungsumschwung größer.

Ähnliches wiederholt sich, in umgekehrter Richtung, mit Trump. Pew Research hatte in der letzten internationalen Umfrage unter Obama gemessen, dass 86 Prozent aller Deutschen darauf vertrauen, dass Obama die richtigen Entscheidungen treffe. In der ersten Umfrage unter Trump sagten nur 11 Prozent der Deutschen, dass sie Vertrauen in dessen Entscheidungen haben. Mit dieser Diskrepanz von 75 Prozentpunkten lag Deutschland auf Platz zwei des globalen Stimmungswechsels, hinter Schweden und gleichauf mit den Niederlanden. Was die Wertschätzung der USA betrifft – Pew erkundigte sich in einer weiteren Frage der internationalen Erhebung nach dem Ansehen des Landes und nicht wie der GMF nach der Zustimmung zur US-Außenpolitik –, ergab sich, dass der Ansehensgewinn von Bush zu Obama (von 31 auf 64 Prozent) nach Trumps Amtsantritt wieder verloren ging (er sank auf 35 Prozent). Die Ausschläge sind also größer, wenn nach Handlungen gefragt wird, die direkt mit der Person des Präsidenten verbunden sind. Sie sind aber immer noch beträchtlich, wenn es um die Wertschätzung der USA als Land geht.

Wenn eine Gesellschaft ein so überwältigendes Misstrauen empfindet und Sorgen vor den Folgen der befürchteten falschen Entscheidungen ausdrückt, ergibt sich daraus eine Herausforderung für Regierung und Gesellschaft. Sie müssten nun eigentlich Strategien entwickeln, wie man das eigene Land vor Schaden bewahrt, wie man Gegenstrategien entwickelt und die Risiken begrenzt. Trumps Sieg kam überraschend. Insofern darf man eine solche Debatte nicht zu früh einfordern. Doch ein Jahr nach Trumps Amtsantritt hätte man erwarten dürfen, dass Politik und Medien sich ernsthaft mit der Frage befassen, inwieweit Trumps Vorgehen deutsche Interessen bedroht und was man dagegen tun kann.

Die 21 Monate zwischen dem überraschenden Ausgang der US-Präsidentschaftswahl Anfang November 2016 und der Drucklegung dieses Buchs im Sommer 2018 waren in dieser Hinsicht eine verlorene Zeit. Die öffentliche Debatte in Deutschland erschöpfte sich darin, ihn wahlweise zu verspotten oder sich über ihn zu beklagen oder seine Amtsenthebung herbeizureden. Spott erntete er für seine Tweets und Angebereien. Dazu zählten, zum Beispiel, die Behauptung, er habe bei seiner Vereidigung am 20. Januar 2017 die größte Zuschauermenge aller Zeiten angezogen. Und sein Selbstlob im Januar 2018, er sei »ein Genie« und, mehr noch, »ein stabiles Genie«, als Fragen nach seiner körperlichen und psychischen Fitness lauter wurden. Zornige Kritik lösten sein Umgang mit Zureisenden aus, seine Experimente mit der Gesundheitsversorgung, seine Politik im Klima- und Umweltschutz, die provozierende Zuspitzung internationaler Konflikte, die Infragestellung des offenen Welthandels.

Die Intensität dieser Beschwerden und Beschwörungen drohenden Unheils stehen in einem merkwürdigen Kontrast zur

Tatenlosigkeit. Parallel wurde in Deutschland so getan, als sei Trump ein Betriebsunfall des US-Wahlsystems und ein bald vorübergehendes Phänomen. Also müsse man ihn nicht ernst nehmen und keine Langfriststrategie für den Umgang mit seinem Amerika entwickeln.

Übertragen auf die fünf Phasen der Trauer nach der Psychologin Elisabeth Kübler-Ross waren die Deutschen auch gut anderthalb Jahre nach Trumps Wahl zum Präsidenten noch in Phase eins steckengeblieben: Verleugnung. Oder sie waren bestenfalls im Übergang zu Phase zwei: Zorn. Die Voraussetzung für einen rationalen Umgang mit dem Einschnitt, den Trump in den internationalen Beziehungen bedeutet, wäre jedoch, dass die Betroffenen die Realität akzeptieren (Phase fünf).

Donald Trumps Präsidentschaft mag als Betriebsunfall begonnen haben. Die Kombination aus dem amerikanischen Wahlsystem und der Stimmenverteilung in den 50 Bundesstaaten machte Trump zum Präsidenten. Das US-Wahlsystem funktioniert nicht so, dass die Stimmen im ganzen Land zusammengezählt werden, und wer die meisten hat, wird Präsident. Stattdessen wird jeder Bundesstaat einzeln ausgezählt. Wer dort jeweils die Mehrheit erzielt, bekommt die Wahlmänner dieses Staats zugesprochen; ihre Zahl hängt von der Bevölkerungszahl des Staats ab. Die Demokratin Hillary Clinton hatte USA-weit annähernd drei Millionen Stimmen mehr errungen als Trump. Doch in drei entscheidenden Staaten – Michigan, Pennsylvania und Wisconsin – fehlten ihr insgesamt gerade mal 77.744 Stimmen: in Michigan 10.704, in Pennsylvania 44.292 und in Wisconsin 22.748 Stimmen.

Diese drei Staaten hatten in den Präsidentschaftswahlen der letzten Jahrzehnte verlässlich für die Demokraten gestimmt. Ohne die Wahlmänner dieser drei Staaten wäre Donald Trump nicht Präsident geworden – mehr noch: Es hätte selbst unter der Annahme, dass er alle traditionellen *Swing States* gewinnt, keinen rechnerischen Weg für ihn gegeben, die erforderliche Mehrheit im Wahlmännergremium zu erringen. Angesichts der Umfragedaten vor der Wahl und selbst noch am Morgen des Wahltags war es also keine unvernünftige Annahme, dass Hillary Clinton die Wahl gewinnen würde. Ihre Chancen lagen bei 70 bis 80 Prozent. Durch eine Art *Perfect Storm* kam es anders: Die ungewöhnliche regionale Stimmenverteilung zugunsten Trumps bei insgesamt hohem Stimmenvorsprung für Clinton führte im Zusammenwirken mit dem Wahlmännersystem zu Trumps unwahrscheinlichem Sieg. Bei einer Verteilung der Stimmen auf die 50 Bundesstaaten, die mehr dem gewohnten Bild folgt, hätten Clintons 2.868.518 Millionen Stimmen Vorsprung im *Popular Vote* nach aller Erfahrung ausgereicht für ihren ungefährdeten Wahlsieg. Der Ausgang war also eine faustdicke Überraschung.

Mit wachsendem zeitlichen Abstand zu dem Ereignis wäre allerdings zu erwarten, dass der Überraschungseffekt und die Schockstarre nachlassen und einem rationalen Umgang mit der Lage Platz machen. Und dass die deutsche Öffentlichkeit inklusive der Medien sich nicht in die nächsten falschen Erwartungen flüchtet wie zum Beispiel die Hoffnung auf ein *Impeachment*, das der ungeliebten Trump-Präsidentschaft ein Ende bereiten würde. Doch die deutsche Öffentlichkeit, das ist wichtig festzuhalten, reagiert nicht so nüchtern. Sie hängt lieber Wunschvorstellungen nach, als die Realität zu akzeptieren.

Trump verschwindet nicht so schnell. Er wird bleiben, in mehrfacher Form. Erstens bleibt er Präsident. Eine Amtsenthebung oder ein Rücktritt sind unwahrscheinlich. Zweitens bleibt sein Stil, mit »alternativen Fakten« und emotionaler Aufwallung von den eigentlichen Themen abzulenken – in den Wintermonaten 2017/18 zum Beispiel von der Steuerreform. In Wahrheit ist es gar keine Reform mit dem Ziel, das System zu optimieren, also zum Beispiel Bestimmungen, die sich als ineffektiv erwiesen haben oder zu unerwünschten Nebeneffekten führen, zu streichen. Im Wesentlichen haben die Republikaner die Steuersätze drastisch reduziert. Das bringt *Joe Average*, dem Durchschnittsbürger, wenig, begünstigt aber große Firmen und die Superreichen und wird den öffentlichen Kassen hohe Defizite bescheren. Im internationalen Wettbewerb um Investitionen machen die Steuersenkungen die USA attraktiver; Deutschland und Europa werden das spüren. Trump hat mit seinem Stil und diesen Strategien innenpolitisch Erfolg, also wird er an ihnen festhalten, und andere werden sie kopieren.

Drittens ist sogar denkbar, dass Trump mit der Bewerbung um eine zweite Amtszeit Erfolg hat. Die Ironie dabei ist, dass seine Aussichten steigen, wenn Entwicklungen eintreten, auf die seine Gegner hoffen. Generell gilt: In Trumps USA entwickeln sich die Dinge selten so, wie sie auf den ersten Blick erscheinen. Selbst Dynamiken, die schädlich für Trump aussehen, können Risiken und Nebenwirkungen entfalten, die ihm am Ende nutzen. Dazu weiter unten.

Misserfolg entzaubert nicht

Die politische Auseinandersetzung in den USA gehorcht nicht mehr den Regeln, die viele Bürger und Journalisten unausgesprochen voraussetzen: Lügen und Fehltritte werden bestraft? Populisten, die nicht liefern, was sie versprochen haben, entzaubern sich? Im November 2017, ein Jahr nach seiner Wahl, hatte Trump noch kein zentrales Wahlversprechen erfüllt. Barack Obamas Gesundheitsreform war nicht abgeschafft, die Mauer an der Grenze zu Mexiko war nicht im Bau, die Auswirkungen der Globalisierung waren nicht gestoppt, die parteipolitische Blockade war nicht aufgebrochen. Trump konnte in den ersten Monaten nicht einmal den Umstand nutzen, dass seine Partei, die Republikaner, die Mehrheit in beiden Kammern des Kongresses hat. Es gab fast immer ein paar Abweichler, die ein Gesetzesprojekt torpedierten. Lediglich bei der Ernennung konservativer Richter am Supreme Court und an den Berufungsgerichten konnte er Erfolge vermelden. Und kurz vor Weihnachten mit der drastischen Senkung der Steuersätze für Firmen. Sie wurde von einer nicht ganz so eindrucksvollen Entlastung für Privatleute begleitet, um das Projekt als »Steuersenkung für die Mittelschicht« anpreisen zu können.

Misserfolg schadet Trumps Ansehen unter seinen Anhängern aber nicht. Misserfolg entzaubert nicht. Seine Wähler sehen darin eine Bestätigung, dass Trump mit seiner Klage recht hat: Der »tiefe Staat« sei so fest im Griff des Establishments beider Parteien, Demokraten wie Republikaner, dass sie Trumps richtige Ansätze immer wieder blockieren können.

Auch die Kurzatmigkeit des Nachrichtenzyklus nützt Trump. Kaum eine Streitfrage wird nüchtern und systematisch durchdiskutiert. Jeder neue Aufreger verdrängt die vorige Schlagzeile. Anfang November 2017 forderte Trump die Todesstrafe für den New-York-Attentäter Sayfullo Saipov; der Immigrant aus Usbekistan hatte sein Fahrzeug als Waffe benutzt und acht Menschen auf einem Fahrradweg in Manhattan getötet. Sogleich sank das Interesse an den Anklagen gegen Trumps Wahlkampfmanager Paul Manafort in der Russland-Affäre. Auf ähnliche Weise hatte Trump zuvor von seinen Niederlagen im Kongress bezüglich der Gesundheitsreform und vor Gericht in Sachen des *Muslim Ban*, des Einreiseverbots für Bürger bestimmter Länder, abgelenkt, indem er einen Streit über den Umgang mit gefallenen Soldaten vom Zaun brach. Mit dem Getöse über das Gedenken Gefallener würgte der Präsident zugleich andere unangenehme Fragen ab: etwa zu dem Hinterhalt, in dem vier US-Soldaten im Oktober 2017 ums Leben gekommen waren. Warum war überhaupt eine

US-Patrouille an der Grenze zu Niger im Einsatz gewesen? Anders als beim Überfall islamistischer Extremisten auf das US-Konsulat in Bengasi, das Trump im Wahlkampf erfolgreich als Versagen der damaligen Außenministerin Hillary Clinton interpretiert hatte, kam es zu keiner umfassenden öffentlichen Erörterung, ob der Tod der US-Soldaten in Niger vermeidbar gewesen wäre und welche Rolle das Weiße Haus dabei gespielt hatte.

Mit der Entlassung des Außenministers Rex Tillerson am 13. März 2018 lenkte Trump erfolgreich von einer weiteren Wahlschlappe ab. In Pennsylvania stand an dem Tag die Nachwahl für einen Kongresssitz an – in einem konservativen Wahlkreis, den Trump im November 2016 mit 20 Prozentpunkten Vorsprung gewonnen hatte. Nun aber wurde eine Niederlage des republikanischen Kandidaten wahrscheinlich. Trump wollte Schlagzeilen und Kommentare vermeiden, die nach seiner Verantwortung für diese Schlappe fragen. Also feuerte er Tillerson an dem Tag, obwohl dessen Abgang eigentlich erst für Ende März ausgemacht war. Und prompt beschäftigten sich Schlagzeilen und Kommentare mit dem Wechsel im Außenministerium statt mit der Nachwahlniederlage.

Wahr oder gelogen? Positiv oder negativ? Das ist irrelevant

Jede Woche Trump-Präsidentschaft liefert weitere Beispiele, wie er sich im Mittelpunkt des Geschehens hält. Es scheint unerheblich zu sein, ob die Themen positiv oder negativ sind. Entscheidend ist: Trump steht im Zentrum. Niemand anders ist in der Lage, die Schlagzeilen dauerhaft zu besetzen. Das ist zum Inbegriff von Macht geworden. Trump dominiert den nationalen Dialog. Niemand kommt gegen ihn an.

Das ist ein schwerer Nachteil für die Demokraten. Selbst wenn sie eines Tages mit frischem Personal antreten und eine mitreißende Botschaft zu verkünden hätten: Wie wollen sie die Wähler erreichen, wenn Trump das nationale Megafon kontrolliert? Im Kongresswahljahr 2018 sind diese Bedingungen ohnehin noch nicht gegeben. An der Spitze der Fraktion im Repräsentantenhaus steht seit mehr als einem Jahrzehnt Nancy Pelosi. Im Senat hat der Fraktionsführer zwar gewechselt. Aber Charles Schumer ist auch keine zugkräftige Persönlichkeit. Wie wollen die Demokraten eine erdrutschartige Wende im Wahlverhalten herbeiführen – ohne neues Personal, ohne erneuerte Botschaft und ohne verbesserte Chancen, im täglichen Wettbewerb um Aufmerksamkeit gegen Trump durchzudringen?

Da der Präsident das Megafon in der nationalen Auseinandersetzung so unangefochten für sich beanspruchen kann, wird auch weniger wichtig, ob das, was er sagt, richtig oder falsch ist. Ob es relevant oder irrelevant ist. Wenn Trump Lügen oder Rechtsbruch vorgehalten werden, wehrt er sich nicht einmal mehr ernsthaft. Er neutralisiert den Vorwurf, indem er behauptet, dass seine Gegner ebenfalls Dreck am Stecken haben. Seine Russland-Affäre sei in Wahrheit eine Clinton-Affäre. Man müsse nicht seine, sondern ihre Kontakte nach Moskau untersuchen. Seine Gegner bringt das zur Weißglut. Seine Anhänger glauben ihm. Der Unterschied zwischen Wahrheit und Lüge, zwischen Fakten und Fake News verschwimmt.

Die Amtsenthebung durch den Kongress, über die so viele in Deutschland spekulieren, ist nicht eben wahrscheinlich. *Impeachment* ist ein politisches Verfahren, kein strafrechtlicher Prozess. Die Mehrheit des Repräsentantenhauses muss für die Einleitung des Amtsenthebungsverfahrens stimmen. Für die Absetzung des Präsidenten ist eine Zweidrittelmehrheit im Senat nötig.

In beiden Kammern des Kongresses hatten im Sommer 2018 die Republikaner die Mehrheit – und es ist offen, ob die Kongresswahl im November 2018 daran etwas ändern wird. Einzelne Konservative stimmen gegen einzelne Gesetzesvorhaben und verhindern sie. Doch auch wenn die Unzufriedenheit der Republikaner mit Trump groß ist, wird daraus nicht so schnell eine Absetzbewegung. Die Trump-kritischen Senatoren Bob Corker und Jeff Flake machten ihre Opposition gegen den Präsidenten erst publik, als sie sich entschieden hatten, nicht wieder anzutreten. Das zeigt: Republikaner, die von der Basis zur Wiederwahl nominiert werden wollen, stellen sich nicht offen gegen den Präsidenten.

Demokraten, die dem linken Parteiflügel angehören, haben seit dem Herbst 2017 gefordert, die Kongresswahl 2018 zu einer »*Impeachment*-Wahl« zu machen. Man müsse um die Wählergunst mit dem Argument werben: Gebt uns die Mehrheit, nur dann wird die Amtsenthebung möglich. Moderate Demokraten lehnen das jedoch ab. Eine solche Polarisierung sei kontraproduktiv. Für die meisten Wähler seien Jobs, Steuern, die Gesundheitsversorgung und andere Alltagsfragen wichtiger als ein *Impeachment.*

Wegen der Wahlkreiseinteilung, die die Republikaner begünstigt – das so genannte *Gerrymandering* – ist es fraglich, ob die Demokraten die Mehrheit im Repräsentantenhaus gewinnen können. Um die Machtverhältnisse im Parlament zu kippen, müssten die Demokraten im November 2018 einen erdrutschartigen Sieg einfahren. Das war, Stand Sommer 2018, nicht unmöglich, es war aber auch nicht der wahrscheinlichste Ausgang. Selbst wenn es gelänge und die Demokraten die Mehrheit im Repräsentantenhaus erringen, hätten sie lediglich die Voraussetzung geschaffen, um ein *Impeachment* einzuleiten.

Dann fehlt jedoch immer noch die zweite Bedingung für eine erfolgreiche Amtsenthebung. Für eine Verurteilung Trumps wäre eine Zweidrittelmehrheit im Senat erforderlich. Ein Großteil der republikanischen Senatoren müsste also gegen »ihren« Präsidenten stimmen. Das ist unwahrscheinlich, solange die Ermittlungen in der Russland-Affäre keine entscheidende Wende nehmen.

Deutschland sollte sich darauf einstellen, dass Trump die vollen vier Jahre im Amt bleibt. Und überlegen, wie es seine nationalen Interessen in einer Welt verfolgt, in der die USA nicht mehr automatisch für die liberale Ordnung, den Freihandel und die militärische Sicherheit Europas eintreten. Wenn es dumm läuft, kann Trump 2020 wiedergewählt werden. Von den 46 Prozent der Wähler, die ihm 2016 ihre Stimme gaben, hat er einige verloren. Im Winter 2017/18 unterstützten ihn im Schnitt der Umfragen nur noch rund 38 Prozent der US-Bürger. Zu Beginn des Sommers 2018 war der Wert aber wieder auf 44 Prozent gestiegen. Seine harte Haltung gegen Nordkorea, Iran und Russland sowie die Darstellung, dass er mit den Strafzöllen die Interessen amerikanischer Arbeiter verteidige, fanden Resonanz; ebenso die ständige Wiederholung, dass jeder Bürger dank der Steuerreform mehr Geld im Portemonnaie habe. Die Wirtschaft lief gut; die Arbeitslosenrate sank im Mai unter vier Prozent; der Börsenindex Dow Jones bewegte sich zwischen 24.000 und 25.000 Punkte. Das lag zwar unter dem Allzeithoch von gut 26.000 Punkten im Januar 2018, aber deutlich über dem Stand von rund 18.000 Punkten bei Trumps Wahl im November 2016.

Zustimmungsraten zwischen 38 und 44 Prozent reichen nach aller Erfahrung nicht, wenn Trump 2020 als Kandidat der Republikaner gegen einen aussichtsreichen Demokraten antritt. Was aber, wenn, wie schon angedeutet, kein aussichtsreicher demokratischer Kandidat antritt und die ökonomischen Daten sowie Trumps Popularität sich weiter verbessern?

Wahldynamiken in den USA sind generell nicht so leicht vorauszusehen. Möglicherweise entscheiden sich die Demokraten 2020 für eine Präsidentschaftskandidatin oder einen Kandidaten, deren oder dessen Schwächen sich erst im Verlauf der Kampagne herausstellen. Hillary Clinton war als Favoritin angetreten, dann kam es anders. Gut möglich ist freilich auch, dass andere Republikaner angesichts Trumps Schwächen eine Chance wittern und mit ihm 2020 um die Präsidentschaftskandidatur der Konservativen konkurrieren werden. Würde die Partei Trump nicht erneut aufstellen, wäre das auf den ersten Blick eine herbe Niederlage für ihn.

Paradoxerweise würde ein solches Szenario aber seine Chancen auf eine Wiederwahl nicht verschlechtern. Trump könnte dann als parteiunabhängiger Kandidat antreten. In einem »*three way race*« gegen einen *Establishment*-Kandidaten der Demokraten und einen *Establishment*-Kandidaten der Republikaner wäre er nicht aussichtslos. Trump würde sich in einer solchen Konstellation nach dem Erfolgsmodell von 2016 zur einzigen Hoffnung stilisieren, wie sich die eingefahrenen Verhaltensweisen der politischen Klasse aufbrechen lassen.

Die Deutschen reagieren emotional statt analytisch

Warum tut sich Deutschland so schwer mit einem nüchtern-analytischen Umgang mit Trumps Amerika? Warum reagiert es so emotional und so aufgeregt? Mitte Januar 2018 ereiferten sich deutsche Medien tagelang, dass Trump die Herkunftsländer von Flüchtenden pauschal »*Shithole Countries*« genannt haben soll. Es war keine öffentliche Äußerung; er soll das in einer Beratung hinter verschlossenen Türen gesagt haben. Warum ist das von Belang für Deutschland? Was der US-Präsident über andere Staaten sagen darf oder nicht, ist gewiss ein sinnvolles Thema für eine inneramerikanische Debatte über die politische Kultur. Für Deutschland ist es nicht sonderlich wichtig. Mehr noch: Man kann Länder, aus denen die Bürger massenhaft fliehen, weil die Verhältnisse so niederdrückend sind, mit einigem Recht als »gescheitert« bezeichnen – oder eben auch als »*Shitholes*«. Wer von den Deutschen, die sich darüber aufregen, möchte dort leben?

Gleichzeitig war ein anderer Vorgang in den USA, für den sich deutsche Medien aus weit besseren Gründen hätten interessieren müssen, kein breites Thema: die drastische Senkung der Unternehmenssteuern. Die hat Auswirkungen auf Investitionsentscheidungen, also auf internationale Investitionsströme, also auf Jobs in Deutschland. Doch für solche sehr praktischen Aspekte, die alle Deutschen angehen, interessierten sich eigentlich nur die Wirtschaftszeitungen. Die emotionale Auseinandersetzung mit Trump ist, wie es scheint, zugleich eine Flucht vor den Sachdebatten.

Das hat einerseits mit dem untergründigen Antiamerikanismus zu tun und andererseits mit den logischen Brüchen in der öffentlichen Debatte über Trump. Etwas vereinfacht gesagt, sind zwei Hauptströmungen zu beobachten. Das größere Lager beschwört die Gefahren, die von Trump ausgehen. Wenn es nach der Logik zuginge, dann müsste gelten: Je größer die Bedrohung, desto intensiver die Suche nach Abhilfe.

In Deutschland verhält es sich umgekehrt. Gerade jene, die Trump als besonders gefährlich beschreiben, sind zumeist auch diejenigen, die am wenigsten ändern wollen. Das Lager der erbitterten Trump-Gegner fordert zugleich: keine Erhöhung des Verteidigungsetats; keine Bemühungen um einen besseren Schutz der europäischen Außengrenzen zur Reduzierung der Migrationsströme; kein robusterer Umgang mit Russland; keine Auseinandersetzung mit China, das mit unfairen Praktiken das Handelssystem verändert; keine Ertüchtigung der eigenen Terrorabwehr durch elektronische Überwachung und mehr Mittel für die Geheimdienstarbeit. Wenn Europa jedoch nicht nur in der wolkigen Theorie, sondern im praktischen Alltag der internationalen Politik unabhängiger von den USA werden möchte, lassen sich die vielen kategorischen Neins nicht durchhalten.

Und wo bleiben die Vorschläge aus diesem Lager, wie man Trumps Steuerentlastungen kontert, um ausländische Direktinvestitionen und die Jobs, die durch sie entstehen, in Deutschland und Europa zu halten? Der Protestbrief europäischer Finanzminister, die vor Steuerdumping warnen, wird wohl nicht ausreichen, um Washington zum Umdenken zu bewegen. In Frankreich denkt man umgekehrt: Auch Europa müsse die Unternehmenssteuern senken.

Wo sind die Ideen, wie man den Vorsprung der USA im IT-Bereich, der Schlüsseltechnologie für die Zukunft, abbaut und europäischen Konzernen hilft, in die Weltspitze vorzudringen? Diese Weltspitze wird bisher von US-Konzernen plus der chinesischen Amazon-Kopie Alibaba dominiert.

Ein spiegelbildlicher logischer Bruch lässt sich im – deutlich kleineren – Lager der Transatlantiker beobachten. Sie halten dem größeren Lager der Warner zumeist eine Tendenz zur Übertreibung der Gefahren vor. Die Tweets und Beleidigungen, mit denen Trump operiere, seien gewiss neu und schädlich. Wenn man jedoch nüchtern analysiere, was er tatsächlich tue, bewege sich vieles in den Bahnen, die man von anderen republikanischen Präsidenten wie Ronald Reagan und George W. Bush kenne, ganz voran der Versuch, mit einem härteren internationalen Auftreten Bewegung in erstarrte Fronten zu bringen und neue Handlungsoptionen für die Durchsetzung der US-Interessen zu schaffen.

In der Innenpolitik der USA funktionierten die *Checks and Balances* der Demokratie und des Rechtsstaats, also die Gewaltenteilung; sie setzten Trump Grenzen. Gerichte blockieren *Executive Orders*, die das Recht dehnen. Die Medien agieren furchtlos und setzen die Regierung öffentlich unter Rechtfertigungszwang. Der Sonderermittler Robert Mueller und die Untersuchungsausschüsse des Kongresses bringen Licht in potenzielle russische Versuche der Wahlbeeinflussung. Die republikanischen Senatoren und Abgeordneten betätigen sich nicht als willige Helfer Trump'scher Wünsche. Von einer *Imperial Presidency* kann keine Rede sein.

Von der Logik her müsste hier gelten: Je geringer die tatsächliche Gefahr, desto weniger muss Deutschland reagieren. Doch jene, die dazu aufrufen, genau hinzuschauen, und damit viele der behaupteten Bedrohungen heruntermoderieren, sind zugleich diejenigen, die von Deutschland verlangen, mehr zu tun und international handlungsfähiger zu werden.

Um der Redlichkeit die Ehre zu geben: Ganz unabhängig davon, ob man Trump als gefährlich einschätzt oder nicht – Deutschland und Europa müssten schon lange mehr tun. Sie haben das immer wieder versprochen, aber den Zusagen kaum Taten folgen lassen. Sie waren Weltmeister im Verdrängen. Und Weltmeister in der Kunst der Ausreden. Die Balkankriege in den 1990er-Jahren waren ein solches Schockerlebnis der eigenen Unzulänglichkeit. Europa war nicht in der Lage, das Morden zu beenden, erst in Bosnien, dann im Kosovo. Das gelang erst, als die USA die Führung übernahmen. Es folgten hochheilige Versprechen der Europäer, dass sie die Lektion verstanden haben, ihre Hausaufgaben machen werden und sich eine solche Tragödie nie wiederholen werde.

Wie aber ist die Situation zwei Jahrzehnte später? Wäre die EU heute in der Lage, einen Krieg in ihrer unmittelbaren Nachbarschaft ohne Hilfe der USA zu verhindern? Oder ihn, wenn er begonnen hat, mit einer Mischung aus militärischem Eingreifen sowie politischem und ökonomischem Druck zu beenden? Für keinen der relevanten Bereiche lässt sich das uneingeschränkt bejahen. Skeptische Geister könnten gar zu dem Schluss gelangen, dass die Voraussetzungen heute nicht besser, sondern schlechter sind als in den 1990er-Jahren.

Die militärische Handlungsfähigkeit ist nicht gestiegen, in vielen Ländern Europas sind Ausrüstung und Einsatzfähigkeit der Streitkräfte schlechter als damals. Die politische Entscheidungsfähigkeit ist auch nicht gewachsen. Denn die EU hat die Zahl ihrer Mitglieder seither durch Erweiterung verdoppelt, ohne parallel effiziente Beschlussmechanismen sicherzustellen. Die wirtschaftliche Macht der EU ist gewiss gewachsen und damit auch ihr Potenzial, ökonomischen Druck auszuüben, um ihre Ziele zu erreichen. Doch in der Praxis ist dieser Machtfaktor nur so viel wert wie der politische Wille, ihn einzusetzen. Dieses Risiko schätzen autoritäre Staatenlenker wie Wladimir Putin oder Recep Erdoğan allem Anschein nach nicht sonderlich hoch ein.

Dieser Zustand anhaltender Unzulänglichkeit steht in offenkundigem Kontrast zum Selbstbewusstsein der überzeugten Europäer. Sie sind freilich weit davon entfernt, diesen Widerspruch zwischen Selbstwertgefühl und Handlungsunfähigkeit als peinlich zu empfinden oder wenigstens als bedauerlich einzugestehen. Im Zweifel dienen Trumps USA als Ausrede, warum man sich keine Mühe geben müsse, rasch etwas daran zu ändern.

So gesehen besteht die wahre Herausforderung für den Umgang mit Trump in der deutschen Öffentlichkeit womöglich darin, die beiden skizzierten Fallen zu umgehen und einen dritten Weg des Denkens zu öffnen. Die erste Falle besteht darin, ihn als größte aktuelle Gefahr zu dämonisieren, doch gleichzeitig Änderungen der deutschen Politik abzulehnen. Die zweite Falle läuft darauf hinaus, die Herausforderung, die er darstellt, unter Verweis auf die *Checks and Balances* der amerikanischen Demokratie klein zu reden, aber gleichwohl Anstrengungen zu mehr Handlungsfähigkeit zu verlangen.

Trumps Politik ist gar nicht so neu

Dieser dritte Weg müsste das Ziel verfolgen, das Verständnis des Phänomens Trump und davon, was es langfristig für uns bedeutet, von der täglich neuen Aufregung um seine Person zu lösen. Die Aufregungen und Entrüstungen verführen zu Urteilen, die auf den ersten Blick überzeugen, aber auf den zweiten das nächste Missverständnis einleiten.

Zum Beispiel: Macht Trump wirklich alles anders als sein Vorgänger Barack Obama? Gewiss versucht er alle möglichen innenpolitischen Ansätze Obamas rückgängig zu machen, von der Gesundheits- über die Migrations- bis zur Energie- und Umweltpolitik. Er hat auch ein anderes Verständnis vom Wert internationaler Verträge und supranationaler Organisationen. Andererseits hat der Unwille der USA, sich für einen Großteil der Konflikte rund um den Globus verantwortlich zu fühlen, und die Tendenz zum Rückzug aus internationaler Verantwortung bereits unter Obama begonnen. Wie steht es also wirklich um »Disruption« oder Kontinuität von Obama zu Trump?

Und wie weit hält die These, Trump breche mit wichtigen amerikanischen Traditionen, einem Realitätstest stand? Es stimmt schon, so unverfrorene Versuche, das Offensichtliche zu leugnen, hat die Welt bei früheren Präsidenten nicht erlebt. Auch nicht ein solches Ausmaß an persönlichen Beleidigungen anderer Staats- und Regierungschefs. Aber »America First« als Prinzip ist keineswegs ein neues Phänomen der US-Politik. Das gab es auch in früheren Jahrzehnten. Und ebenso die Sehnsucht, die Konflikte rund um den Globus ignorieren zu dürfen, solange sie nur nicht den eigenen Kontinent erreichen.

In diesem Versuch, Trumps Amerika zu verstehen, um Strategien für den Umgang mit ihm zu entwerfen, ist dieser Präsident weder der Gottseibeiuns, der mit allen amerikanischen Traditionen bricht, noch die Antithese zu Obama. Er hat mehr mit Obama gemeinsam, als die Deutschen bisher anerkennen wollen. Bei »America First« und beim Rückzug aus globaler Verantwortung greift er althergebrachte Strömungen im außenpolitischen Denken der USA auf. In dieser Interpretation wäre Trump nicht der Auslöser eines Bruchs in den transatlantischen Beziehungen, sondern eher das Symptom und die Ausdrucksform einer Veränderung, die sich schon länger angekündigt hatte, jedoch von der Kooperationsrhetorik in Obamas Amtszeit verdeckt wurde.

In der Konsequenz daraus sollte man dann auch nicht hoffen, dass die Beziehungen nach Trump zurück in die gewohnte Form fallen. Sondern Deutschland und Europa täten besser daran, sich auf eine bleibende Veränderung der transatlantischen Beziehungen einzustellen.

Was spricht dafür, Trump als Ausdruck einer Kontinuität zu begreifen und weniger die Disruption zu betonen? Mehrere europäische Botschafter in Washington heben in unseren Gesprächen Parallelen zu den 1930er-Jahren in den USA hervor. Auch damals galt ökonomisch »America First«. Auch damals waren die USA nicht automatisch ein Pfeiler und eine Garantiemacht der internationalen, regelgestützten Ordnung. Sie wollten nicht dem Völkerbund beitreten – aus ähnlichen Motiven, die Trump zum Ausstieg aus der UNESCO und aus dem Pariser Abkommen bewegen.

Die USA zeigten auch lange keinen Drang, sich in den Zweiten Weltkrieg hineinziehen zu lassen. Die verbreitete Haltung war: Was gehen uns die Konflikte auf anderen Kontinenten an, warum sollen unsere Soldaten dort ihr Leben riskieren? Erst der japanische Angriff auf Pearl Harbour zwang die USA in den Krieg. Und wenn Hitler damals nicht den USA den Krieg erklärt hätte, hätten die USA sich womöglich mehr auf den Krieg in Asien als den in Europa konzentriert. Am Ende retteten die USA Europa – wieder einmal. Und Deutschland vor sich selbst. Aber die Geschichte hätte auch anders ausgehen können.

Ähnlichkeiten mit Obama

Auf vergleichbare Weise kann die Interpretation, Trump als Gegensatz zu Obama zu sehen, in die Irre führen. Erneut beschreiben

Gesprächspartner aus anderen europäischen Staaten die Lage nüchterner und realpolitischer als deutsche. Schon unter Obama zeigte sich eine Müdigkeit, sich um alle Krisen kümmern zu sollen. Schon er hatte in der Ukraine und in Syrien nicht intervenieren wollen. Die Ukraine-Diplomatie überließ er in einem »Outsourcing«-Modell Deutschland und Frankreich.

In Syrien hielt sich Trump an das Playbook, das Obama vorbereitet hatte: keine Entsendung von Bodentruppen, keine Konfrontation mit Russland. Und selbst in dem Detail, wo Trump tat, wovor Obama zurückgescheut war – wenige symbolische Bombenangriffe nach Giftgaseinsätzen des syrischen Regimes –, folgte Trump der unter Obama ausgearbeiteten Option. Die Russen wurden vor dem Vergeltungsangriff auf einen syrischen Militärflughafen informiert, um sicherzustellen, dass keine russischen Militärberater dort sind und in Gefahr geraten. Was natürlich zugleich zur Folge hatte, dass die Syrer vorgewarnt waren und der Schaden begrenzt blieb.

Bei der Verlagerung der Aufmerksamkeit von Europa nach Asien – sowie inneramerikanisch von der Ostküste zur Westküste – lässt Trump ebenfalls mehr Kontinuität als Neuausrichtung erkennen. Das »*New Business*« lockt in Asien. Europa ist »*Old Business*«, es gilt als gesichert; also gibt es keinen Grund, sich besonders aktiv darum zu bemühen. So war das schon unter Obama, als der den »Pivot«, die Neuorientierung Richtung Pazifik, einleitete. In Asien sind die größeren Wachstumsraten zu erwarten als in Europa, allerdings auch die größeren sicherheitspolitischen Risiken. China ist die zentrale Herausforderung als potenzielle alternative Supermacht. Russland ist eine Macht im Abstieg, freilich eine mit hohem Destruktionspotenzial. EU-Europa wird nicht als ernsthafter Konkurrent um die Weltmacht gesehen, weil ihm die »*Hard Power*« fehlt.

Schon Obama betrachtete die Europäer als Trittbrettfahrer einer von den USA garantierten Weltordnung, wie er 2016 im Interview mit Jeffrey Goldberg in *The Atlantic* ausführte. Bei Trump sticht die weit aggressivere, undiplomatische Wortwahl hervor. Die Inhalte sind aber nicht neu. Er beschreibt seine Ziele unverfroren als transaktionale Kosten-Nutzen-Rechnung. Obama kleidete seine Vorstellungen noch in die Rhetorik des Multilateralismus. Bereits unter ihm war jedoch spürbar, dass es mit der internationalen Lastenteilung nicht so weitergehen kann und die USA nicht bereit sind, einen so hohen Teil der Rechnung zu bezahlen.

Das alles gilt es im Blick zu behalten, wenn insbesondere die Deutschen sich darüber beklagen, welche angeblich neuen Zumutungen Trump ihnen auferlege und welche Bedrohung von ihm für die Weltordnung ausgehe. Unter seiner Regierung wollen die USA nicht mehr die Garantiemacht der liberalen, regelgestützten Ordnung sein. Das hat Obama in der Tat nie so offen infrage gestellt. Obama hat auch nicht dem Protektionismus das Wort geredet, wie Trump dies tut.

Da beginnen die besonderen Schwierigkeiten der Deutschen, eine Antwort zu finden. Darauf weisen die Gesprächspartner aus anderen EU-Staaten hin. Für die Deutschen sei »Trump ein größerer Schock als für Frankreich oder Großbritannien«, heben sie hervor – auch wegen der Wirtschaftsinteressen, vor allem aber auch wegen der emotionalen Bedeutung der USA für das Selbstbild der Deutschen. Die Bundesrepublik stütze ihre Identität auf Werte, nicht auf historische Größe. Ihre Bürger bewerten Politik moralischer als andere Europäer und weniger anhand realpolitischer Überlegungen. Die Bundesrepublik sei das Produkt der von den USA geschaffenen Nachkriegsordnung. Und wenn dann einer wie Trump komme, reagierten die Deutschen »indignierter und verletzter« als andere Europäer, analysiert der Botschafter eines EU-Landes ein wenig spöttisch.

Woher kommt diese emotionale Aufladung? Es hat vermutlich durchaus auch mit der deutschen Nachkriegsgeschichte zu tun. Die Deutschen haben sich nicht aus eigener Kraft von Hitler befreit. Die Demokratie und der Rechtsstaat sind ihnen von den vormaligen Gegnern geschenkt worden. Dafür sind viele dankbar, einerseits. Andererseits: Wer will schon ewig dankbar sein? Es wirkt quasi wie ein emanzipatorischer Akt der Befreiung, wenn man denen, die einem Untaten verziehen haben und denen man dankbar sein sollte, nachweisen kann, dass sie ja auch nicht makellos sind.

Wolfgang Ischinger, der Vorsitzende der Münchner Sicherheitskonferenz, teilt diese Einschätzung. Wir sitzen in seinem Berliner Büro in der Friedrichstraße und sprechen über die Quintessenz seiner Erfahrungen als Krisenmanager des Auswärtigen Amts und als Botschafter in den USA. Zwischendurch muss er ein Telefonat annehmen; es geht um den Auftritt des ägyptischen Präsidenten bei der nächsten Sicherheitskonferenz.

Die Wahl von Trump habe für die Identität der Bundesrepublik tragischere Folgen als für die Briten oder Franzosen, sagt Ischinger. »Ganze Generationen von Deutschen sind nach dem Krieg damit aufgewachsen, dass wir auf dem Weg nach Westen sind. Wir waren stolz darauf, im Westen anzukommen.« Es ging dabei um den Glauben an eine Wertegemeinschaft. »Für meine Generation war der Präsident von Amerika die Symbolfigur dieser Wertegemeinschaft. Das war doch der Grund, warum mehr als 200.000 Deutsche Barack Obama sehen wollten, noch bevor er gewählt war. Und auch der Grund, warum zuvor John F. Kennedy fast wie ein Gott bejubelt wurde. Auch Reagan und Clinton waren Identifikationsfiguren für viele Deutsche.« Briten und Franzosen brauchten das nicht. Die denken von sich, dass sie den Westen erfunden haben: die Demokratie und das Parlament. »Die Deutschen haben ein anderes Verhältnis zu den USA. Ich kann meiner Tochter nicht erklären, dass sie im derzeitigen amerikanischen Präsidenten das Symbol der Werte sehen soll: Menschenwürde, soziale Gerechtigkeit, Freiheit. Und das lässt sich nicht so leicht reparieren.«

Genverändertes Saatgut, Pflanzenschutzmittel, Chlorhühnchen

Deutsche und Amerikaner sind sich in ihrer Neigung, politische Entscheidung moralisch zu überhöhen, sehr ähnlich. Sie werfen sich gegenseitig vor, irrational vorzugehen und wissenschaftliche Erkenntnisse zu ignorieren. Das zeigt sich in der Debatte um den Klimawandel und im Streit um genveränderte Lebensmittel, genverändertes Saatgut sowie Pestizide. Amerikaner sind fortschrittsgläubig. Sie wollen neue Methoden, die sich aus neuem Wissen herleiten, rasch anwenden. Nur wenn der Schaden nachgewiesen ist, nehmen sie davon Abstand.

Ein Teil der Deutschen reagiert meist umgekehrt. Das betrifft besonders die Ökobewegungen: Sie misstrauen Neuerungen. Im Zweifel soll es keine Zulassung geben, es sei denn, es gelingt der Nachweis, dass kein Schaden zu befürchten ist. Dahinter steht zugleich ein Dissens über wirtschaftliche Belange. Die meisten Amerikaner halten wirtschaftlichen Nutzen für etwas Positives. In Deutschland hingegen gelten wirtschaftliche Interessen als etwas Negatives, vor allem wenn man sie in Gegensatz zur Natur bringen kann. Nach der internationalen Handelsordnung wird freilich ein Produktverbot, das sich nicht wissenschaftlich rechtfertigen lässt, als Diskriminierung oder protektionistische Maßnahme bewertet.

Anwendungsfälle gibt es zuhauf, zumeist sind die Debatten emotional aufgeladen: Genverändertes Saatgut, das Pflanzenschutzmittel Glyphosat, das Chlorhühnchen, die angebliche Häufung von Naturkatastrophen. Oft ist es zugleich ein Aufbegehren deutscher Protestbewegungen gegen US-Konzerne, im Fall Glyphosat gegen Monsanto. Mal um Mal werfen sich die gegnerischen Lager vor, wissenschaftliche Erkenntnisse zu ignorieren. Es gebe keine Studie, die Gesundheitsschäden durch den Einsatz von

Glyphosat nachweise, argumentieren die Befürworter. Vielmehr hätten ganz viele Institute nachgewiesen, dass es nicht gefährlich sei: das Bundesinstitut für Risikobewertung (BfR), die Europäische Behörde für Lebensmittelsicherheit (EFSA), die amerikanische Umweltbehörde EPA und Health Canada.

Das sei nicht richtig, behaupten die Gegner unter Berufung auf eine Studie der Internationalen Agentur für Krebsforschung (IARC): Glyphosat sei »wahrscheinlich krebserregend« für Menschen. Das gelte bei den bisherigen Zahlen aber nur für Menschen, die täglich 1600 Liter Wein oder 73 Kilo Teigwaren zu sich nehmen, spottete die *Neue Zürcher Zeitung* im Frühjahr 2018.

Der Streit entzweite die alte Bundesregierung, was zu mancherlei Häme in Brüssel führte: Landwirtschaftsminister Christian Schmidt (CSU) stimmte in EU-Räten für die Wiederzulassung von Glyphosat, Umweltministerin Barbara Hendricks (SPD) dagegen. Oder sie mussten sich auf Weisung Berlins beide enthalten. Dieser Ausweg, erzählt Ischinger kopfschüttelnd, werde bei der EU in Brüssel als »*The German Vote*« verspottet. Gemeint sei damit: Die Deutschen müssen sich in einer Abstimmung enthalten, weil die Koalitionspartner in Berlin sich nicht einigen können. »Das geht nicht«, meint Ischinger. Ein Land vom Gewicht der Bundesrepublik muss international mit einer Stimme sprechen, ob in Brüssel oder gegenüber den USA. »Wir brauchen einen Nationalen Sicherheitsrat oder ein anderes Gremium«, das die Auftritte deutscher Regierungsmitglieder im Ausland koordiniert.

Auch der Kampf um das Chlorhühnchen wurde in Deutschland so inszeniert, als gehe es darum, dass US-Agrarkonzerne den Deutschen gegen ihren Willen bestimmte Lebensmittel aufzwingen wollten, die unter Geringschätzung von Tier- und Pflanzenwelt produziert werden. Deutsche, die schon mal mit Kindern durch die USA gereist sind, könnten das Gegenteil berichten.

Die Kinder sind scharf auf die Geflügel-Angebote diverser Restaurantketten. Nach Opfern, die von Gesundheitsschäden durch den Verzehr amerikanischer Hähnchen berichten könnten, sucht man vergebens. Wenn man ehrlich ist, lagen die Schauplätze der Geflügelskandale der vergangenen Jahre in Deutschland und in Europa, nicht in den USA: Salmonellen, Vogelgrippe usw. Wer geht hier also unwissenschaftlich mit den Fakten um?

Den Streit um genveränderte Lebensmittel und Saatgut könnte man durch eine durchgreifende Kennzeichnungspflicht mildern. Dann hätten die Konsumenten die Wahlfreiheit, wofür und wogegen sie sich entscheiden. Dann kann sich auch jeder selbst sein Urteil bilden: Dient die Berufung auf die Verbraucherrechte den Verbrauchern? Oder werden sie ins Feld geführt, um ein Verbot durchzusetzen, das dem Konsumenten am Ende die Entscheidungsfreiheit nimmt?

Bei allen diesen Themen spielen Varianten eines speziellen deutschen Antiamerikanismus eine Rolle. Es geht darum, die Gegenseite moralisch zu diskreditieren. US-Firmen nehmen angeblich keine Rücksicht auf die Natur, wollen maximalen Profit, vergiften uns und zerstören unsere Umwelt. Warum hört man keinen ähnlichen Generalverdacht gegen die gesundheitliche Verträglichkeit des bunten Kinderspielzeugs aus China, die Pestizidbehandlung indischer Tees, Ginseng aus Korea oder Verweise auf die Umweltbilanz bei der Produktion des Erdgases, das Deutschland massenhaft aus Russland importiert?

Trumps Wirbelstürme

Auch Hurrikans lassen sich für das jeweilige Weltbild instrumentalisieren. Im Sommer 2017 zerstörten Wirbelstürme wie »Harvey« in Texas und »Irma« in Florida Häuser, Schulen und Straßen.

Dutzende starben, Millionen waren ohne Strom. Trinkwasser wurde knapp. Wer die Naturgewalt eines Hurrikans erlebt hat, wird die Bilder und Gerüche nicht vergessen. Die Flutwelle hebt Boote über die ersten Gebäudereihen hinweg ins Landesinnere, schiebt Häuser von ihren Fundamenten, parkt Autos auf Balkonen. Sobald der Pegel sinkt und die Temperatur im Süden der USA auf bis zu 40 Grad Celsius steigt, mischt sich die Ausdünstung des giftigen Schlicks aus Abwässern, Chemie und Treibstoffen mit dem süßlichen Gestank vergammelnden Fleischs in den Kühlgeräten ohne Strom.

Dann ist es nur noch eine Frage der Zeit, bis die Stürme auch die Diskrepanz im Umgang mit solchen Katastrophen in den USA und Deutschland aufwirbeln. Die drängenden Fragen in US-Medien: Wie schützen wir Menschenleben? Wie bringen wir Nothilfe in die Regionen? Wann bewilligt die Politik Geld für den Aufbau? Deutsche Medien springen rasch zu den politischen Konsequenzen: Ist das nicht ein weiterer Beleg für den Klimawandel und schadet das Präsident Trump, dem Leugner des Klimawandels? Kanzleramtsminister Peter Altmaier sprach aus, was viele dachten: Wie viele Jahrhundert-Hurrikane noch, bis die Leugner merken, dass sie das Leben ihrer Enkel ruinieren?

Doch so klar, wie die USA-Kritiker tun, ist die Verbindung zwischen Klima und Hurrikans nicht. Das Denkmodell klingt gewiss überzeugend. Hurrikans laden ihre zerstörerische Energie über warmen Meereszonen auf. Wenn die durchschnittliche Meerestemperatur steigt, ist es wahrscheinlich, dass sich Zahl und Stärke der Hurrikans erhöhen. Aber: Ein solcher Anstieg ist bisher statistisch nicht nachweisbar. Von den zehn tödlichsten Hurrikans der letzten 150 Jahren fällt nur einer in unser Jahrhundert: »Katrina« 2005. Die anderen neun liegen lange zurück. Nur circa alle zwölf Jahre gibt es »schwere« Hurrikan-Jahre: 2017, 2005, 1992 … Erfreulicherweise sinkt die Zahl der Toten. Vorhersagen und präventive Evakuierung funktionieren besser als früher. Dafür steigen die Schäden – weil die Küsten immer dichter und teurer bebaut werden. Die materielle Schadensbilanz ist also kein Beleg dafür, dass Wirbelstürme häufiger und heftiger geworden sind. Sondern sie spiegelt die Entwicklung der Bebauungsdichte und steigender Baukosten.

Ja, die USA müssen umdenken: den Klimawandel nicht leugnen; die Forschungsgelder erhöhen, statt sie wie Trump zu streichen; mehr Küstengebiet unbebaut an die Natur zurückgeben. Und die Deutschen könnten mehr Respekt vor statistischen Fakten zeigen. Ohne ideologische Brille wird der Blick in die Welt schärfer.

Generell sind die USA in der Klima- und Energiepolitik nicht so, wie ihre deutschen Verächter sich das vorstellen. Ein Großteil der Bürger ist ziemlich offen für Debatten über den Klimawandel. Nur das konservative Lager ist skeptisch. Bei der 23. UN-Klimakonferenz in Bonn (COP 23) war die Gruppe aus Vertretern progressiver Städte und Bundesstaaten der USA größer als die offizielle Regierungsdelegation. In Deutschland erlauben sich viele freilich den Luxus, so zu tun, als gebe es in Amerika nur die Leugner, darunter Präsident Trump.

Auch bei den erneuerbaren Energien liegen die USA nicht weit hinter Deutschland zurück. Sie haben aus der Energiewende nur eben kein ideologisches Projekt von oben gemacht, sondern treiben sie pragmatisch von unten voran. Der Anteil der Erneuerbaren wächst auch in den USA rasch, freilich ohne dass die Strompreise so stark steigen wie in Deutschland. Eine Kilowattstunde kostet dort 10 US-Cent, in Deutschland das Dreifache. Aus solchen Erfahrungen lassen sich Gefahren und Chancen ableiten. Je länger Trump im Amt bleibt und mit seinen Kommunikationsmethoden die Welt in Atem hält, desto größer werden die Versuchungen für Parteien und zivilgesellschaftliche Organisationen in Deutschland, den untergründigen Antiamerikanismus für die eigenen Ziele zu instrumentalisieren.

Die hoffnungsvolle Seite: In diesem riesigen Land gibt es Ansprechpartner und Institutionen zuhauf, mit denen Deutsche, die auf Distanz zur Regierung Trump bleiben wollen, kooperieren können. Staaten mit einer von ihm unabhängigen aktiven Klimapolitik; Bürgermeister und Gouverneure, die die Verkehrspolitik ändern wollen; US-Firmen, die in Ökohäuser, Solardächer und Windräder investieren; US-Autokonzerne, die genauso wie ihre deutschen Konkurrenten auf internationale Fertigungsketten und Freihandel setzen; Bürgervereine, die Grundrechte verteidigen, Migranten helfen, das Waffenrecht ändern wollen. Auch dieser Präsident ist nur eine Instanz unter mehreren im Machtsystem der USA.

5.

Wie global handlungswillig sind wir?

Die Drückeberger

Berlin, Dorotheenstraße, im April 2018

Kann Deutschland Geopolitik? Will es sie überhaupt können? Wir sitzen bei Tee und Gebäck in den Räumen, die der Staat dem früheren Bundespräsidenten Joachim Gauck nach dessen Abschied aus dem Amt zugestanden hat: in einem Bundestagsgebäude in der Dorotheenstraße, wo einst das Reichsinnenministerium seinen Sitz hatte. Das Gespräch ist vertraulich. Gauck hat aber in seinen öffentlichen Auftritten als Staatsoberhaupt mehrfach erklärt, wie er die Dinge sieht. Und ist sich nicht untreu geworden. Immer wieder hat er die besondere Seelenlage der Deutschen reflektiert. Über Jahrzehnte haben wir uns daran gewöhnt, in einem Schutzraum zu leben, den andere für uns bereitstellen und garantieren. Viele Deutsche haben aus der Geschichte einen – übertriebenen – Schluss gezogen: Führung gehe gar nicht. Sie misstrauen dem Konzept, dass Nationen Interessen haben und diese auch durchzusetzen versuchen.

Wie wertvoll ist uns die Freiheit?

Der Bundespräsident Gauck hat dieser Denkweise entgegengehalten: Die Freiheit sei so kostbar, dass es lohne, sie zu verteidigen, im Extremfall auch militärisch. Als ehemaliger Pastor hat er den Deutschen Mut gemacht, »normaler« zu werden und Freude an der Entscheidungsfreiheit zu empfinden. Und, da er ein Protestant ist, hat er im gleichen Atemzug die Pflichten genannt, die sich daraus ableiten. Die Freiheit der Erwachsenen heißt Verantwortung.

Gauck hat klare Meinungen zu den aktuellen Fragen: In der *ZEIT* hat er kürzlich einen Essay über Deutschland als Einwanderungsland veröffentlicht. Er arbeitet an einer Rede über Toleranz. Er macht sich seine Gedanken über die offizielle Haltung Deutschlands zum Angriff Frankreichs, Großbritanniens und der USA auf Syrien, um das Chemiewaffenverbot durchzusetzen. Wie passt das zusammen: Die Bundesregierung bewertet ihn als richtig, möchte aber nicht mitmachen?

Öffentlich hält er sich an die Devise, Meinungen, die er für falsch hält, nicht zu verurteilen, sondern den Menschen Mut zu machen, ihre Einstellungen zu überprüfen. Und zu verändern. Aus dieser Geisteshaltung erwächst Sympathie für Emmanuel Macron. Der macht den Franzosen Mut, ihr Land zu reformieren.

»*Yes, we can*« – in diesem Sinn hatte Gauck seine Eröffnungsrede zur 50. Münchner Sicherheitskonferenz 2014 gehalten. Wenn man sie heute liest, wirkt sie fast prophetisch. Das deutsche Kerninteresse, wie Gauck es definiert, durfte damals noch als gesichert gelten: die offene, regelbasierte Weltordnung. Heute steht der Fortbestand dieser liberalen globalen Ordnung infrage.

Gauck hatte auch die Widerstände gegen eine aktivere deutsche Rolle 2014 vorausahnend beschrieben. Die Deutschen haben Grund zum Stolz auf das Erreichte. Wir leben in »einem guten Deutschland, dem besten, das wir jemals hatten«; in einer stabilen Demokratie und eingebettet in verlässliche Partnerschaften. Die Bereitschaft der Deutschen, ihren Erfolg zu verteidigen, ist jedoch begrenzt. Aus dem Befund, dass es ihnen gut geht, leiten viele ab, dass man nichts ändern müsse. Wer aber wird die Grundlagen des deutschen Wohlergehens verteidigen, wenn die Deutschen nicht dazu bereit sind? Und wenn die internationalen Koordinaten sich verändern?

In all die Wunden, die heute schmerzen, hat Gauck schon damals den Finger gelegt. Wir verlassen uns auf die NATO, tun aber nichts gegen ihre finanzielle Auszehrung. Wir verehren die Vereinten Nationen, können aber die Krise des Multilateralismus nicht ignorieren. Wir wollen neu aufstrebende Mächte in die liberale Ordnung einbinden, haben aber keine Antwort, wenn diese Mächte die Regeln eher missbrauchen als unterstützen.

Statt Forderungen in Sätze mit Ausrufezeichen zu kleiden, stellte Gauck in seiner Münchner Rede Fragen: Tun wir genug? Teilen wir Aufgaben und Lasten fair mit anderen, so wie es der viertgrößten Wirtschaftsmacht der Erde zukäme? Es gehe nicht einfach darum, »mehr zu zahlen« und »mehr zu schießen«. Sondern darum, »mehr Verantwortung« zu übernehmen: »früher, entschiedener, substanzieller«. Zu Bundeswehreinsätzen dürfe Deutschland »weder aus Prinzip Nein noch reflexhaft Ja sagen«. Aus der deutschen Geschichte könne man nicht das »Selbstprivileg« ableiten, dass Deutschland wegsehen dürfe, wenn andere westliche Demokratien handeln.

Gauck erhielt breites Lob für diese Rede, gerade auch bei Grünen und Sozialdemokraten. Nur die Linke grummelte. Aber: Hat Deutschland sich dieses Mut machen in den vier Jahren seither zu Herzen genommen?

Vor und zurück im globalen Engagement

In Teilen schon. 2014 war das Jahr, in dem Wladimir Putin mit der Annexion der Krim und dem hybriden Krieg in der Ostukraine die Entschlossenheit und den Zusammenhalt des Westens testete. Die westlichen Nationen halten seit Jahren zusammen in der Sanktionspolitik. Es gibt zwar auch in Deutschland immer wieder Stimmen, die die Aufhebung der Sanktionen fordern. Bislang ist jedoch Verlass auf die Geschlossenheit. Auch die deutsche Haltung zu China ist nicht mehr so blauäugig auf Exporte ausgerichtet, wie sie das lange war. Neben den Wirtschaftsinteressen finden zunehmend langfristige Bedenken Eingang in die Debatte: Versucht Peking etwa, mit seinen Investitionen in EU-Staaten Abhängigkeiten zu schaffen, die es der EU über kurz oder lang erschweren, chinakritische Beschlüsse zu fassen? In militärischen Fragen ist Deutschland ebenfalls in neues Terrain vorgestoßen und hat, zum Beispiel, Kurdenmilizen in einem Konfliktgebiet mit Waffen beliefert und ausgebildet – zuvor galt das als Tabu.

Man kann die Entwicklung freilich ebenso als unbefriedigend oder sogar als Rückschritt bewerten, je nachdem, welchen Ausgangspunkt man wählt. Wer wie zum Beispiel der CDU-Politiker Volker Rühe geglaubt hatte, die deutsche Haltung zum Einsatz militärischer Gewalt werde sich nach dem Ende der Teilung des Landes 1989/90 schrittweise »normalisieren« und an das Vorgehen anderer größerer europäischer Staaten angleichen, wird heute enttäuscht sein. Während der Balkankriege in den 1990er-Jahren gab es deutliche Anzeichen einer fortschreitenden Anpassung. Zu deren Beginn hatte die Bundesrepublik nicht an bewaffneten Einsätzen teilgenommen, sondern ein Militärlazarett gestellt, freilich nicht im eigentlichen Kampfgebiet, sondern in einem Nachbarland. In der letzten Kriegsetappe, 1998/99 im Konflikt mit Serbien zum Schutz des Kosovo, nahmen Piloten der Bundesluftwaffe in gleicher Weise an Kampfeinsätzen teil wie ihre italienischen Kollegen.

Nach dem Terrorangriff auf die USA am 11. September 2001 hatte die NATO erstmals in ihrer Geschichte den Bündnisfall erklärt. Die Bundeswehr ging in den Afghanistaneinsatz, ein Zeichen weiterer Normalisierung. Der Satz des SPD-Verteidigungsministers Peter Struck machte die Runde: Deutschlands Interessen werden auch am Hindukusch verteidigt. Es gab wenig Widerspruch. Als Deutschland sich 2003 nicht der »Koalition der Willigen« zum Angriff auf den Irak anschloss, war dies kein Gegenbeleg. Hintergrund war der politische Konflikt, ob dieser Krieg gerechtfertigt sei oder nicht. Auch Frankreich und weitere EU-Staaten stellten sich gegen den Kurs von US-Präsident George W. Bush. Es ging nicht um die Frage, ob Deutschland wegen seiner Geschichte eine Sonderrolle zukomme und es deshalb nicht am Irakkrieg teilnehme.

De facto erwies sich die Mitte der Nullerjahre des 21. Jahrhunderts als zeitliche Trennungslinie. Bis dahin konnte man eine »Normalisierung« des deutschen Umgangs mit Bundeswehreinsätzen konstatieren, danach nicht mehr. Mehreres kam zusammen. Der Afghanistaneinsatz war mit hohen Erwartungen überfrachtet worden, was alles zu einem Erfolg gehöre: der ungehinderte Schulbesuch von Mädchen, ein Ende des Drogenanbaus, ein Polizeisystem wie aus dem deutschen Lehrbuch und vieles mehr. Afghanistan dauerte länger als erwartet, und die Bilanz war schlechter als erhofft. In Umfragen sagen seit mehreren Jahren rund zwei Drittel der Deutschen, die Anstrengung habe sich nicht gelohnt.

Mit Merkel endete die Normalisierung

Auch die Umstände, unter denen Horst Köhler 2010 als Bundespräsident zurücktrat, lassen erkennen, dass die Beharrungskräfte gegen eine Normalisierung wieder zugenommen haben. Auf dem Rückflug von einem Besuch in Afghanistan hatte das Staatsoberhaupt in einem Interview gesagt, im Notfall sei auch »militärischer Einsatz notwendig, um unsere Interessen zu wahren, zum Beispiel freie Handelswege«. Für Amerikaner, Briten, Franzosen, Italiener wäre eine solche Aussage eine Selbstverständlichkeit. Nicht aber in Deutschland, zumindest nicht für einen noch immer lautstarken Teil der Gesellschaft links der Mitte. Deren Vertreter wiesen Köhler zurecht: Wirtschaftsinteressen dürfe man nicht mit Gewalt verteidigen. Vermutlich hätte Köhler, wenn er gewollt hätte, den Streit durchstehen können. Es ist ja nicht so, als gebe es in Deutschland eine überzeugte Mehrheit gegen den Bundeswehreinsatz zur Verteidigung nationaler Interessen, die sich jederzeit abrufen ließe. Es ist mehr eine Stimmungsfrage, die von Zeitpunkt und Kontext abhängt. Nur wenige Monate nach Köhlers Rücktritt stellte Verteidigungsminister Thomas de Maiziere neue Richtlinien für die Ausweitung von Auslandseinsätzen der Bundeswehr vor. Auch er erwähnte als möglichen Zweck die Absicherung internationaler Handelswege. Diesmal blieb der Empörungssturm aus.

Zeitlich fällt das vorläufige Ende weiterer Normalisierung mit dem Amtsantritt Angela Merkels als Bundeskanzlerin zusammen. Sie hat ihre Distanz zur Welt der Militärs zwar nie ausdrücklich erklärt. Diese Haltung ist aber schwer zu übersehen. Deutschland zeigt seither keinen Ehrgeiz mehr, sich daran zu orientieren, was andere europäische Mächte militärisch als normal empfinden. Volker Rühe ist nur einer von vielen, die das Merkel anlasten. Obwohl die NATO 2002 und 2006 zwei Mal die Anforderung bekräftigt hatte, dass jedes Mitglied zwei Prozent des BIP für Verteidigung aufwenden soll, sank die Quote für Deutschland in Merkels ersten acht Amtsjahren weiter.

Das Erstaunliche dabei ist: Merkel weist eine persönliche Verantwortung für diese Entwicklung von sich. Als sie US-Präsident

Donald Trump Ende April 2018 im Weißen Haus besucht, bekräftigt sie ihren festen Willen, den deutschen Verteidigungsetat kontinuierlich zu erhöhen und 2024 das Zwei-Prozent-Ziel zu erreichen. Wenn man nachfragt, ob dies bei der aktuellen Finanzplanung nicht völlig unrealistisch sei und ob sie, wenn es ihr ernst damit sei, in ihrer vierten Amtszeit nicht langsam mal für dieses Ziel kämpfen müsse, antwortet sie lapidar, sie könne sich ihre Koalitionspartner nicht aussuchen.

Es fehlt an Autoritäten, die der deutschen Gesellschaft mit prononcierten Richtungsweisungen dabei helfen, sich in der neuen Weltlage zurechtzufinden – so wie Gauck das 2014 mit seiner Münchner Rede getan hat. Welche Werte sind den Deutschen wichtig? Auf welche Bündnisse und auf welche Ordnungssysteme setzen sie? Und was sind sie bereit zu tun, um diese Ordnungssysteme zu erhalten?

Widersprüchliche Umfragen

Die Umfragen der vergangenen Jahre zeigen ein wechselndes Stimmungsbild. Es scheint von der Formulierung der Frage und der Tagesstimmung abzuhängen, ob Deutsche bereit sind, militärisch mehr zu tun oder nicht. Und für welche Ziele sie die Bundeswehr in den Einsatz schicken würden. Eine Umfrage von YouGov im Auftrag der Deutschen Presseagentur ergibt im März 2015: 49 Prozent sind für einen höheren Verteidigungsetat, nur 36 Prozent dagegen. Die Eindrücke von Putins Aggression gegen die Ukraine sind noch frisch. Zu Jahresbeginn 2017 sind laut Forsa 42 Prozent für und 55 Prozent gegen mehr Geld für die Verteidigung. Fast zeitgleich ermittelt Emnid, dass zwei Drittel gegen einen höheren Verteidigungsetat seien und nur 25 Prozent dafür. Aber dort war die Frage nicht neutral formuliert worden. Sie hatte gelautet, ob man »den deutschen Rüstungsetat auf Wunsch der USA erhöhen« solle.

Schwer bestreiten lässt sich aber, dass die Bereitschaft der deutschen Gesellschaft, mehr Verantwortung in der Welt zu übernehmen, nachgelassen hat. Der Schub an Selbstvertrauen, den die Einheit ausgelöst hatte, hat einer abwartenden und im Zweifel ängstlichen Einstellung Platz gemacht. Auf die Frage, ob Deutschland sich international stärker engagieren solle, antworteten 1994 62 Prozent mit Ja und 37 Prozent mit Nein. 2014 war es umgekehrt: 37 Prozent Ja, 60 Prozent Nein.

Ziemlich widersprüchlich fielen 2014 die Antworten in der Umfrage der Körber-Stiftung aus, für welche Zwecke die Deutschen sich engagieren und für welche sie die Bundeswehr einsetzen wollen. Bei den Zwecken rangiert alles Wahre, Schöne, Gute weit oben: Humanitäre Hilfe (86 Prozent dafür), Diplomatische Verhandlungen (85), Stärkung der Zivilgesellschaft (80), Abrüstung (80), Polizeiausbildung (75), Aufbau staatlicher Institutionen (68). Sobald von Militär die Rede ist, geht es rapide abwärts. Es gab bereits keine Mehrheit mehr dafür, andere Länder bei deren Militäreinsätzen ohne direkte militärische Beteiligung der Deutschen zu unterstützen (41 Prozent dafür, 53 Prozent dagegen). Nur jeweils 13 Prozent sprachen sich für Militäreinsätze der Bundeswehr und für Waffenlieferungen an Verbündete aus. Wie ist das zu erklären: 82 Prozent der Deutschen sind dagegen, an ihre Bündnispartner Waffen zu liefern?

Ein ganz anderer Eindruck ergibt sich in derselben Erhebung bei der Frage, welche Einsätze deutscher Truppen im Ausland gerechtfertigt seien. Dieselben Befragten, die den Einsatz der Bundeswehr zu 82 Prozent abgelehnt hatten, waren in überwältigenden Mehrheiten mit folgenden Einsatzzwecken einverstanden: bei einer direkten Bedrohung des Friedens in Europa (87 Prozent dafür), für humanitäre Zwecke (85), um einen Völkermord zu verhindern (82), um die Verbreitung von Massenvernichtungswaffen zu verhindern (77). Erst bei wirtschaftlichen Zwecken sank die Zustimmung unter 50 Prozent: Einsätze, um den Zugang zu lebenswichtigen Rohstoffen oder Handelswegen zu verteidigen, halten 47 Prozent für zulässig. 44 Prozent nennen Bundeswehreinsätze, um ein Handelsembargo gegen einen Aggressor durchzusetzen, gerechtfertigt.

Drei Jahre später war die Bereitschaft zu mehr Engagement leicht gewachsen. In der Körber-Umfrage 2017 sprachen sich 43 Prozent dafür aus. 52 Prozent plädierten für Zurückhaltung. Bei den Zielen deutschen Engagements rückten nun die Sicherheit Deutschlands und die Terrorabwehr mit 71 Prozent an die Spitze. Der Schutz wirtschaftlicher Interessen blieb mit 41 Prozent im unteren Feld. Die Wahl Trumps hat eine scharfe Wende ausgelöst bei der Frage, mit wem Deutschland in der Verteidigung vorrangig kooperieren solle. 88 Prozent nannten die europäischen Staaten, nur neun Prozent die USA.

Aber lässt sich das in der Praxis überhaupt trennen? Und wer von den europäischen Partnern würde bei einer Abkoppelung von den USA in der Sicherheitspolitik mitmachen wollen?

Gemeinsame Auslandseinsätze mit Macrons Frankreich?

Als Bundespräsident Gauck mich einige Tage vor Merkels Besuch bei Trump in seinem Büro zum Tee empfängt, waren Franzosen, Briten und Amerikaner gerade gemeinsame Luftangriffe auf Syrien geflogen, um das Verbot des Giftgaseinsatzes durchzusetzen. Darauf folgte eine Debatte in den deutschen Medien, die Kopfschütteln bei vielen Fachleuten für Außen- und Sicherheitspolitik auslöste. Erschreckend an der deutschen Debatte war nicht das Meinungsbild, wie viele für oder gegen den Militärschlag waren. Da kann man gewiss unterschiedlicher Meinung sein. Erschreckend war vielmehr die Orientierungslosigkeit. Und das Fehlen klarer Maßstäbe für die Bewertung. Ohne ersichtlichen Grund warnten viele deutsche Kommentatoren vor einem atomaren Weltkrieg. Da trat eine Neigung zum Moralisieren und zur Hysterie zutage sowie die Unkenntnis zentraler strategischer Argumente. Diese Art von Debatten lässt Bündnispartner zweifeln, ob Deutschland inzwischen wieder die Reife und das Verantwortungsbewusstsein hat, um eine Führungsrolle in Europa zu übernehmen. Ich hatte gerade in Paris erlebt, wie kenntnisreich und verantwortungsbewusst die französische Elite darüber diskutiert, wie man die regelbasierte Ordnung erhalten kann und was sich in Syrien tun lässt und was nicht.

Die Ächtung von Chemiewaffen und das von der UN verhängte Verbot, sie zu benutzen, gehört zum Kern dieser Ordnung. Eigentlich dürfte es also keine Frage sein, welche Partei man hier ergreift. Ein mörderischer Diktator setzt Giftgas ein, seine Schutzmacht Russland hat das nicht verhindert. Giftgas ist eine international geächtete Waffe. Deutschland sollte jedem dankbar sein, der dieses Minimum an Konsens in der Weltordnung verteidigt. Ganz selbstverständlich sollte Deutschland als viertgrößte Wirtschaftsmacht der Erde und Mitglied des westlichen Wertebündnisses verbal an der Seite Frankreichs, Großbritanniens und der USA stehen – aber nicht nur das; eigentlich sollte es gemeinsam mit den engsten Verbündeten handeln, um solch ein Grundprinzip zu schützen.

Interessant war, wen die Gegner der Intervention angriffen und wen nicht. Sie kritisierten US-Präsident Donald Trump, oft mit herabwürdigenden Adjektiven. Emmanuel Macrons Rolle verschwiegen sie meist. Wo bleibt da die Logik? In der Giftgas-Frage denkt und handelt Macron nicht anders als Trump. Doch Macron gilt ja ansonsten als ein »Guter«. Diese Bewusstseinsspaltung war ein neues Beispiel für die rhetorischen Verrenkungen, mit denen manche sich die Welt so zurechtschnitzen, wie es ihrem ideologischen Weltbild entspricht.

Wer eine gemeinsame europäische Außen- und Verteidigungspolitik Europas möchte, wird an Macron nicht vorbeikommen. Wer ihm nicht mal in seiner Abwehr von Giftgaseinsätzen in Syrien folgen möchte, sollte alle Pläne vergessen, Europa handlungsfähiger zu machen.

Und was veranlasste viele Kommentatoren, einen atomaren Weltkrieg zu beschwören? Das verbale Wettrüsten zwischen Wladimir Putin und Donald Trump war gewiss verantwortungslos. Aber die Gefahr, dass sie handeln, wie sie reden, bestand nicht. Für beide hat die Innenpolitik Priorität. Dort wollen sie als starker Max wahrgenommen werden. Deshalb reden sie so martialisch, wie sie reden. Die Innenpolitik begrenzt zugleich ihre Konfliktbereitschaft. Weder Trump noch Putin möchte sich eine Eskalation leisten, die Milliarden Dollar Steuergelder kostet und das Risiko erhöht, dass Soldaten in Särgen heimkehren. Das ist unter ihren Anhängern nicht populär.

Die westliche Allianz hatte Russland vorab über die Angriffsziele informiert und auch sonst alles getan, um eine direkte Konfrontation mit Moskaus Militär in Syrien zu vermeiden. Putin hatte sich offenbar entschieden, seiner Drohung, US-Raketen abzuschießen, keine Taten folgen zu lassen. Eskalationsscheu ist das Eine. Russland hat nicht einmal ein Zehntel der Wirtschaftskraft der USA und könnte ein ernsthaftes Kräftemessen nicht durchhalten. Ein weiteres potenzielles Motiv: Vielleicht wollte Putin es nicht auf einen Test der russischen Luftabwehrsysteme ankommen lassen. Die sind nämlich ein Exportartikel und Devisenbringer. Wenn sie sich im Einsatz in Syrien als nicht sonderlich effektiv erweisen würden, wer will sie dann noch kaufen? Es wäre also schädlich für russische Rüstungsexporte.

Wenn man überhaupt Analogien zum Kalten Krieg bemühen wollte, warum nicht diese: Damals wäre es undenkbar gewesen, dass Moskau so rücksichtslos handelt wie heute unter Putin und einem Verbündeten den Einsatz von Giftgas durchgehen lässt. In Syrien ist nicht Trump derjenige, der die Abreden, was geht und was nicht geht, infrage stellt. Putin tut das. Er bombardiert gemeinsam mit Assad Krankenhäuser und setzt Fassbomben ein. Im Westen lässt er Mordanschläge auf Systemgegner verüben. In der Ukraine bricht er die europäische Friedensordnung. Was geht in Deutschen vor, die das Gegenteil behaupten: Trump sei gefährlicher als Putin?

Putin lügt und betrügt. Wäre er ein ehrlicher Makler, hätte Syrien überhaupt keine Chemiewaffen mehr. Denn das war der Deal, als Barack Obama 2013 erst einen Giftgaseinsatz zur »roten Linie« erklärte, dann aber nicht eingriff, als Assad Giftgas einsetzte. Unter Vermittlung Putins gab Syrien angeblich seine Chemiewaffenvorräte auf. Sie wurden unter internationaler Aufsicht außer Landes gebracht und vernichtet. Angeblich. Notabene waren unter denen, die Trump im April 2018 dafür kritisieren, dass er intervenierte, ganz viele, die Obama 2013 dafür gescholten hatten, dass er nicht interveniert hatte. Auch das wirkt ungemein konsequent.

Weitere deutsche Einwände lauteten: Der Angriff sei völkerrechtswidrig und es seien keine sinnvollen Ziele erkennbar, die mit der Intervention erreicht werden. Gewiss wäre es schön, wenn die UN und ihr Sicherheitsrat jeden Verstoß gegen das UN-Verbot, Chemiewaffen einzusetzen, ahnden würden. Doch Russland blockiert den Sicherheitsrat. Es stimmt schon, auch andere ständige Mitglieder haben ihr Veto missbraucht, wenn es um wichtige Interessen ging – aber doch nicht mit der Chuzpe, die Putin 2018 zeigte. Mit dem Giftanschlag auf die Skripals in Großbritannien durfte sich der Sicherheitsrat wegen des russischen Vetos nicht beschäftigen, zum Chemiewaffeneinsatz in Syrien durfte er keine eindeutigen Resolutionen verabschieden. Aber wegen des Angriffs auf die Giftgasanlagen wollte Putin eine Sondersitzung einberufen. Das ist eine Farce. Soll sich der Westen dadurch davon abhalten lassen, UN-Prinzipien wie das Chemiewaffenverbot durchzusetzen?

Der Luftangriff auf Syrien hatte ein einziges Ziel, nicht mehrere. Auch das wurde in der deutschen Debatte verwechselt. Es ging darum, das Prinzip des Chemiewaffenverbots zu verteidigen und Assad von weiteren Giftgaseinsätzen abzuschrecken. Es ging nicht um Regime-Wechsel, nicht um eine Veränderung der Machtverteilung am Boden. Was bezweckte also die Kritik, dass Assad durch die Intervention nicht gestürzt wurde und die Opposition jetzt nicht mehr Gebiete kontrolliert als zuvor? Das war nicht Ziel der Intervention.

Die moralischen Verirrungen, die strategische Ignoranz und die logischen Brüche in der deutschen Syrien-Debatte im April 2018 zeigten ein Land, das noch immer ein unsicherer Kantonist für seine engsten Partner ist. Und dessen Reife für eine Führungsrolle in Europa und der Welt trotz all seiner ökonomischen Erfolge weiter infrage steht. Die eigentliche Zukunftsfrage wurde nicht einmal diskutiert: Wie müsste Deutschland sich positionieren, damit eine gemeinsame europäische Haltung mit Macron in den nächsten Jahren möglich wird? Und eines nicht so fernen Tages auch eine globale Kooperation mit Trumps Nachfolger(in) im Weißen Haus?

Da zeigt sich erneut die Diskrepanz zwischen der Selbstwahrnehmung und der Fremdwahrnehmung der Deutschen. Zu den großen Herausforderungen der deutschen Politik gehört es, diese Diskrepanz zu verringern. Oder, anders gesagt: die Lücken zwischen dem deutschen Reden und dem deutschen Handeln kleiner zu machen. Das Muster, das sich in der Syrien-Debatte zeigte, ist auch für andere aktuelle Großkonflikte typisch, zum Beispiel den Atomstreit um Nordkorea. Die Deutschen haben meist eine klare Meinung, was richtig und was falsch ist. Selbst handeln wollen sie aber nicht.

Deutschland fehlt Ambivalenz-Kompetenz

Deutschland fehlt die »Ambivalenz-Kompetenz«. In vielen Konflikten und im Umgang mit vielen umstrittenen Personen hat Deutschland gar nicht die Wahl, abseits zu stehen, um sich die Finger nicht schmutzig zu machen. Die Welt ist nicht Schwarz-Weiß, sondern voller Grautöne. Wer handelt, macht sich angreifbar. Wer nicht handelt, bleibt aber auch nicht unschuldig. Die Passiven sind mitverantwortlich für das Leid, das sie verhindern könnten.

Wladimir Putin, Recep Erdoğan, Xi Jinping – sie alle sind keine lupenreinen Demokraten, die die Menschenrechte respektieren. Und doch muss man mit ihnen reden und in gewissem Grad kooperieren. Auch die Rettung der Jesiden mithilfe der Kurdenmilizen in ihrer von IS-Kämpfern belagerten Zuflucht im Sindschar-Gebirge war keine Situation, bei der es Deutschland nur mit »Guten« zu tun hatte. In Myanmar kann man nicht widerspruchsfrei die Friedensnobelpreisträgerin Aung San Suu Kyi bejubeln und den Schutz der muslimischen Rohingyas fordern; die sind im Übrigen auch nicht nur Opfer, sondern gehen selbst brutal gegen Andersgläubige vor.

Frankreichs Präsident Emmanuel Macron führt exemplarisch vor, wie man glaubwürdig Ambivalenz sichtbar macht. Er bemüht sich, zum Beispiel, darum, ein enges persönliches Verhältnis zu Donald Trump aufzubauen, und scheut bei ihren persönlichen Begegnungen nicht vor Gesten der Zuneigung zurück: Umarmungen mit Männerküssen auf beide Wangen, Händehalten beim Weg durch die Kolonaden des Weißen Hauses in das Oval Office. Das hindert ihn aber nicht daran, knallhart auszusprechen, wo sie unterschiedlicher Meinung sind. In der Pressekonferenz mit Trump und in seiner Rede vor dem US-Kongress Ende April 2018 benannte er offen den Dissens. »Wir können uns für Isolationismus, Rückzug oder Nationalismus entscheiden«, sagte Macron. »Doch auch wenn man die Tür zum Rest des Globus schließt, hindert das die Erde nicht an der Bewegung.« Er ist enttäuscht über die Einführung von Strafzöllen; er nennt die Abkehr vom Atomabkommen mit dem Iran einen Fehler; und ebenso die Absicht, sich aus dem Pariser Klimaabkommen zurückzuziehen. Macron setzt darauf, dass Trump es sich anders überlegt, und dass er ihn dazu bewegen kann. »Ich will unseren Kindern einen Planeten hinterlassen, der auch in 25 Jahren noch bewohnbar ist. Wir haben keinen Planeten B.« Dafür erntete er im Kongress breiten Beifall der Demokraten und zögerlichen Applaus der Republikaner.

Offen widersprach Macron der Argumentation Trumps, dass Strafzölle gegen unfairen Handel helfen. Protektionistische Maßnahmen schützten die Mittelklasse nicht, sondern führten zu höheren Preisen und zur Vernichtung von Arbeitsplätzen. Handelsungleichgewichte seien problematisch, aber der richtige Ort, um sie zu bekämpfen, sei die Welthandelsorganisation WTO. »Wir haben die Regeln geschrieben, wir sollten sie einhalten.« Generell seien die USA »der Erfinder der multilateralen Ordnung«, appellierte Macron an die US-Parlamentarier. »Heute müsst ihr helfen, sie zu bewahren.«

Dieselbe Strategie praktiziert der französische Präsident im Umgang mit Wladimir Putin. Herzlicher Händedruck, als verstehe man sich. Und dann glasklare Aussagen zu den Streitpunkten. So wie Macron auftritt, wird Ambivalenz nicht als Widerspruch oder Unentschiedenheit wahrgenommen. Sondern als ehrlicher Ausdruck der Interessenlage.

Auch Deutschland hat zumeist ambivalente Interessen. Doch den Akteuren fehlt die Souveränität, sie überzeugend ins Bild zu setzen. Und die Konsumenten der Inszenierung, Bürger und Medien, sind nicht geübt im Umgang mit einer Ambivalenz-Präsentation. Das hat wohl auch damit zu tun, dass oft ein Übermaß an Moralin die politischen Debatten in Deutschland begleitet. Moral und Ambivalenz passen schlechter zusammen als freundlicher Umgang bei gleichzeitigem Meinungsstreit.

Zum Beispiel gibt es keine Ambivalenz-Inszenierung von Kanzlerin Merkels Umgang mit dem türkischen Präsidenten Erdoğan trotz ihrer ambivalenten Interessen in der Sache. Die Türkei ist kein angenehmer Partner für eine Demokratie. Merkel brauchte aber ein verlässliches Rückführungsabkommen mit Erdoğan. Dieses Ziel wurde umso mehr als Widerspruch aufgefasst, als Merkel ihre Migrationsentscheidungen zuvor nicht mit Interessen begründet hatte, sondern mit Humanität. Deutschland ließ 2015 Hunderttausende ins Land, weil es humaner sein wollte als die anderen. Einige Monate später, Schwenk marsch-marsch, war Merkel die Realpolitikerin, die härter als andere auf Rückführung drängte.

Ähnlich im Verhältnis zu Trump. Merkel hat passiv zugesehen, wie in Deutschland eine öffentliche Stimmung entstand, in der US-Präsident Donald Trump als die größere Gefahr für Frieden und Freiheit galt als Wladimir Putin oder Kim Jong Un. Da kann sie vor laufenden Fernsehkameras schlecht Macrons herzlichen Umgang mit Trump kopieren. Die praktischen Abreden trifft sie mit Trump hinter verschlossenen Türen, und dort ist dann auch klar, dass die USA ein strategischer Verbündeter sind, mit dem Deutschland eng kooperiert. Öffentlich bleibt sie im Ungefähren und inszeniert Distanz mit Blicken und Gesten.

Gabriel kann Ambivalenz, ihm fehlt Verlässlichkeit

Darf man darauf hoffen, dass deutsche Spitzenpolitiker dazu lernen und den Wert von Ambivalenz-Kompetenz für sich entdecken? Zumindest kann man gelegentlich Experimente beobachten, die in diese Richtung weisen. Sigmar Gabriel ist – oder muss man inzwischen sagen: war? – eines der großen Talente in dieser Hinsicht. Er hat den Mut, in Kontroversen klar Stellung zu beziehen und auch für unbequeme Positionen zu kämpfen. Ihm fehlen freilich oft die Konsequenz und die Verlässlichkeit. Wenn seine Interessenlage sich ändert oder er ein neues Amt anstrebt, kann er plötzlich ähnlich vehement eine gegenteilige Meinung vertreten. So gesehen ist er ein Beispiel für »sequenzielle Ambivalenz-Kompetenz«: Er macht die unterschiedlichen Seiten einer Medaille nicht zeitgleich stark, sondern nacheinander. Damit gleicht er der Verkörperung des Aphorismus: Der Kopf ist rund, damit die Gedanken die Richtung wechseln können.

2014, als Bundeswirtschaftsminister, trat er ohne Wenn und Aber für ein transatlantisches Handels- und Investitionsabkommen (TTIP) ein und legte sich unerschrocken mit den TTIP-Gegnern im linken Lager an. Später kämpfte er ebenso beredt gegen TTIP. Inzwischen hatte sich herausgestellt, dass der Kampf gegen die schrägen Verleumdungskampagnen – das angeblich gesundheitsschädliche Chlorhuhn und das angebliche Unheil internationaler Schiedsgerichtsbarkeit – nicht zu gewinnen war, auch wenn das im Grunde nur für Deutschland und Österreich galt, nicht aber für den Rest der EU. Im Wahlkampf 2017 setzte Gabriel auf Trump als Feindbild und auf Antiamerikanismus. Doch dann entdeckte er in einer neuen Wendung plötzlich China als Bedrohung der deutschen Lebensart. Darf man das als Anzeichen nehmen, dass sich der Wind im deutschen Meinungsbild gerade dreht?

China: Euphorie und Misstrauen

München, 17. Februar 2018

Sigmar Gabriel ist der Eröffnungsredner des zweiten Tags der Münchner Sicherheitskonferenz. Das war nicht selbstverständlich. Wenige Tage zuvor hatte er überraschend abgesagt. Ein Eklat. Es war Gabriels Reaktion auf die Nachricht, dass die SPD ihn nicht als Außenminister in der neuen Großen Koalition nominiert hatte, sondern Martin Schulz. Gabriel fuhr die Ellbogen aus, ließ seine innerparteilichen Kontakte spielen und berief sich in einem Interview auf seine Tochter. Die habe angeblich gesagt: »Du musst nicht traurig sein, Papa, jetzt hast du doch mehr Zeit mit uns. Das ist doch besser als mit dem Mann mit den Haaren im Gesicht.« Gabriels Einfluss reichte, um Schulz zum Rückzug zu bewegen. Was man zu diesem Zeitpunkt noch nicht wusste: Würde sein Einfluss auch ausreichen, um Außenminister zu bleiben? Er kämpft.

Und so steht er an diesem Samstagmorgen in weißem Hemd, roter Krawatte und anthrazitfarbenem Anzug am Mikrofon vor dem hellblauen Hintergrund der Konferenzbühne. In dieser Rede sind Deutschland, Europa und die USA unverzichtbare Partner. Nur gemeinsam werden sie die liberale Ordnung erhalten, die so segensreich für Deutschland war. Keiner von ihnen schafft das alleine. China stellt diese Ordnung infrage. Peking will ein alternatives System, das sich nicht auf Freiheit, Demokratie und individuelle Menschenrechte gründet, kritisiert Gabriel. Weder Amerikaner noch Europäer würden sich in so einer Ordnung wohlfühlen. Die Initiative für eine neue Seidenstraße sei keine sympathisch-nostalgische Idee im Sinne Marco Polos, wie viele in Deutschland fälschlich glauben, sondern eine Strategie Pekings, um seine Interessen in der Welt durchzusetzen.

Fleischfresser und Vegetarier

Freilich solle man nicht China vorwerfen, dass es solche Ziele verfolge. Das sei Chinas gutes Recht. Vielmehr sei »uns« vorzuwerfen, dass »wir als Westen« Peking keine eigenen Strategien entgegensetzten. Im Verlauf seiner Rede kleidet Gabriel knallharte realpolitische Forderungen, wie man sie selten von Sozialdemokraten hört, in gefällige Worte. »Europa braucht eine gemeinsame Machtprojektion in der Welt« – ein Begriff aus dem strategischen Vokabular der USA. Die dürfe sich »nie auf das Militärische allein konzentrieren, aber sie darf auch nicht vollständig darauf verzichten. Denn als einziger Vegetarier werden wir es in der Welt der Fleischfresser verdammt schwer haben.«

Kurz zuvor war Gabriel noch ein »Vegetarier« gewesen, hatte im Bundestagswahlkampf gegen die Dominanz der USA und das Zwei-Prozent-Ziel der NATO polemisiert. Nun empfiehlt er »Machtprojektion in der Welt« und eine Wende zum »Fleischfressen«.

Passagenweise klingt Gabriel so, als benutze er »Europa« als Synonym für Deutschland: zum Beispiel, wenn er beklagt, dass »Europa« nicht gelernt habe, sich geopolitisch zu engagieren. Und dass »Europa« sich nie als Weltmacht verstanden habe, sondern als Projekt der inneren Aussöhnung. Das ist eine sehr deutsche Vorstellung von Europa, die andere Europäer nicht unbedingt teilen. Frankreich und Großbritannien, das spricht er aus, verstehen sich sehr wohl als geopolitisch agierende Mächte. Wie das zu seinen Aussagen über »Europa« passt, erklärt Gabriel nicht. Und wen meint er eigentlich, wenn er kritisiert, dass »wir« in Situationen, wenn andere sich in der Welt engagierten und das schiefging, »immer jemanden hatten, auf den wir mit dem Finger zeigen konnten«? Auch diese Neigung, nach den negativen statt den positiven Folgen von internationalem Eingreifen zu suchen, ist eher typisch für Deutschland als für Niederländer, Spanier oder Italiener.

In München fordert Gabriel jedenfalls »Europa« – und damit Deutschland – auf, der chinesischen Seidenstraße eine eigene Initiative zum Ausbau der Infrastruktur entgegenzustellen, »mit europäischem Geld, nach europäischen Maßstäben«. In Afrika solle Europa mit China konkurrieren, den Kontinent nicht nur als Problem zu sehen, sondern als Chance, wie das die Chinesen tun.

Der Kern der Rede ist ein Plädoyer für die robuste Projektion von Macht, auch militärischer Macht. Was sonst soll das Bild besagen, man könne nicht der einzige Vegetarier unter Fleischfressern bleiben? Sein Amt rettet Sigmar Gabriel nicht. Wenig später gibt er die Leitung des Auswärtigen Amtes an Heiko Maas ab. Aber er hat noch einmal gezeigt, dass er ein Gespür dafür hat, in welche Richtung der Wind weht.

Bei Batterien für Elektroautos hat China ein Monopol

Mehr Selbstbehauptung des Westens im ökonomischen Wettbewerb mit China: Auch bei dieser Forderung wirkt Deutschland wie ein Nachzügler. Die USA verlangen das schon lange, verstärkt unter Trump. Die Franzosen geben ihm recht. Auch in Deutschland beklagt sich die Wirtschaft immer öfter, dass China den Marktzugang nur um den Preis des Technologietransfers gewähre – was darauf hinausläuft, dass westliche Firmen ihren Wettbewerbsvorteil aufgeben sollen. Zudem wächst das Misstrauen, dass die Chinesen sich sehr strategisch seltene Rohstoffe in Afrika sichern und ihre Investitionen in westlichen Ländern darauf ausrichten, Technologieführer unter ihre Kontrolle zu bekommen, in Deutschland zum Beispiel Kuka, einen Spezialisten für Robotik.

Die Batterietechnik ist eine Schlüsseltechnologie bei der Umstellung des Verkehrs vom Verbrennungsmotor auf E-Mobility. China hat sich bereits ein Monopol gesichert, Deutschland ist viel zu spät aufgewacht, obwohl es doch der Platzhirsch in der globalen Automobilindustrie war. China habe strategisch auf den Zugriff auf seltene Rohstoffe für den Batteriebau hingearbeitet, bestätigen Experten die Lage. Und in den Joint-Venture-Verträgen mit ausländischen Automobilkonzernen für den gemeinsamen Bau von Elektroautos zur Bedingung gemacht, dass die Batterien aus chinesischer Produktion stammen müssen.

Inzwischen schauen sich Fachleute in Brüssel und Paris die chinesischen Investitionen in Europas Krisenländern, die zunächst sehr willkommen waren, noch einmal daraufhin an, welche Nebenwirkungen sie haben können. Während der Griechenland-Krise hatten deutsche Politiker gefordert, die Regierung in Athen solle staatseigene Firmen verkaufen, um das Haushaltsdefizit zu verringern. Es gab freilich nicht sehr viele westliche Investoren, die Geld in griechische Häfen, Flugplätze oder Staatsunternehmen stecken wollten. 2016 hat das chinesische Staatsunternehmen Cosco die Anteilsmehrheit am Hafen Piräus erworben. Es war bereits Jahre zuvor in den Containerumschlag dort eingestiegen und hatte seine Umsätze kontinuierlich erhöht.

Man kann diese Erfolgsgeschichte auf zwei Arten erzählen: China als Chance. Oder China als Risiko.

Die positive Variante: Als Cosco 2009 in Piräus anfing, stießen die Chinesen auf Misstrauen der Arbeiter und Gewerkschaften. Die fürchteten um ihre Jobs. Der spätere Ministerpräsident Tsipras gehörte damals zum »*Cosco go home!*«-Lager. Heute sind fast alle zufrieden. Es geht aufwärts mit Handel und Tourismus. Mit den chinesischen Investitionen haben Griechenland und andere südosteuropäische Staaten eine gute Position in der Seidenstraße-Initiative. Das China-Geschäft machen jetzt nicht mehr nur Hochtechnologie-Staaten wie Deutschland. Es fällt auch etwas für die Kleineren ab.

Chinesische Investitionen als Spaltpilz für die EU

Die Risiko-Variante: China investiert nicht selbstlos in Firmen und Infrastruktur in Südosteuropa. Seine Staatsunternehmen sind neben Griechenland auch in Bulgarien und Rumänien aktiv, sie werben um Polen und Tschechien als Partner und als Märkte. In Brüssel, aber auch in Paris fängt man allmählich an zu rechnen, was die neue China-Freundschaft mehrerer EU-Staaten für die Mehrheitsverhältnisse bei Abstimmungen bedeuten könnte. Die EU hat eine Reihe von Konflikten mit Peking: Schutz geistigen Eigentums, Marktzugang, Protektionismus, Demokratie, Menschenrechte. Sind Chinas wirtschaftliche Investitionen in Südosteuropa womöglich zugleich politische Investitionen, um Mehrheitsentscheidungen in der EU, die sich gegen China richten könnten, zu verhindern?

Bei meinen Besuchen in Brüssel und Paris werden solche Überlegungen wie selbstverständlich angesprochen. In Berlin eher nicht, allenfalls von deutschen China-Experten, nicht von den Allround-Außenpolitikern. Es ist ein weiteres Beispiel, dass andere uns in den geostrategischen Debatten voraus sind.

Ähnlich ist das Muster bei der alljährlichen Konferenz des *American Council on Germany* (AJC) und der Atlantik-Brücke im Mai 2018 im Dirksen-Gebäude des US-Senats in Washington. Im Saal SD 106 mit seinen holzgetäfelten Wänden und bronzefarbenen Leuchtern in der Form von Fackelhaltern tagt sonst der Senatsausschuss für *Rules and Administration*.

Bei der Konferenz geht es ebenfalls um *Rules*, nämlich um die Abwägung, ob China eher eine konstruktive oder eine destruktive Rolle für die *Rules based order*, die regelbasierte Weltordnung, spielt. Amerikaner stellen die Frage mit Nachdruck. Die deutschen Antworten sind um Moderation bemüht.

Für die USA ist China ein Konkurrent um die Supermachtrolle; die Amerikaner machen strategische Aspekte zum Thema. Die Deutschen reden über Wirtschaft und über WTO-Regeln, die derzeit vor allem von den USA verletzt werden. Norbert Röttgen, der klug abwägende Vorsitzende des Außenpolitischen Ausschusses im Bundestag, erklärt mehr, als dass er hart Stellung bezieht. In der Klimapolitik und beim Handel sei Peking »teilweise eine Stütze des internationalen Systems«. Die große Schwäche des Westens im Umgang mit China rühre jedoch daher, dass jedes Land seine nationalen Wirtschaftsinteressen in Konkurrenz zu anderen westlichen Partnern verfolge und die EU nichts zur Sicherheitspolitik in Asien beitrage.

Gilt das nicht auch für Deutschland? Und muss es so bleiben oder könnte man das ändern? Bei Röttgen klingt es nach einer Beschreibung unabänderlicher Rahmenbedingungen. Eberhard Sandschneider, langjähriger China-Experte der Deutschen Gesellschaft für Auswärtige Politik (DGAP), fasst die Diskussion mit spöttisch-resigniertem Unterton zusammen. »Es endet wie immer seit 25 Jahren. Wir reden über China, finden aber keine gemeinsame Strategie.«

Diese Aufgabe wird dringlicher, sagt Reinhard Bütikofer, Europaabgeordneter der Grünen und China-Kenner, als wir uns Mitte Mai in Brüssel treffen. »Wir müssen uns von der Konvergenz-Theorie verabschieden«, nach der China und Europa sich allmählich aufeinander zu bewegen. »China reformiert sich, aber nicht auf uns zu. Es wird totalitärer.« Europa müsse eine Asien-Politik entwerfen, die mehr als nur Außenhandelspolitik ist. Und Deutschland müsse aufhören, so zu tun, als seien die Interessen deutscher Konzerne weitgehend deckungsgleich mit den deutschen Interessen. Peking übe Druck auf deutsche Autokonzerne aus – ein Beispiel ist der Vertragszwang, chinesische Batterien in E-Autos einzubauen, ein anderes der Einstieg des chinesischen Autobauers Geely bei Daimler –, um sie zum verlängerten Arm seiner Politik zu machen. Der chinesische Großkonzern Alibaba wolle ein Logistikzentrum im Hamburger Hafen aufbauen unter der Bedingung, dass er – siehe Piräus – größere Anteile an der Hafengesellschaft erwerben kann. Das wäre ein Novum für Hamburg. Bisher behielt sich der Stadtstaat die Entscheidungshoheit alleine vor.

Der Westen im Handelskrieg mit sich selbst (statt mit China)

Die Wochen zuvor haben eindrücklich vor Augen geführt, welche Folgen es hat, wenn China westliche Partner gegeneinander ausspielen kann. Die Ausgangslage im Frühjahr 2018: Amerika und

Europa haben beide ein Problem mit chinesischen Überkapazitäten in der Stahl- und Aluminiumproduktion. Doch statt sich zusammenzusetzen und über eine gemeinsame Strategie gegenüber Peking nachzudenken, kommt es zu nationalen Alleingängen. US-Präsident Donald Trump löst eine Eskalation aus, die leicht in einem Handelskrieg zwischen Amerika und Europa enden kann. Er verhängt Strafzölle auf Stahl- und Aluminiumexporte. Die EU kontert mit Gegenzöllen auf Bourbon-Whisky aus Kentucky und Harley-Davidson-Motorräder aus Wisconsin, um jene Wahlkreise zu treffen, die für Trump politisch wichtig sind. Beide Seiten handeln, als wäre dies ein Sandkastenspiel: Bewirft du mich mit Sand, bewerfe ich dich mit Sand.

China kann sich die Hände reiben und, statt selbst am Pranger zu stehen, in Ruhe beobachten, wie die USA und Europa sich das Leben schwer machen. Das ist eine widersinnige Dynamik.

Man braucht China nicht zur existenziellen Gefahr für Europa oder für den Westen zu stilisieren wie die Sowjetunion auf dem Höhepunkt des Kalten Kriegs. Aber etwas genauer hinschauen sollte man schon, um sich die Konsequenzen chinesischer Investitionspolitik zu verdeutlichen.

Chinesen haben eine andere Mentalität als Russen, sie gehen anders vor. Sie suchen nicht in erster Linie die strategische Konfrontation. Vor allem wollen sie militärische Konflikte vermeiden. Es ist kaum vorstellbar, dass Peking einen Krieg mit einem Nachbarland provoziert, das ein ökonomisches Annäherungsabkommen mit den USA oder Europa abschließt, so wie Putin das tat, als die Ukraine kurz vor dem Abschluss mit der EU stand. Das bedeutet aber nicht, dass China keine strategischen Interessen hat und sie nicht mit strategischem Weitblick verfolgt. China sieht sich als »Reich der Mitte«. Wenn es so etwas wie einen historischen Normalzustand gäbe, dann wäre das für China der Status der Weltmacht Nummer eins, wirtschaftlich und politisch. So war die globale Lage, bevor die Europäer nach Asien kamen und China seine Machtstellung infolge von Fehlentscheidungen verlor. Und so wird es in nicht so ferner Zukunft auch wieder sein, denken viele in China, sofern Peking seine Trümpfe klug ausspielt.

Für die deutsche Außenpolitik führt das zu der Frage, welcher Umgang mit China im nationalen Interesse liegt. In den vergangenen Jahrzehnten war China-Politik im Wesentlichen Außenhandelspolitik. Der Asien-Handel und speziell der China-Handel versprach die höchsten Wachstumsraten. Den nicht so schönen Aspekten – Demokratie, Menschenrechte, Tibet – begegnete die Bundesregierung, indem sie einen Rechtsstaat-Dialog eröffnete. Das ist nicht falsch, aber auch nicht genug.

Mittlerweile gerät das kurzfristige nationale Interesse – Handel und Wirtschaft – vermehrt in Konflikt mit dem langfristigen nationalen Interesse. Das besteht in der Verteidigung der regelbasierten Ordnung, der herausgehobenen deutschen Position in diesem System als viertgrößte Wirtschaftsmacht sowie in der Verteidigung der souveränen Entscheidungsfreiheit innerhalb der EU. Dieses langfristige Interesse verlangt von Deutschland, gemeinsam mit anderen gegen China vorzugehen, wenn es die Regeln verletzt. Deutschland muss dann auch bereit sein, sein kurzfristiges nationales Interesse am bilateralen Wirtschaftserfolg mit China zurückzustellen, um eine geschlossene Position gegen Peking zu ermöglichen. Über diese Ambivalenz wird in Deutschland zu wenig diskutiert.

Russland: Verklärung und angstvolle Überschätzung

Zwei Think Tanks in Washington, Frühjahr 2018

Kurt Volker, der US-Sonderbotschafter für die Beilegung des Ukraine-Konflikts, ist zwischen seinen vielen Reisen im Stil der

Shuttle-Diplomatie zwischen Brüssel, Paris, Berlin, Warschau, Wilna, Kiew, Minsk und Moskau für ein paar Tage in Washington. Nun sitzt er in einem Konferenzraum im achten Obergeschoss eines Gebäudes der Johns Hopkins Universität an der Massachusetts Avenue NW und berichtet von der Lage im Kriegsgebiet. Es gibt weiter regelmäßig Schusswechsel und sogar begrenzte Gefechte an den Frontlinien in der Ostukraine zwischen ukrainischen Soldaten und den Milizen der Separatisten. Im Großen und Ganzen bewegt sich aber wenig. Die Ostukraine fügt sich in eine immer längere Liste »eingefrorener Konflikte« im früheren Herrschaftsbereich der Sowjetunion ein: Armenien, Moldawien, Tschetschenien, Georgien. Moskau nutzte ethnische und religiöse Spannungen oder Gebietsstreitigkeiten, um »Friedenstruppen« zu schicken oder durch gezielte Unterstützung von Separatisten eine Situation herzustellen, in der nichts mehr gegen oder ohne Russland geht. Die Souveränität dieser seit 1991 offiziell unabhängigen Staaten bleibt eingeschränkt. Moskau hat mit den besetzten oder von Satrapen kontrollierten Gebieten ein Faustpfand. Früher oder später findet sich die Welt damit ab.

Die Ukraine sei anders, sagt Volker. Aus zwei Gründen. Erstens habe sich der Westen nicht mit der russischen Okkupation der Krim und dem Zündeln in der Ostukraine abgefunden. Zweitens hat Deutschland zusammen mit Frankreich die Führungsrolle in der Krisendiplomatie übernommen.

In der Ukraine arbeitet die Zeit gegen Putin

Die Ukraine ist der erste wichtige Konfliktfall zwischen dem Westen und Russland, bei dem die USA die Führungsrolle in der Diplomatie an Europa abgetreten haben, genauer: an Deutschland. Bundeskanzlerin Angela Merkel ist die zentrale Figur in den Verhandlungen mit Wladimir Putin. Das hat unter Barack Obama begonnen und sich unter Donald Trump nicht geändert. Zu Putins Überraschung hält die Sanktionsfront nun schon mehr als vier Jahre. Auch die Wahl Trumps, der sich im Wahlkampf für eine Entspannung ausgesprochen hatte, hat zu keiner Milderung geführt, im Gegenteil: Die USA haben schließlich die Sanktionen verschärft, nun mit der Begründung, Moskau habe versucht, den Ausgang der US-Präsidentenwahl zu beeinflussen.

Natürlich könne man fragen, was die westliche Politik mit den Sanktionen erreicht habe, gesteht Volker zu. Moskau habe weder die Krim zurückgegeben noch die Einmischung in der Ostukraine eingestellt. Aber die Zeit arbeite nicht für Putin. Die Folgen seiner Politik werden für ihn immer kostspieliger. Und er sei weiter davon entfernt, seine strategischen Ziele zu erreichen, als vor dem Konflikt. Damals war sein Ziel, ein Abdriften der Ukraine nach Westen zu verhindern und sie in einem russisch geführten eurasischen Staatenbund zu halten. Heute ist der Wunsch der Ukrainer nach Eigenstaatlichkeit ausgeprägter und ihr Widerwille gegen gemeinsame Institutionen mit Moskau größer als je zuvor. Deutschland gebührt dafür Lob. Das ist die eine Seite.

Die andere Seite wird wenige Tage später in einem anderen Think Tank der US-Hauptstadt sichtbar. Generalleutnant Ben Hodges war seit 2014 Oberkommandierender der US-Landstreitkräfte in Europa. Seit Kurzem ist der 60-Jährige pensioniert und arbeitet bei CEPA mit: dem *Center for European Policy Analysis*, das sich auf Ostmitteleuropa spezialisiert. Hodges ist ein großer Deutschland-Fan, analytisch wie emotional. Er hat ein Eigenheim für den Ruhestand in Frankfurt erworben. Und er sagt, Deutschland sei der wichtigste Verbündete der USA. Er lobt den Umgang mit der Vergangenheit, darunter die Stolpersteine vor Häusern, in denen Juden vor ihrer Deportation in die Arbeits- und Vernichtungslager gewohnt hatten. Er schwärmt von deutscher Ingenieurskunst und deutschem Organisationstalent. Nur eines versteht er nicht: Wie kann solch eine Nation es zulassen, dass ein Großteil ihrer Militärjets nicht fliegt und die Boote der Bundesmarine nicht einsatzfähig sind? Wie kann es sein, dass Häfen, Eisenbahnlinien, Brücken und andere Infrastruktur den Anforderungen nicht genügen?

Hodges ist kein Mann, der ständig die Gefahr eines russischen Angriffs beschwört. Aber im Laufe seines militärischen Lebens hat sich für ihn die Lehre bestätigt, dass der Frieden umso sicherer ist, je besser man sich auf den Eventualfall vorbereitet. Abschreckung funktioniert. Wenn ein Gegner weiß, dass er auf ernst zu nehmende Abwehr trifft, wird er sich das Risiko zwei Mal überlegen.

Deutschland vernachlässigt die Infrastruktur

Die NATO hat auf die russische Aggression gegen die Ukraine nicht damit reagiert, dass sie in großem Stil Truppen an ihre Ostgrenze verlegte. In den baltischen Staaten und Polen ist sie im Grunde nur symbolisch präsent. Diese Verbände wären nicht in der Lage, einem russischen Angriff über längere Zeit standzuhalten. Das ist auch nicht erforderlich, denn die NATO setzt auf eine andere Strategie: rasche Verstärkung im Notfall. Deren Gelingen hängt von der Transportinfrastruktur ab. Binnen weniger Tage müssten, zum Beispiel, US-Kampfbrigaden, die per Schiff in Bremerhaven eintreffen, entladen und über Eisenbahnlinien nach Osten transportiert werden. Doch weder reichen die Entladekapazitäten in den Häfen aus noch erfüllen die Bahnlinien und Straßen ins Baltikum die Anforderungen. Die Traglast mancher deutscher Brücken auf diesen Routen ist so begrenzt, dass sie für Panzertransporte nicht geeignet sind. Als eine einzige US-Panzereinheit im Rahmen der neuen Abwehrstrategie an der Ostflanke der NATO nach Polen verlegt wurde, gab es Unmut in der deutschen Bevölkerung, weil Panzertransporte über öffentliche Straßen geleitet werden mussten.

Ein anderes paradoxes Beispiel: Die Abwehrfähigkeit hängt von der Versorgung der Truppen mit Treibstoff ab. Die NATO-Pipelines enden bisher in Berlin. Für Manöver weiter östlich ist das Bündnis auf Energie aus russischen Pipelines angewiesen – im Ernstfall wäre das wohl kein Erfolgsrezept. Hodges kommt zu dem Schluss: Die NATO solle eine Formel finden, wie sie Investitionen in »duale Infrastruktur« – zivile Infrastruktur, die im Ernstfall strategische Bedeutung hat – bei der Berechnung des deutschen Verteidigungsbeitrags berücksichtigt.

Man könnte Hodges' Hinweis in eine Kurzformel fassen: *Trains and Tanks*. Zu den militärischen Prioritäten Deutschlands gehört nicht nur Investment in Waffensysteme, darunter Panzer, sondern auch in Züge und Transportinfrastruktur. Warum erklärt niemand den Bürgern solche Zusammenhänge?

Wenn man diese Lagebeschreibungen mit den deutschen Debatten über Russland abgleicht, fällt auf: Die sachliche Analyse steht selten auf der Tagesordnung. Es dominieren eine Neigung zur romantischen Verklärung einer angeblichen deutsch-russischen Seelenverwandtschaft und eine Tendenz zur angstvollen Überschätzung, wozu Russland im Konfliktfall fähig wäre; siehe die Warnungen vor einem Atomkrieg infolge der westlichen Reaktion auf den Giftgaseinsatz in Syrien. Russland ist eine ehemalige Supermacht im Abstieg. Sie hat noch ein beträchtliches Zerstörungspotenzial, sowohl waffentechnisch als auch politisch. Aber das ist zugleich Moskaus Problem. Russland hat wenig Softpower und tut wenig dafür, die Zusammenarbeit für potenzielle Partner attraktiv zu machen. Es verlegt sich meist auf Drohungen: Wenn ihr auf unsere Interessen nicht mehr Rücksicht nehmt, dann können wir ganz schön ungemütlich werden. Russland will nicht gemocht, Russland will gefürchtet werden.

Militärische Großmacht, ökonomischer Zwerg

Das scheint auf den ersten Blick eine Lehre zu bestätigen, die man in deutschen Kommentaren häufig lesen kann: Ohne Russland ist Frieden nicht möglich. Nach 18 Jahren Putin darf man dem freilich entgegenhalten: Mit Russland ist Frieden offenbar auch nicht möglich. In keinem der oben genannten »*Frozen Conflicts*« ist der Frieden näher gerückt: Berg-Karabach, Transnistrien, Tschetschenien, Abchasien, Ossetien, Krim, Ostukraine. Auch außerhalb des ehemaligen Sowjetimperiums hat Moskau eingegriffen, um seine Interessen zu verteidigen, nicht aber die Fähigkeit gezeigt, Frieden zu organisieren. Zum Beispiel in Syrien.

Wenn man auf die wirtschaftlichen Grunddaten schaut, dürfte Deutschland sich trauen, in Konflikten selbstbewusster und weniger ängstlich mit Putin umzugehen. Russland ist nach der Wirtschaftskraft nur die Nummer 12 auf der Erde, sein Anteil an der Weltwirtschaft beträgt nach den Zahlen des Internationalen Währungsfonds für 2017 gerade mal zwei Prozent. Sein Bruttoinlandsprodukt (BIP) 2017 war mit 1,5 Billionen Dollar nicht einmal halb so groß wie das deutsche (3,7 Billionen Dollar). Warum löst es Angst in Deutschland aus, wenn solch ein Land so tut, als könne es sich ernsthaft mit dem Bündnis aus Europa und Amerika anlegen? Gemeinsam verfügen die USA und die EU über 46 Prozent der globalen Wirtschaftskraft, sind also ökonomisch 23 Mal so stark wie Russland. Wie wollte Putin da einen längeren Konflikt durchhalten?

Gewiss sollte man hinzufügen. Die 2017er-Zahlen zeigen Russlands Lage düsterer als im Schnitt der vergangenen Jahre. Die Weltmarktpreise für Öl und damit auch für Gas waren niedrig, die Folgen der Sanktionen zeigten sich. Rechnet man solche Effekte heraus, rückt der russische Anteil an der Weltwirtschaft näher an drei Prozent. Die NATO-Staaten zusammen hätten dann aber immer noch eine 15- bis 16-fache ökonomische Überlegenheit gegenüber Russland, von ihrem technologischen Vorsprung ganz zu schweigen.

Russland hat eine Scheinstärke, solange es die Auseinandersetzung in Gebieten sucht, die für den Westen keine erstrangige Bedeutung haben: in Syrien, auf der Krim, in der Ostukraine. Da sieht es dann so aus, als sei Putin »stärker«, denn er habe sich durchgesetzt.

Die Stunde der Wahrheit käme erst, wenn Russland die Konfliktbereitschaft Europas und Amerikas in Fragen testen würde, die für den Westen existenziell wichtig sind. Das ist bisher nicht geschehen. Und es wird wohl auch nicht geschehen, wenn der Westen überzeugend abschreckt. Heute ist diese Voraussetzung nicht rundum gegeben. Putin kann sich ausrechnen, dass die NATO die baltischen Staaten gar nicht und Polen nur bedingt verteidigen kann, weil dort keine ausreichenden Truppen stehen, um einem Angriff standzuhalten und weil auch die Drohung, sehr schnell Verstärkung dorthin zu bringen, angesichts der vernachlässigten deutschen Infrastruktur nicht glaubwürdig ist. Sein Risiko besteht also nicht darin, dass er bereits in der ersten Phase einer Auseinandersetzung zurückgeschlagen würde. Entscheidend wird vielmehr die Abschätzung der mutmaßlichen Folgekosten einer Aggression.

Zu diesem Kalkül gehört die Frage, ob die NATO glaubhaft macht, dass sie alles tun würde, um ein von Russland besetztes Baltikum zurückzuerobern oder nicht. Es wäre gar nicht so schwer, diese potenzielle Abwägung zugunsten des Westens zu verbessern. Dafür müsste die NATO ihre Verteidigungsfähigkeit sichtbar verbessern. Wenn Putin glauben müsste, dass er das Baltikum erobern, aber nicht behalten kann, würde ihn das abschrecken. Wenn er hingegen meint, der Westen habe nicht den Willen, NATO-Gebiet zurückzuholen, kann das einen Mann wie Putin dazu einladen, es zu versuchen.

Der Umgang mit Russland in der deutschen Öffentlichkeit ist jedoch gefühlig, nicht analytisch. Das beste Beispiel dafür ist die Entwicklung des öffentlichen Umgangs mit dem Krieg in der Ukraine.

Ukraine-Krise: Verwirrung, wer Freund und wer Gegner ist

Die russische Annexion der Krim und der hybride Krieg im Osten der Ukraine haben offengelegt, wie leicht sich die öffentliche Meinung in Deutschland manipulieren lässt. Erfreulicherweise hat die Erfahrung auch gezeigt, dass diese Versuche mit der Zeit kontraproduktiv wirken, wenn sie zu dreist werden.

Im Grunde war es nicht so schwer, zu verstehen, wer Angreifer und wer Opfer war, als »grüne Männchen« ohne Hoheitsabzeichen Ende Februar 2014 die Kontrolle über Simferopol, das Verwaltungszentrum der Krim, und das Regionalparlament übernahmen. Zunächst aber hatte Russland mit seiner Propaganda Erfolg. Angeblich hatten sich Vertreter der örtlichen Bevölkerung spontan zum Selbstschutz organisiert und bewaffnet. In der ukrainischen Hauptstadt Kiew seien Faschisten und Antisemiten dabei, die Regierung zu übernehmen. Die Krim sei immer russisch gewesen und unter fragwürdigen Umständen der Ukraine zugeschlagen worden. Und so weiter und sofort…

Warum fanden solche Behauptungen Resonanz in weiten Teilen der deutschen Öffentlichkeit? Woher sollten lokale Bürger Uniformen und Gewehre haben? Unter russischer Herrschaft war die Krim erst seit 1774, mehr oder weniger seit 200 Jahren also – je nachdem, ob man bis zur Eingliederung in die Ukrainische Sowjetrepublik 1954 oder bis zur Auflösung der Sowjetunion 1991 zählt; davor war die Krim über Jahrhunderte unter osmanischer und tatarischer Herrschaft. Eine – knappe – russische Bevölkerungsmehrheit gab es erst infolge der Diskriminierung der

Krim-Tataren und einer aktiven Russifizierungspolitik. In Kiew waren keine Faschisten an der Macht und auch keine Antisemiten. Judenfeindliche Propaganda gab es hingegen in der russisch kontrollierten Ostukraine. Vielmehr hatten im Winter 2013/14 die pro-demokratischen Kräfte des »Euromajdan« in Kiew in einem bewundernswerten Ausharren trotz frostiger Temperaturen die Oberhand behalten. Der von Russland unterstützte Präsident Janukowitsch war wenige Tage vor der Besetzung der Krim nach Moskau geflohen. Auslöser dieser wochenlangen Proteste in Kiew war die Weigerung Janukowitschs, das ausgehandelte Assoziierungsabkommen mit der EU zu unterzeichnen.

Auch die von Russlandfreunden gern verbreitete Klage, der Westen zingele Russland militärisch ein und nehme zu wenig Rücksicht auf Moskaus angeblich berechtigte Machtinteressen, griff bei genauem Hinsehen nicht. Nach dem Vertrag über die Umgangsregeln in Europa, der Charta von Paris von 1990, den Moskau unterzeichnet hatte, dürfen Grenzen nicht gewaltsam verändert werden und jedes Mitgliedsland der Organisation für Sicherheit und Zusammenarbeit in Europa (OSZE) hat das Recht, seine Bündnisse frei zu wählen.

Nach den von Moskau unterschriebenen Prinzipien hätte die NATO also auch Staaten wie die Ukraine oder Georgien aufnehmen können, wenn die darum bitten – und Russland hätte dies hinnehmen müssen. Tatsächlich nahm der Westen aber Rücksicht auf die russische Seelenlage. Die Allianz entschied sich 2008 gegen eine Einladung an Georgien und die Ukraine zum Beitritt. Russland war offenbar nicht bereit, dieses Entgegenkommen zu honorieren, sondern interpretierte es als Zeichen der Schwäche oder jedenfalls fehlender Entschlossenheit, die Prinzipien der OSZE durchzusetzen. Und nun ging Putin einen Schritt weiter. Er beantwortete den Wunsch der Ukrainer nach einer ökonomischen Annäherung an die EU mit Krieg. Er veränderte Grenzen mit Gewalt. Das war schwerlich vorauszusehen. Wäre es um einen NATO-Beitritt gegangen, wäre Russland nach der Vertragslage immer noch im Unrecht gewesen. Aber eine harte Antwort Moskaus wäre zumindest nicht überraschend gewesen. Hier aber ging es um Zoll- und Wirtschaftsfragen – und die waren nach bisheriger Lesart der Beziehungen zu Russland gewiss kein Kriegsgrund.

»Grüne Männchen« und Internet-Trolle

Umso erstaunlicher war, dass eine beträchtliche Zahl von Deutschen zunächst Verständnis für Russland zeigte. Das änderte sich erst im Verlauf eines Jahres. Im März 2015, ein Jahr nach der Besetzung der Krim, sagten 80 Prozent der Deutschen, man könne Russland nicht trauen.

Was gab den Ausschlag für die Wende? Grund für Misstrauen in Fragen der Hegemonialpolitik gab es auch vor der Krim. In mehreren ehemaligen Sowjetrepubliken hatte Moskau militärisch interveniert, um die Abhängigkeit dieser Staaten zu erhalten. Dabei hatte aber stets ein ohnehin brodelnder Territorialkonflikt den Ausschlag gegeben: in Armenien der Konflikt um Berg-Karabach; in Moldawien der Konflikt um Transnistrien; in Georgien die Konflikte um Abchasien und Ossetien. Unter dem Vorwand, den Konflikt befrieden zu wollen, schickte Moskau »*Peacekeeping Forces*«. Doch die schlichteten nicht mit dem Ziel, wieder abzuziehen, sondern sie blieben. Im Grunde waren sie Besatzungstruppen. Die betroffenen Staaten hatten nur noch eingeschränkte Souveränität und Handlungsfreiheit. Das alles hielt eine Mehrheit der Deutschen lange nicht davon ab, auf Partnerschaft mit Russland zu setzen.

Das Muster der Intervention unter dem Vorwand der Selbstbestimmung und Friedenswahrung wiederholte sich nun in der

Ukraine. Mit Hilfe der Annexion der Krim und des Kriegs in der Ostukraine hielt Russland die Ukraine im Status eingeschränkter Souveränität. Der Kreml behauptete, nicht beteiligt zu sein; tatsächlich steuerte und versorgte er die pro-russischen Milizen. Diesmal aber wendete sich die Stimmung in Deutschland und Europa mit der Zeit gegen Moskau.

Vieles kam zusammen, was den Umschwung im Westen begünstigte: zum Beispiel Putins offenkundige Lügen. Zunächst hatte er versichert, es gebe keine Pläne, die Krim zu annektieren. Dann tat er es doch. Anfangs hatte er geleugnet, dass russische Truppen auf der Krim (und später in der Ostukraine) seien. Um den Jahrestag der Krim-Besetzung brüstete er sich vor laufenden Kameras, er habe die Krim-Aktion angeordnet und ferngesteuert. Bei den Friedensbemühungen für die Ostukraine setzte er das Tricksen und Täuschen fort.

Es dauerte auch einige Zeit, bis die deutsche Öffentlichkeit bemerkte, in welchem Maß Unbekannte die Kommentarfunktionen auf den Internetseiten deutscher Medien nutzten, um die öffentliche Meinung mit pro-russischen Stellungnahmen zu beeinflussen. Monate vergingen, ehe das Muster offenkundig wurde: Der Kreml hatte nicht nur die »grünen Männchen« mobilisiert, sondern parallel eine digitale Armee von Trollen, um nicht nur die Entscheidung am Boden zu gewinnen, sondern auch die Schlacht um die öffentliche Meinung zu führen.

Emotionale Wende durch einen Flugzeugabschuss

Zu einem russischen Sieg führte dieser Kampf in den deutschen Internetforen aber nicht. Dies verdankte sich freilich nicht dem Umstand, dass die Bundesrepublik auf eine solche Art der Auseinandersetzung vorbereitet gewesen wäre oder rasch dazu gelernt und Gegenmaßnahmen ergriffen hätte. Sondern den Ausschlag für die emotionale Wende der Deutschen und generell der Westeuropäer gegen Russland gab der Abschuss eines Passagierflugzeugs der Malaysian Airlines und der menschenverachtende Umgang der pro-russischen Milizen mit den Leichen des Flugs »MH 17«.

Der herzlose Umgang mit toten Körpern brachte viele Menschen in Europa zum Umdenken. Darin liegt eine tiefe Wahrheit: Ein hochgradig inhumanes Verhalten erkennen Menschen instinktiv, wenn ihnen die Bilder vor Augen gehalten werden. Nur: Warum bedurfte es der Bilder verrohter Männer, die ohne jedes Zeichen von Gefühl, mit Zigaretten im Mundwinkel und Patronengurten am Körper, mit Leichen hantieren, um zu erkennen, welches Unrecht in der Ukraine geschah? Warum hatten die unleugbaren Verbrechen an Lebenden – Folter, Mord, Raub der Heimat – Europa nicht früher erschüttert?

Zu den beschämenden Antworten gehören: Selbstschutz, Bequemlichkeit und die als Appell an die Vernunft formulierte Berufung auf politische Interessen. Man dürfe die Gesprächskanäle nach Moskau nicht abreißen lassen. Müsse an die Energieversorgung im Winter denken. Und an die Arbeitsplätze in der Exportwirtschaft. Hinzu kam die Sehnsucht nach Äquidistanz. Was Putin getan hat, war nicht in Ordnung. Aber wenn der neue ukrainische Präsident die Armee mobilisiert, dann sei das auch Gewalt, also gleichermaßen nicht okay. Und schon drohten die Maßstäbe für Gut und Böse, Richtig und Falsch verloren zu gehen. Wie konnte man die illegale gewaltsame Abtrennung von Landesteilen durch einen äußeren Aggressor auf eine Stufe stellen mit der völkerrechtlich gedeckten Selbstverteidigung des ukrainischen Staats?

Angesichts der inhumanen Bilder von der Absturzstelle des Flugs »MH 17« siegte der Instinkt über die Ausflüchte des Verstands und die Trägheit des Herzens. Der Instinkt sagte: Zeige mir, wie du mit Leichen umgehst, und ich sage dir, welche Werte du hast. Die Russen entlarvten ihre Behauptung, dass sie in der Ostukraine um Würde und Menschenrechte kämpfen, durch ihr Verhalten selbst als Lüge. Diese Veränderung der öffentlichen Meinung war im Juli und August 2014 in vielen Ländern zu spüren, besonders in denen, die viele Tote zu beklagen hatten, wie die Niederlande.

Der Meinungsumschwung bewirkte eine breite Unterstützung für Sanktionen gegen Russland. Was freilich gleich wieder die Gegenwehr der Pro-Moskau-Lobby aktivierte. Der Ostausschuss der deutschen Wirtschaft wartete mit Horrorwarnungen auf, wie schädlich Sanktionen angeblich für Deutschland seien. Zehntausende Arbeitsplätze seien bedroht. Dabei zeigte eine simple Zahlenanalyse, dass die Gefahr eines Wirtschaftseinbruchs überhaupt nicht bestand. Der gesamte deutsche Russlandhandel belief sich damals auf 77 Milliarden Euro im Jahr. Das entsprach 3,9 Prozent des deutschen Außenhandels. Und in etwa dem Zuwachs eines Jahres im Außenhandel. Anders gesagt: Wenn Deutschland den gesamten Russlandhandel gestoppt hätte – was aber niemand verlangte oder beabsichtigte –, hätte nicht einmal das einen Rückgang im Außenhandel bedeutet, sondern lediglich ein Jahr Nullwachstum.

Warum beschworen Russland-Freunde wie Ex-Kanzler Gerhard Schröder oder der Ostausschuss-Vorsitzende Eckhard Cordes dennoch angebliche schwere Nachteile für Deutschland herauf? Und warum setzten sie ihre Energie nicht umgekehrt ein: um Putin von seinem Kriegskurs abzubringen? Dann könnten die Sanktionen entfallen.

Nach dem »MH-17«-Abschuss schwenkten auch die Medien um, jedenfalls zu einem guten Teil. Das Recherche-Netzwerk *Bellingcat* hatte bereits im Juli 2014, direkt nach dem Unglücksflug, begonnen, Beweise für den tatsächlichen Ablauf der Ereignisse zu sammeln. Die Auswertung von Fotos aus sozialen Netzwerken, Telefonverbindungsdaten und Zeugenaussagen ergab nach und nach, dass die Abschussvorrichtung für die benutzte Boden-Luft-Rakete vom Typ »Buk« aus Russland in die Separatistengebiete transportiert worden und direkt nach dem Abschuss wieder zurück nach Russland gebracht worden war. Das deutsche Recherchenetzwerk *Correctiv* griff diese Vorarbeit im Januar 2015 auf, der *Spiegel* stieg im Juni 2015 groß ein.

Den offiziellen Untersuchungsbericht veröffentlichte die eingesetzte Kommission im Oktober 2015. Und eine noch detailliertere Rekonstruktion inklusive der ersten Namen von Verantwortlichen im September 2016. Während all dieser Monate versuchten russische offizielle Stellen und Propandamedien wie *Russia Today* die öffentliche Meinung in Deutschland mit gefälschten »Beweisen« zu überzeugen, dass die Verantwortlichen in der Ukraine zu suchen seien.

Trotz dieser Stimmungswende in der Abschussfrage hielt die veröffentlichte Meinung bei anderen Aspekten des Kriegsgeschehens und der diplomatischen Bemühungen um eine Waffenruhe an eingeübten Darstellungen fest, ohne sie analytisch zu hinterfragen. Dazu gehörte die bereits erwähnte Sehnsucht nach Äquidistanz zwischen den Konfliktparteien Ukraine und Russland. Sowie nach einer neutralen Position gleichermaßen auf Abstand zu Russland und zu den USA – als ob beide in vergleichbarer Weise verwickelt seien. Und nach einem harmonischen Verhältnis mit Moskau, selbst wenn die Taten des Kremls die gegenteilige Reaktion verdienten.

»Nachbar Russland«

Doch was zählen schon Tatsachen in einer so romantischen Beziehung, wie sie viele Deutsche zu Russland pflegen? Das beginnt bei der Sprache. Gefühlte und reale Geografie fallen auseinander.

Von Berlin nach Dublin sind es 1700 Kilometer. Wer die Strecke fährt, muss drei Staatsgrenzen überqueren. Wie viele Deutsche kämen auf die Idee, die Iren »unsere Nachbarn« zu nennen? Zwischen Berlin und Moskau liegen ebenfalls drei Staatsgrenzen und 1800 Kilometer. Dennoch behaupten viele Deutsche, die Russen seien »Nachbarn«; wir dürften sie nicht verlieren, schon gar nicht wegen der Ukraine. In solchen Aussagen schwingt mehr mit: eine Weltanschauung. Wie nah fühlen wir uns den direkten Nachbarn im Vergleich zu den nächsten und übernächsten Ländern? Kaum ein Deutscher würde wohl fordern, das gute Verhältnis zu Irland sei so wichtig, dass die Beziehungen zu den dazwischen wohnenden Völkern – Franzosen, Belgier, Niederländer und Briten – im Zweifel zurückstehen müssten.

Beim Blick nach Osten greifen solche Argumentationen immer wieder. In Talkshows und Internetforen gelten die Russen als »unsere Partner«. Die Polen, Balten, Ukrainer, von deren praktischen und historischen Erfahrungen mit Russland die Deutschen viel lernen könnten, werden als Störenfriede hingestellt, die »unser gutes Verhältnis zu Russland« unnötig komplizieren. Oder als Kleinkinder, die besser schweigen, wenn die Großen miteinander reden. Manche erinnert das an Hitler und Stalin. Im ostmitteleuropäischen Raum zwischen Deutschland und Russland leben heute 190 Millionen Menschen. Sie sind weit mehr Nachbarn und Partner Deutschlands als die 140 Millionen Russen. Der deutsche Warenaustausch mit ihnen beträgt ein Vielfaches des Handels mit Russland.

Ähnlich gefühlig und kontrafaktisch ist der Umgang mit Völkerrecht und Verträgen. Jeder Staat hat das Recht, frei zu wählen, welchen Handels- und Bündnissystemen er beitritt. Russland hat dieses Prinzip mehrfach unterschrieben. Dennoch hält sich die Behauptung, Russland könne legitime Einflusssphären beanspruchen. Der Westen habe 1990 angeblich versprochen, die NATO nicht zu erweitern. Diese Mär hält sich weiter. Die Fakten: 1990 ging es allein um das Gebiet der damaligen DDR. Der Warschauer Pakt bestand noch. Hunderttausende Sowjetsoldaten waren bis 1994 in Ostdeutschland und Polen stationiert. 1990 war eine Ausdehnung der NATO über die deutsche Ostgrenze hinaus überhaupt kein Thema – und ebenso wenig der Verzicht darauf.

Es gibt auch gefühlte Kommunikation neben der realen. Kein Tag vergeht ohne die Warnung, man dürfe das Gespräch mit Russland nicht abbrechen. An wen richten sich solche Appelle? Wer um alles in der Welt fordert denn überhaupt, Deutschland solle alle Kontakte nach Russland abbrechen?

Ohnehin ist das reale Problem ja gar nicht, dass Bundeskanzlerin Merkel und ihre diversen Außenminister über die Jahre nicht mit Moskau reden – das tun sie –, sondern dass auf diese Gespräche nichts folgt außer *Njet*. Oder Zusagen, die Präsident Putin gleich wieder bricht.

Was zu der interessanten Frage führt: Warum lässt er russische Kampfflugzeuge in den NATO-Luftraum eindringen? Warum schickt er U-Boote vor die schwedische, dänische, britische Küste? Warum veranstaltet er Großmanöver wie »Zapad« 2017, bei der er die Zahl der teilnehmenden Soldaten offiziell so niedrig angibt, dass er die vertraglich vereinbarte Einladung an NATO-Beobachter nicht aussprechen muss – wenn doch alle wissen, dass die tatsächliche Zahl weit höher liegt? Auch an der Grenze zur Ukraine ließ er trotz paralleler »Friedensgespräche« in jüngsten Jahren seine Muskeln spielen und russische Einheiten Angriffspositionen beziehen. Was wiederum den Westen rätseln ließ, ob er einen Vorstoß auf den Flughafen von Donezk oder die Landbrücke zur Krim oder gleich den Durchmarsch bis Transnistrien plant.

Böse interpretiert: Vielleicht will Putin mit seinem Russland tatsächlich werden, was er in der Sprache seiner deutschen Freunde schon ist – ein direkter Nachbar Deutschlands.

Der Wunsch nach Äquidistanz zu Freund und Feind

Äquidistanz zu Russland und der Ukraine – und ebenso gleiche Distanz zu Russland und den USA – war schon vor Ausbruch des bewaffneten Konflikts eine fragwürdige Sicht. Moskau versuchte 2013 erneut, wie schon während der »Orangen Revolution« 2004, ein autokratisches System mit Wahlfälschung an der Macht in Kiew zu halten, und drängte seinen Statthalter Janukowitsch, er solle notfalls auf die Demonstranten schießen. Die USA und die Europäische Union unterstützten die demokratische Bewegung und die pro-europäischen Kräfte. Was, bitte, spricht hier für Äquidistanz? Auch im territorialen Kampf erst um die Krim und nun um die von Separatisten kontrollierten Gebiete in der Ostukraine hätte es keine moralische Äquidistanz geben dürfen. Wer der Aggressor und wer der Angegriffene war, ließ sich leicht unterscheiden.

Was also stand einer eindeutigen Parteinahme für die Ukraine und gegen Russland im Wege – samt der daraus folgenden auch materiellen Unterstützung? Dazu würde in letzter Konsequenz auch Militärausrüstung gehören. In den Balkankriegen der 1990er-Jahre hatte die deutsche Gesellschaft quälend lange gebraucht, bis sie sich zu der Einsicht durchrang, dass man, wenn man aus guten Gründen nicht militärisch intervenieren möchte, zumindest den Angegriffenen die Mittel geben muss, sich selbst zu verteidigen. Das gilt umso mehr, wenn der Angreifer eine potente Militärmacht hinter sich weiß, der Angegriffene hingegen nicht.

Völkerrechtlich wäre nichts gegen Waffenlieferungen an die Ukraine einzuwenden gewesen. Doch solche mühsam und leidvoll errungenen Erkenntnisse waren schon wieder vergessen. In Deutschland dominierte eine Stimmung, in der bereits die Ankündigung der USA, der Ukraine eventuell Waffen zu liefern, falls Russland die diplomatischen Bemühungen weiter behindere, als aggressiver Akt interpretiert wurde. Dabei wären das nicht

Waffen für eine Offensive, sondern für die Verteidigung gewesen. Und nicht Waffen eines ungeliebten republikanischen Präsidenten wie George W. Bush, dem man leicht das Etikett »Kriegstreiber« aufdrücken konnte, sondern Waffen des in Deutschland beliebten Barack Obama, dem man den Wunsch nach Friedenspolitik schwer absprechen konnte.

Wieder einmal dominierte die in der deutschen Nachkriegsgesellschaft tief verwurzelte Überzeugung, dass Waffen immer schlecht sind, selbst wenn sie für einen guten Zweck wie die Verteidigung eingesetzt werden. Die friedensstiftende Wirkung von Waffen, zum Beispiel die Abschreckung potenzieller Angreifer, hat keinen Platz in diesem Bild.

Bei näherem Hinsehen waren die tatsächlichen Wirkungsmechanismen gerade umgekehrt als in Deutschland behauptet. Die Forderungen von US-Senatoren nach Waffenlieferungen waren einer der wenigen Trümpfe, mit denen Kanzlerin Angela Merkel in den Verhandlungen um eine Waffenruhe Druck auf Wladimir Putin beziehungsweise seine Abgesandten ausüben konnte. Sie hatte nicht viel in der Hand, womit sie ihn beeindrucken konnte. Die Annahme, dass Putin US-Waffenlieferungen an die Ukraine verhindern wollte, weil das die Kosten seiner Aggression deutlich erhöht hätte, gehörte zu ihren wenigen guten Argumenten. In Wahrheit halfen ihr die amerikanischen Drohungen also bei ihrem Vermittlungsgeschäft. Die USA, die nicht selbst an den Gesprächen über das »Minsker Abkommen« beteiligt waren, liehen ihr ein wenig von ihrer Macht als mächtigster Militärapparat auf Erden.

In der Öffentlichkeit klang es freilich so, als sei amerikanische Waffenhilfe ein Friedenshindernis. Es ist eines der krassesten Beispiele, wie naiv und realitätsfremd außen- und sicherheitspolitische Debatten in der deutschen Öffentlichkeit verlaufen können. Die Kanzlerin und ihre Verteidigungsministerin Ursula von der Leyen waren nicht unschuldig an diesem Zerrbild. In ihren öffentlichen Auftritten sprachen sie sich gegen US-Waffenlieferungen aus, obwohl sie natürlich beide wussten, wie hilfreich die Ungewissheit, was die USA am Ende tun würden, in den Verhandlungen mit Russland war.

Nun sollte man freilich nicht den umgekehrten Fehler begehen, also den positiven Einfluss der US-Drohung nicht übertreiben. Auch den Befürwortern, zu denen neben den USA einige europäische Länder zählten, voran Polen und die baltischen Staaten, war klar: Selbst umfangreiche Waffenlieferungen würden die ausgelaugte ukrainische Armee nicht in die Lage versetzen, den Krieg zu gewinnen. Bei einer Eskalation waren die pro-russischen Milizen, die auf unbegrenzte Hilfe aus Russland setzen konnten, im Vorteil. Westliche Waffenlieferungen an die Ukraine hätten aber zahlreiche Nachteile für Putin gehabt, die er vermeiden wollte: Es hätte auch auf russischer Seite mehr Tote gegeben mit dem Risiko, dass die Unterstützung im Land für seinen Kriegskurs sinkt. Und die Behauptung, dass Moskau keinen Einfluss auf die Kämpfe habe, hätte sich umso weniger halten lassen, je mehr Waffen der Kreml an die Separatisten geliefert hätte, um die US-Lieferungen an die Ukraine auszugleichen. Das hätte wiederum das Risiko erhöht, dass schärfere Sanktionen gegen Russland folgen. US-Waffenlieferungen an die Ukraine hätten also nicht das Kriegsglück gewendet, wohl aber den politischen Preis für Russland erheblich erhöht. Daraus ergab sich der Druck auf Putin, kompromissbereiter zu verhandeln.

Waffenhilfe bleibt ein Tabu

In der Woche der Münchener Sicherheitskonferenz Anfang Februar 2015 wurden diese Debatten an mehreren Orten parallel ausgetragen. Die Kanzlerin flog mit dem damaligen französischen Präsidenten François Hollande nach Moskau und Kiew, kam kurz nach München und flog weiter in die USA. In München sprachen sich die US-Senatoren John McCain und Bob Corker, der britische Ex-Verteidigungsminister Malcolm Rifkind, Polens Außenminister Radoslaw Sikorski und andere Ostmitteleuropäer für Waffenlieferungen aus.

Die Kanzlerin äußerte sich hingegen ablehnend: Sie könne sich »keine Situation vorstellen, in der man die ukrainische Armee so ausrüstet, dass Putin fürchten muss, dass er militärisch verliert«. Verteidigungsministerin von der Leyen hatte Waffenlieferungen zuvor als »Brandbeschleuniger« bezeichnet und abgelehnt. US-Präsident Obama bezog nicht eindeutig Partei, sondern ließ erkennen, dass er Kanzlerin Merkel in solchen Fragen freie Hand lassen wolle, da sie die Verhandlungen mit Putin führe, und er ihrem Rat folgen werde. So äußerte sich auch Vizepräsident Joe Biden in München. Er vertraue Merkel. Aber er setzte hinzu: Solange Putin die Aggression gegen die Ukraine nicht beende, werden die USA »die Kosten dafür weiter erhöhen«.

Zwei, drei Jahre später war dieser Dissens schon wieder vergessen. Unter Präsident Trump entschieden sich die USA, auch »letale Waffen« an die Ukraine zu liefern, darunter Panzerabwehrwaffen. Der Effekt dieser Nachricht, berichteten Experten bei der Münchener Sicherheitskonferenz 2018, war an der Front unmittelbar zu beobachten: Die russischen Milizen zogen ihre Panzer, mit denen sie zuvor ukrainische Ortschaften beschossen hatten, weiter zurück, offenbar aus Furcht, dass sie ins Visier genommen werden könnten.

Weder Kanzlerin Merkel noch Verteidigungsministerin von der Leyen haben sich 2018 dazu geäußert, ob sie bei ihrer Haltung von 2015 zu Waffenlieferungen bleiben oder ihre Einschätzung im Licht der Erfahrung korrigieren wollen.

So bestätigt die Debatte in Deutschland um Krim-Annexion und Krieg in der Ostukraine erneut den Befund: In komplexen politischen Fragen lässt sich die Öffentlichkeit eher von Emotionen und tief sitzenden Ressentiments leiten als von nüchternen Analysen des Pro & Contra der Handlungsoptionen. Auch der Stimmungsumschwung im Verhältnis zu Russland folgte nicht rationalen Erwägungen, sondern den Emotionen nach einem erschütternden Ereignis: dem »MH-17«-Abschuss und der Misshandlung der Leichen durch pro-russische Milizen.

6.

Was erwarten unsere Freunde von uns?

Vom Nachteil der Ungleichzeitigkeit

»*It takes two to tango.*« Die polnische Version dieser bekannten Einsicht fügt eine weitere Bedingung hinzu: »*W tym największy jest ambaras, żeby dwoje chciało naraz.*« Es müssen nicht nur zwei miteinander wollen. Sie müssen es *gleichzeitig* wollen. Das jeweilige Timing ist oft ein Hindernis in der Kooperation.

Aus deutscher Sicht ging seit vielen Jahren nichts mehr voran in Europa, weil die Bundesregierung keinen handlungswilligen Partner in Paris hatte. Die Regierungsjahre erst unter Nicolas Sarkozy und dann unter François Hollande gelten im Rückblick als weitgehend verlorene Jahre für die EU. Seit Mai 2017 hat sich das umgedreht. Emmanuel Macron ist voller Tatendrang, findet aber in Deutschland keinen ähnlich dynamischen Partner.

Östlich von Berlin sieht es wieder anders aus. Deutschland hat Ideen für die Zusammenarbeit mit Polen, aber die nationalkonservative Regierung in Warschau hat eigene Vorstellungen. Fast nostalgisch denken die Deutschen an die Zeiten vor der polnischen Wahl 2015, als in Warschau noch die liberale Bürgerplattform regierte und man gemeinsam viele Dinge voranbrachte.

Frankreich: Im Gefühl der Dringlichkeit

Paris, Rue de l'Élysée, im April 2018

Frankreich ist in Aufbruchsstimmung. Eine zaghaft wärmende Frühjahrssonne taucht Paris in ein freundliches Licht und lässt trotz der gelegentlichen Regenschauer den nahenden Sommer ahnen. Philippe Étienne, der außen- und sicherheitspolitische Berater Emmanuel Macrons, residiert in einem Stadtpalais in der Rue de l'Élysée, in unmittelbarer Nähe des Zentrums französischer Staatsgewalt. Dass der viel Beschäftigte sich die Zeit für ein Gespräch nimmt, ist nicht selbstverständlich. Man kennt sich aus seiner Zeit als Botschafter in Berlin. Die Sitzgruppe, in der Besucher auf ihren Termin warten, wird von einer vielsagenden Fotografie dominiert. Ein entschlossen blickender Emmanuel Macron steht zwischen Trikolore und Europafahne und stützt beide Hände, zu Fäusten geballt, auf den Tisch. »Jetzt geht's los«, lautet die Botschaft der Körpersprache.

Der Gedankenaustausch ist »*off the record*« – man darf nicht zitieren, was Etienne im vertraulichen Gespräch sagt. Das gilt auch für die Termine der folgenden Tage im Quai d'Orsay, dem Außenministerium, für die Begegnungen mit Vertretern des Verteidigungsministeriums und mit einer deutschen Diplomatin, die als Austauschbeamtin des Auswärtigen Amtes im französischen Europaministerium arbeitet, sowie für die Treffen in den Botschaften Deutschlands, Polens und der USA. Professionelle Politik-Erklärer in den Think Tanks helfen, die Aussagen einzuordnen: Thomas Gomart, Direktor des Institut Français des Relations Internationales (IFRI); Manuel Lafont Rapnouil und Susi

Dennison vom European Council on Foreign Relations (ECFR); Alexandra de Hoop Scheffer und Martin Quencez vom German Marshall Fund of the United States (GMF) in Paris.

Frankreich blickt nach Süden, Deutschland nach Osten

Die Gespräche in der französischen Hauptstadt ergeben zusammen mit den Begegnungen mit anderen Franzosen in Washington, Berlin und Brüssel in der Summe folgendes Bild der französischen Selbstsicht und der Erwartungen an Deutschland: Die internationale Lage ist ernst. Europa muss sich energisch nach vorn bewegen, wenn es nicht Schaden erleiden oder an Bedeutung verlieren möchte. Frankreich ist aufgewacht, hat seine passive Haltung abgelegt und in Macron einen Präsidenten gewählt, der die Ärmel hoch krempelt und zu den nötigen Veränderungen bereit ist, inklusive der politischen Risiken, die mit Reformen des Arbeitsmarkts, einer Zusammenlegung der europäischen Verteidigungsindustrien sowie einem robusteren Auftreten im Ausland verbunden sind. Europa muss eigene Ideen und Modelle als Antwort auf die Disruptionen rund um den Globus entwickeln. Präsident Macrons Rede in der Sorbonne vom 26. September 2017, das wird immer wieder betont, war nicht nur eine rhetorisch ausgefeilte Darlegung des Wünschenswerten. Sie ist eine praktische Handlungsanleitung für den Weg in die Zukunft. Und sie ist ein Angebot an Deutschland, was man zusammen tun kann. Macron hatte Merkel das Redemanuskript vorab geschickt.

Selbstverständlich setzt Frankreich zum Teil andere Prioritäten als Deutschland. In Paris blickt man, zum Beispiel, bei den außenpolitischen Herausforderungen eher nach Afrika als nach Osteuropa. Das Land erlebt permanenten Migrationsdruck von Süden. Ein Gutteil der Bedrohungen durch Terrorismus hat seinen Ursprung in der Sahelzone. In der Europapolitik setzt Frankreich auf beschleunigte Integration, vor allem in der Finanzpolitik und der Verteidigung. Wenn sich das mit allen Mitgliedern – sei es der EU, sei es der Eurozone – machen lässt: gut. Da aber manche bremsen, hat Frankreich auch nichts gegen ein Europa verschiedener Geschwindigkeiten einzuwenden, in dem Paris und Berlin mit einigen Partnern die Avantgarde bilden und andere später folgen. Oder gar nicht.

Deutschland setzt andere Akzente, dessen ist man sich in Paris bewusst. Afrika ist schon auch wichtig für Berlin. Die größere Aufmerksamkeit der Deutschen gilt aber den Geschehnissen im Osten, voran in Polen und Tschechien, im Baltikum, in der Ukraine und in Russland. Deutschland hat den Fall der Berliner Mauer und die Ost-Erweiterung der EU als Zuwachs an Freiheit, Sicherheit und Stabilität erlebt. Zuvor war Deutschland »Frontstaat«. Jetzt haben andere diese Aufgabe. Auch wenn manche der neuen EU-Partner in letzter Zeit schwierig sind, voran Polen und Ungarn, liegt es nicht im deutschen Interesse, die historischen Fortschritte seit 1989 wieder preiszugeben und sich in ein »rheinisches Modell« der EU zurückzuziehen, bei dem die alte EU aus der Zeit vor 1989 den Kern bildet und die Neumitglieder im Osten auf Dauer am Rand zurückbleiben.

Die Hauptklage: Deutschland hat es nicht eilig

Die sukzessiven Krisen der Eurozone haben einerseits gezeigt, dass weitere Integrationsschritte nötig sind, wie Macron sie anmahnt. Andererseits schlägt Kanzlerin Merkel diesen Weg nur zögerlich ein. Teils tut sie das aus eigenen Bedenken, was das für die Haftungsrisiken und Geldtransfers aus deutschen Steuerkassen bedeutet, teils aus Rücksicht auf die öffentliche Stimmung in Deutschland. Ein Modell, in dem die »hart arbeitenden Deutschen« für die etwas lockerere Lebensart des »Club Méditerranée« aufkommen sollen, wie Boulevard-Medien das gerne karikieren, ist nicht populär in der Bundesrepublik. Und ebenso ein Bild, in dem deutsche Soldaten den Franzosen bei ihren Kolonialinteressen in Afrika helfen und dafür ihr Leben riskieren sollen.

Fragt man in den oberen Regierungsebenen in Paris nach den Unterschieden im Umgang mit der neuen Lage, nennen die Gesprächspartner jedoch gar nicht als Erstes EU-interne Themen wie die Zukunft der Eurozone. Die größte Enttäuschung scheint zu sein, dass die Bundesregierung den »*Sense of urgency*«, ein Gefühl der Dringlichkeit, das man allenthalben in Paris spürt, nicht zu teilen scheint. Deutschland höre schon zu, reagiere aber zu langsam, lautet die Klage. Dabei geht es keineswegs nur um die lange Wartezeit zwischen der Wahl Macrons im Mai 2017 und der Bildung des vierten Kabinetts Merkel im März 2018. Wäre die Regierungsbildung in Berlin schneller vorangekommen, wäre man auch nicht viel weiter, ist der Eindruck in Paris. Die Bundesregierung lege es gar nicht darauf an, schnell und dynamisch auf die veränderte Lage zu reagieren, von den inhaltlichen Meinungsverschiedenheiten, wohin die gemeinsame Reise gehen soll, ganz abgesehen.

Unterschiede zu Deutschland beschreiben die Interpreten des Denkens an der Staatsspitze auch im Umgang mit Donald Trump und mit China. Die USA sind der wichtigste außereuropäische Verbündete, schon deshalb müssen Frankreich und Deutschland eine gute Arbeitsbeziehung zum US-Präsidenten haben. Macron hat sich von Anfang an entschieden, ein enges persönliches Verhältnis zu Trump aufzubauen. Deshalb hat er ihn am französischen Nationalfeiertag 2017 nach Paris eingeladen, samt gemeinsamer Abnahme der Militärparade am 14. Juli. Merkel pflegt ein distanzierteres Verhältnis, vermutlich aus Rücksicht auf Trumps Unbeliebtheit in der deutschen Öffentlichkeit. Gegenüber China soll Europa konsequenter seine Interessen verteidigen, auf gegenseitige Marktöffnung drängen, statt Peking mehr Rechte beim Zugang einzuräumen, als die Chinesen umgekehrt gewähren, und die strategischen Langzeitfolgen der aktuellen Entwicklungen analysieren.

Macron sucht ein enges Verhältnis zu Trump, Merkel Distanz

Der jeweilige Umgang mit den USA hat Folgen. Wie die Regierung Trump reagiert, zeigte sich, als Macron und Merkel Ende April 2018 im Abstand weniger Tage Washington besuchten. Macron genoss einen dreitägigen Staatsbesuch, als sei er nun der Lieblingseuropäer. Er bekam die Ehre des ersten offiziellen Staatsbesuchs der Trump-Präsidentschaft überhaupt. Merkel kam drei Tage später für einen nur dreistündigen Arbeitsbesuch. Und sie musste sich allerlei Kritik von Trump anhören: Deutschland gebe noch immer viel zu wenig für Verteidigung aus, sein Exportüberschuss sei ein ernstes Problem, und die deutsch-russische Erdgas-Pipeline Nord Stream 2 verletze die berechtigten Interessen anderer europäischer Staaten, die die USA als enge Verbündete betrachten, voran Polen und die baltischen Staaten. Frankreichs Botschafter Gerard Araud scherzte bei einer öffentlichen Veranstaltung in Washington in jenen Tagen, dies sei eine ganz wunderbare Arbeitsteilung: »*Pomp and Circumstances*« sowie den Champagner für die Franzosen; für die Deutschen hingegen die harte Arbeit.

Man sollte solche Episoden, in denen sich die zuvor gewohnte Vorzugsbehandlung umdreht, nicht überbewerten. Unter Barack Obama war es tendenziell umgekehrt: Er pflegte ein enges, vertrauensvolles Verhältnis zu Angela Merkel. Zwischen ihm und François Hollande lag eine gewisse Distanz. Das galt schon zuvor für Obama und Nicolas Sarkozy. So haben die Franzosen einiges nachzuholen, was das herzliche Verhältnis zu den USA anlangt.

Nach den Zerwürfnissen über den Irakkrieg, den US-Präsident George W. Bush mit einer »Koalition der Willigen« gegen den Rat Deutschlands und Frankreichs geführt hatte, hatte man in Washington die Parole ausgegeben: »*Punish France, ignore Germany, forgive Russia!*« Die Franzosen haben diesen strafenden Umgang über Jahre gespürt. Deutschland war hingegen wohlgelitten, weil Angela Merkel als unverzichtbarer Partner in der EU galt.

Später folgten zwei weitere spaltende Erlebnisse für das Verhältnis Frankreichs zu den USA. Als Frankreich und Großbritannien 2011 zur Intervention in Libyen drängten, zögerten die USA und machten schließlich unter der Bedingung mit, dass die Hauptlast bei den Europäern liegen solle. Bald stellte sich heraus, dass Frankreich und Großbritannien die Munition ausging und die USA die Lücke füllen mussten. 2013 folgte das umgekehrte Muster, nachdem der syrische Diktator Assad Giftgas eingesetzt hatte. US-Präsident Obama hatte eine solche Entwicklung zur »roten Linie« erklärt und für diesen Fall mit einem militärischen Vergeltungsschlag gedroht. Die Franzosen hatten versprochen mitzutun. Doch Obama machte in letzter Minute einen Rückzieher. Selbst Jahre später, im Frühsommer 2018, erzählen hochrangige Franzosen noch, was für eine traumatische Erfahrung das war. Präsident Hollande nahm den Telefonhörer ab in der Erwartung, Obama werde das Signal für den gemeinsamen Militärschlag geben. Doch das Gespräch nahm eine andere Wendung: François, die Entwicklung in Washington ist kompliziert, habe Obama sich entschuldigt. Es gehe nicht so schnell. Am Ende ging es gar nicht. Die USA gaben ihren entscheidenden Einfluss in Syrien auf, bald darauf füllte Putin die Lücke – mit der Konsequenz, dass Assad überlebte und in Syrien weiterhin der Krieg wütet.

Diese Erfahrungen haben die Sinne Frankreichs nochmals geschärft, wie wichtig eine enge Abstimmung mit den USA für die eigenen Interessen ist – egal wer gerade Präsident ist. In Paris habe ich Sätze über Trump aus dem Munde hoher Staatsdiener gehört, die man von ihren deutschen Kollegen nicht erwarten würde. Sie sagen: »Trump hat in vielem recht.« Zum Beispiel, wenn er sich über chinesische Praktiken im Umgang mit Handel, Währung und Copyright beschwere. Und: Die deutsche Kritik an der amerikanischen Klimapolitik sei übertrieben. Auch wenn Trump angekündigt habe, dass er aus dem Pariser Abkommen aussteigen wolle, halte er die Verpflichtungen ein und gebe Macron mehr Unterstützung beim Versuch, das Abkommen zusammenzuhalten, als viele andere Länder, die behaupten, zum Abkommen zu stehen.

Macron sehe keinen Anlass, sich öffentlich ähnlich kritisch über Trump zu äußern, wie viele deutsche Politiker das tun, betonen seine Interpreten. Er spreche zwar offen die Themen an, bei denen die beiden unterschiedliche Ziele verfolgen: zum Beispiel die Handelspolitik (mit Ausnahme eines härteren Kurses gegenüber China, da sind sie einer Meinung), das Beibehalten des Nuklear-Deals mit dem Iran, das Klimaabkommen. Zugleich gebe es aber wichtige gemeinsame Interessen wie den Mittleren Osten (Syrien), die Terrorabwehr und die Stabilisierung Afrikas, inklusive der Fähigkeit zu effektiven militärischen Interventionen, den Umgang mit Russland, die Eindämmung Chinas.

Der Schauplatz, für den Macron seine Vorschläge entwickelt, beschränkt sich nicht auf Frankreich und Europa. Seine Bühne, hört man in Paris, sei vielmehr die breitere internationale Politik. In Macrons Sicht wird Frankreich nur dann weiterhin eine einflussreiche Rolle in der Welt spielen können, wenn Europa handlungsfähiger werde.

Zugespitzt galt früher: Frankreich wollte die dominierende Macht in Europa sein, um die EU als Werkzeug französischer Weltpolitik einzusetzen. Doch inzwischen steht die Funktionsfähigkeit der EU wegen ihrer vielen Krisen infrage. Was nützt es, die EU zu dominieren, wenn diese EU wenig Einfluss in der

Welt ausüben kann? Macron muss erst mal die Handlungsfähigkeit Frankreichs und der EU wiederherstellen. Das lässt sich nur durch Reformen erreichen. Sie werden damit zu einer Vorbedingung, damit Frankreich die geostrategische Bühne bespielen kann. Dieses Denkmodell bildet den Hintergrund, vor dem die Macher der französischen Außen- und Sicherheitspolitik fragen, was gemeinsam mit Deutschland möglich ist, um die EU voranzubringen, und was nicht.

Das Thema Sicherheit rangiert vor der Eurozone

Sie beklagen zwei Hauptunterschiede, die dem vereinten Handeln Grenzen setzen: den deutschen Umgang mit innerer Sicherheit, Verteidigung und Militäreinsätzen sowie den deutschen Umgang mit Wirtschaft und Finanzen. Bemerkenswert ist: Die meisten Gesprächspartner sprechen Sicherheit und Militär zuerst an; es klingt, als seien die Fragen der Eurozone nachgeordnet. Sie argumentieren auch drängender und leidenschaftlicher bei den Verteidigungsfragen. Der Austausch zu den Finanzfragen wirkt routinierter und ritueller; da ist weniger »Dringlichkeit« zu spüren.

Die französischen Gesprächspartner sind zumeist seit Jahren, wenn nicht Jahrzehnten in den deutsch-französischen Beziehungen aktiv. Sie kennen die gegenseitigen Befürchtungen und Vorurteile. Sie beschreiben sie teils seufzend, teils scherzend. Deutschland müsse, wenn es mehr Kooperation und Integration im Verteidigungsbereich anstrebe, die Notwendigkeit einer gemeinsamen militärstrategischen Kultur anerkennen. Da reden sie in Paris gar nicht so anders als der CDU-Verteidigungspolitiker Volker Rühe. Und Deutschland müsse sich, zum Beispiel, von seiner »Obsession« lösen, dass die von Frankreich gewünschte Integration zu einer »Transferunion« mit unakzeptablen deutschen Lasten führen werde. Frankreich sei doch gar nicht so staatswirtschaftlich und protektionistisch, wie das in Deutschland gerne behauptet werde, werben sie. Man habe längst gemeinsame Konzepte entwickelt, wie die Eurozone allmählich zusammenwachsen und sicherer gemacht werden könne, etwa durch die Bankenunion, die Umwandlung des Eurorettungsmechanismus in einen Europäischen Währungsfonds, den Einstieg in ein Eurozonenbudget. Doch Deutschland zögere. Und verzögere.

Auch den Verdacht, Frankreich wolle Deutschland in eine kleinere rheinische EU zurücklotsen und die jüngeren EU-Mitglieder im Osten in einem zweiten Ring außerhalb Kerneuropas zurücklassen, weisen die hohen Beamten zurück. Macron habe sich in den ersten zehn Monaten nach der Wahl mit allen Staats- und Regierungschefs der 28 EU-Staaten bilateral getroffen – entweder in Paris oder bei Besuchen in deren Ländern. Als Zuhörer fragt man sich unwillkürlich: Hat Merkel das auch geschafft in ihrem ersten Amtsjahr? Oder hat sie zumindest vor, dies in den ersten zwölf Monaten ihrer vierten Kanzlerschaft zu tun? Dieser Ehrgeiz Macrons erinnert an Helmut Kohls Devise: Wer Europa führen wolle, müsse all die kleineren Partner einbinden und ihnen das Gefühl geben, dass sie gehört werden.

Der Direktor des IFRI, des französischen Instituts für Internationale Beziehungen, Thomas Gomart, stellt drei Herausforderungen in den Vordergrund. Die Bedrohung durch »dschihadistischen Terror« sei für Frankreich enorm gewachsen. Die globale Machtverteilung ändere sich durch das aggressive Auftreten Russlands und das wachsende Gewicht Chinas. Folglich müsse sich auch »die Art, wie wir in Europa mit Macht und Sicherheit umgehen«, ändern. »Unsere potenziellen Gegner sind fähiger, uns Schaden zuzufügen, als in früheren Jahrzehnten.« Er beklagt, dass »die Deutschen diese Sicht nicht teilen« und »die Gefahren nicht so ernst nehmen«. Wenn die EU sich nicht an die »neue Ära« anpasse, könne das zu ihrer Auflösung führen.

Wer 2018 durch Paris geht und die Straßenbilder mit Berlin vergleicht, kann die Unterschiede nicht übersehen. Schwer bewaffnete Sicherheitskräfte, darunter auch Soldaten, sind überall präsent. Bisher führten Deutsche und Franzosen nicht einmal gemeinsame strategische Debatten über diese Fragen, beklagt Gomart: Welche Folgen hat die neue Schärfe in den Beziehungen zwischen den USA und China? Welche Folgen hätte es, wenn China und Russland sich zusammentun? Und wie soll die multilaterale Ordnung überleben, wenn die großen drei – USA, China, Russland – die multilateralen Organisationen weiter schwächen?

Die multilaterale Ordnung spielt im französischen Denken eine spezielle Rolle. Sie ist nicht nur ein moralischer Imperativ oder eine Vorstellung, wie die Erde im Idealfall machtpolitisch organisiert sein sollte, wie man das oft in deutschen Debatten hört. Sie ist eine Grundbedingung für französischen Einfluss. In einer Trump'schen Weltordnung, die sich im Wesentlichen auf bilaterale Beziehungen und eine transaktionale Politik – ich gebe dir dies, wenn du mir das gibst – stützt, hätte Frankreich weniger Macht.

Gomart nennt vier Leitlinien französischer Außenpolitik. Erstens möglichst enge Beziehungen zwischen den »P 3«, den drei westlichen ständigen Mitgliedern des UN-Sicherheitsrats Frankreich, Großbritannien und USA. Dieses Bündnis sei älter als die Vereinten Nationen und gehe auf die 1917 gebildete Allianz im Ersten Weltkrieg zurück – »auch wenn Trump das nicht verstanden hat«, setzt er hinzu. Dazu gehöre ein enger Austausch zwischen den drei Geheimdiensten. Der Brexit und Trumps unkonventionelle Präsidentschaft machten es für Frankreich umso dringlicher, diese P-3-Allianz zu festigen.

Die zweite Leitlinie sei die enge Kooperation mit Deutschland. Er setzt hinzu, die Frage, ob Paris und Berlin in den strategischen Fragen gemeinsam vorankommen, sei inzwischen dringlicher und wichtiger als die Weiterentwicklung der Eurozone. Gewiss sei das Bedrohungsgefühl unterschiedlich ausgeprägt. Frankreich hat mehrere große Anschläge erlebt; die Terrorgefahr ist permanent präsent. Der Anschlag auf den Berliner Weihnachtsmarkt und einige weitere Terrorangriffe mit Messer, Axt oder Schusswaffe in Deutschland seien von kleinerem Kaliber und nicht so bewusstseinsbildend. Auch die Deutschen müssten sich an die Notwendigkeit gewöhnen, Macht in die Ursprungsländer solcher Gefahren zu projizieren – inklusive militärischer Macht.

Als dritte Leitlinie nennt Gomart den Multilateralismus. Frankreich gehöre zu den »P 5«, den ständigen Mitgliedern des UN-Sicherheitsrats mit Vetorecht. Es sei zudem eine Nuklearmacht. Daraus ergebe sich eine spezielle globale Verantwortung.

Die vierte Leitlinie ist das enge Verhältnis zu den frankophonen Ländern, etwa in Afrika.

Für Frankreich ist PESCO zu groß, um effektiv zu sein

In den Gesprächen mit Verteidigungsexperten und weiteren Think Tanks werden Möglichkeiten und Grenzen der militärischen Zusammenarbeit immer wieder zum Thema – und damit auch die doch sehr unterschiedlichen Haltungen und Reflexe an den verschiedenen Ufern des Rheins. Die Welt ist gefährlich, wir brauchen ein schlagkräftiges Militär, lautet die Hauptbotschaft in Frankreich. Diplomatie und Deeskalation seien wichtiger, heißt es in Deutschland überwiegend. Russland wird nicht von allen, aber doch von vielen Gesprächspartnern in Paris als ernste Bedrohung aufgefasst; mit weiteren Aggressionen sei zu rechnen – nicht in dem Sinne, dass plötzlich Panzerbrigaden rollen. Aber mit Tests, wie ernst die NATO und der Westen insgesamt die Verteidigung nehmen. Als Schauplatz wird neben den baltischen Staaten Schweden genannt, das noch nicht der NATO angehört, aber den Beitritt ernsthaft in

Betracht zieht. Beim Blick auf PESCO, die neue permanente strukturelle Zusammenarbeit von bislang 25 EU-Staaten, hat für Frankreich die Effizienz Priorität. Deutschland legt eher Wert auf Inklusivität, dass also möglichst viele mitmachen. Daraus ergibt sich ein Zielkonflikt. Eine kleinere Zahl entschlossener Akteure erreicht in aller Regel mehr Effektivität als eine Vielzahl mittelmäßig motivierter Teilnehmer.

Es ist unüberhörbar, dass bei PESCO aus französischer Sicht schon jetzt zu viele dabei sind. Und manchmal lässt sich auch der Verdacht heraushören, dass Berlin die Inklusivität so betont habe, weil es gar nicht wolle, dass bei PESCO schlagkräftige Einheiten für eine europäische Interventionspolitik herauskommen. Dieses untergründige Misstrauen zwischen Frankreich und Deutschland, dass der Partner unter der Hand andere Ziele verfolge als man selbst, belastet auch das noch jüngere französische Projekt einer »*European Intervention Initiative*« (EII). Manchmal wird sie auch »European Intervention Force« (EIF) genannt.

Sachlich lässt sich zwar gut begründen, warum PESCO und EII sich nicht gegenseitig im Wege stehen: An PESCO dürfen nur EU-Staaten teilnehmen. Den Franzosen ist aber wichtig, ein Format militärischer Kooperation zu haben, in dem Großbritannien mit seinen kampferprobten Streitkräften auch nach dem Vollzug des Brexit weiter mitmachen kann. Zudem gehe es hier um Einsätze, zu denen kleine EU-Staaten wenig beitragen können. EII ist gedacht als Verbund weniger größerer und zugleich kooperationswilliger Staaten mit handlungsfähigen Einheiten.

Aus französischer Sicht passt das alles logisch zusammen. Nicht aber für Deutsche. Wo bleibt das Prinzip der Inklusivität – dass also die Teilhabe allen offenstehen muss? Und wer ist überhaupt auf die Idee gekommen, den Begriff »Intervention« zu verwenden? Der sei mit Blick auf die deutsche Seelenlage problematisch und werde Widerstände in der Öffentlichkeit provozieren.

»Keine Zeit mit Polen verlieren«

Nicht nur in Berlin, auch in Paris sind die Widersprüche und Zielkonflikte in den Konzepten mit Händen zu greifen. Die Polen, zum Beispiel, gelten als gute Soldaten, die auch akzeptieren, dass Kampf und Lebensgefahr zu diesem Beruf dazugehören. Sobald es aber um Felder verstärkter Kooperation in der EU geht, bei der nicht alle mitmachen, sondern eine kleinere Gruppe vorangeht, vermitteln manche Franzosen den Eindruck, sie seien nicht böse, wenn Polen nicht dabei sei. Wegen der generellen Integrationsskepsis der PiS-Regierung in Warschau begegnet polnische Teilhabe in Frankreich dem Verdacht, das wahre Ziel sei, den Vorstoß zu verlangsamen oder gar ins Leere laufen zu lassen. Man solle »keine Zeit mit Polen verlieren«, empfiehlt einer der Erklärer französischer Kerninteressen.

Den umgekehrten Appell – nicht mit Blick auf Polen, aber auf Estland, ein EU-Mitglied mit ähnlichen strategischen Grundreflexen zwischen den großen Mächten Deutschland und Russland – kann man im Außenministerium am Quai d'Orsay hören. Estland habe Frankreich gerade 50 Soldaten für die Mission *Barkhane* gegen Islamisten in der Sahelzone angeboten – als Ausdruck des Danks für die französische Beteiligung an der Luftüberwachung im Baltikum gegen potenzielle Aggressoren dort und im Sinne der gegenseitigen Solidarität mit Frankreichs Sicherheitsinteressen bei der Terrorabwehr. 50 Soldaten, das entspreche einem Prozent der estnischen Armee, erläutert der französische Diplomat. Die Sahelzone sei eine gefährliche, unbefriedete Region. Dann sagt er: »Rechnen Sie mal aus, wie viele Soldaten ein Prozent der Bundeswehr wären.« Ungefähr 1800. Und fragt: »Wie wäre wohl die Antwort aus Deutschland gewesen, wenn wir eine solche Anfrage gestellt hätten?« Die Antwort gibt er gleich selbst: »Zu oft wird das deutsche Zögern zu Frankreichs Problem.«

Der militärische Aspekt wird wichtiger. Frankreich ist bereit, mehr zu tun. Bei Deutschland haben die Partner oft den gegenteiligen Eindruck. Da ist es nur natürlich, dass man in der US-Botschaft in Paris hören kann: Für die USA sei Macrons Frankreich bei der Terrorabwehr und in Afrika logischerweise der attraktivere Partner als Merkels Deutschland.

Diese neue Wertschätzung spürt man am Quai d'Orsay und nimmt sie nach dem Zerwürfnis über den Irakkrieg, als viele Amerikaner die Franzosen als »Feiglinge« verspotteten, auch gerne an. Die Schnelligkeit, Entschlossenheit und Effektivität, mit der die französische Armee die Islamisten in Mali zurückschlug, löste in den USA Bewunderung aus. Ebenso, wie sie 2018 ein Gebiet in Nordafrika kontrolliert, das von Mauretanien über Mali und Niger bis in den Tschad reicht – was einem Aktionsfeld von der Größe Europas entspricht. Diesen Respekt kann man auch in deutschen Fachkreisen hören. Öffentlich wird er nicht geäußert, schon gar nicht von deutschen Spitzenpolitikern.

Deutsche in Paris geben Frankreich recht, zum Teil

Die deutschen Diplomaten in Paris sind mit dem Leiden der Franzosen an den deutschen Unzulänglichkeiten vertraut. Und sie geben ihnen zum Teil recht. Aber eben auch nur zum Teil. Ihre einordnenden Hinweise zielen auf die spezielle französische Gefühlskonjunktur seit Macrons Wahlsieg und auf die längerfristigen unterschiedlichen Erfahrungen mit den Sachproblemen.

Natürlich haben Franzosen und Deutsche nicht dasselbe Gefühl von Dringlichkeit. Deutschland geht es vergleichsweise gut, es sonnt sich seit Jahren im Gefühl, erfolgreicher als andere Staaten zu sein. Warum soll man überhaupt etwas ändern? Der gefühlte Druck ist nicht so groß wie bei den Nachbarn westlich des Rheins. Frankreich hat hingegen eine Periode des Misserfolgs und des relativen Niedergangs hinter sich. Macron möchte das Land und Europa nun in aufholendem Tempo modernisieren. Die Strategie, die frühere Regierungen verfolgt hatten – das erreichte Niveau von Wohlstand und Sozialstaat gegen die Globalisierungskräfte zu verteidigen, statt Wirtschaft und Gesellschaft in die Globalisierung mitzunehmen –, gilt heute als Irrtum. Im vergangenen Jahrzehnt ist der wirtschaftliche Abstand zu Deutschland immer weiter gewachsen.

Den Kampf gegen die Globalisierung, diese Einsicht breitet sich aus, kann Frankreich nicht mehr als Nationalstaat führen. Nicht-staatliche Akteure führen ihren Protest gegen Veränderungen, die sie als Abbau erreichter Rechte wahrnehmen, zwar weiter fort, zum Beispiel die sozialistische Transportgewerkschaft im Eisenbahnerstreik 2018. Aber Macron setzt, auch wenn er diese inländische Auseinandersetzung bestehen muss, längst auf eine supranationale Strategie: »*L'Europe qui protège*«. Die Begründung für die europäische Integration ist nicht mehr Krieg und Frieden wie noch unter Kohl und Mitterrand. Europa muss nachweisen, dass es seine Bürger vor vielfältigen Bedrohungen schützen kann: Terrorismus und Kriminalität, Sozialabbau, Globalisierung, Migrationsdruck.

Auch deutsche Gesprächspartner in Paris nennen als drängendstes Themenfeld die Verteidigungskooperation. Man darf spekulieren, ob das an den internationalen Druckverhältnissen der Jahre 2017/2018 liegt – die Kriege in der Ukraine, in Syrien, in Afrika, die Europa herausfordern – oder daran, dass dieses Thema in Paris ganz oben auf der Prioritätenliste steht. Die Botschaft jedenfalls, die deutsche Beobachter in Frankreich verstärken, lautet: Frankreich wird sich nicht weiter damit abfinden, dass es die Kastanien aus dem Feuer holt und andere sich mit dem Zuschauen begnügen, gnädig applaudieren und bestenfalls ein paar Transporthubschrauber schicken, wenn das Schlimmste vorbei ist.

Wenn Frankreich Afrika vor dem Dschihadismus rettet, schützt es damit zugleich ganz Europa vor neuen terroristischen Anschlägen. Macron erwartet, dass andere das nächste Mal mitkämpfen. Die üblichen deutschen Fragen werden als Ausreden empfunden: Wo ist die völkerrechtliche Grundlage? Wie erreichen wir die Zustimmung des Bundestags? Was ist das politische Ziel?

Das Dilemma: Für Militärkooperation bleiben nur die Deutschen, und die sind anormal

Frankreichs Dilemma: Als potente Partner bleiben am Ende nur die Deutschen, auch wenn sie wegen ihres anormalen Umgangs mit dem Militär zugleich die schwierigsten Partner sind. Großbritannien entfernt sich von der EU. Die Polen sind zwar bereit zu kämpfen, schauen aber fast nur auf Ostmitteleuropa und sind nur begrenzt willig, Sicherheitspolitik als Geben und Nehmen zu verstehen, nach der Devise: Wenn Frankreich Polen vor Russland schützt, stellt Polen in umgekehrter Solidarität Soldaten für Afrikaeinsätze. Auch der Ärger, dass Polen nach dem Regierungswechsel in Warschau ein fertig ausgehandeltes Rüstungsgeschäft mit Frankreich gekündigt und stattdessen in den USA gekauft hat, hält an. So werde das nichts mit dem PESCO-Ziel, europäische Rüstungsindustrien zusammenzulegen.

Obendrein üben EU und Eurozone, so eine weitere französische Beschwerde, über die Stabilitätskriterien auch noch einen hinderlichen Einfluss aus. Frankreich ist ja bereit, die Last auf sich zu nehmen und ganz Europa vor Gefahren aus Afrika zu schützen. Aber das kostet. Die Pariser Lösung: Lasst uns Verteidigungsausgaben aus dem Budgetdefizit herausrechnen, denn das seien Ausgaben für Europa. Dafür hat Deutschland wenig Verständnis.

Daneben wünscht Frankreich rasche Fortschritte bei gemeinsamen Rüstungsprojekten: die nächste Generation von Waffensystemen, das nächste Kampfflugzeug, das nächste Aufklärungsflugzeug, die nächsten gepanzerten Transportwagen – und, warum nicht auch gemeinsame Flugzeugträger? Da kommen Verteilungskonflikte auf die Partner zu. Welche heimischen Industrien bekommen welche Aufträge und überleben, welche scheiden aus, weil die gleichen Kapazitäten im anderen Land vorhanden sind? Macron sei da kompromissbereiter als seine Vorgänger, sagen Deutsche in Paris.

Von Inflation bis Migration: Franzosen haben andere Erfahrungen

Die Weiterentwicklung der Eurozone rangiert in den meisten Gesprächen erst nach der Verteidigungskooperation. In der Währungspolitik erweisen sich die Wahrnehmungen der Vorgeschichte und die Narrative, was erreicht werden soll, als trennend. Für Paris sind die Verwerfungen an den Finanzmärkten die Ursache der Eurokrisen, folglich braucht man große Geldtöpfe, um die Spekulanten abzuwehren. Für Berlin hat mangelnde Finanzdisziplin und Reformbereitschaft in den Krisenstaaten der Eurozone die Probleme ausgelöst. Ein großer Geldtopf würde den Reformdruck wegnehmen.

Deutsche berufen sich gerne auf das historische Trauma der galoppierenden Inflation in der Weltwirtschaftskrise der 1920er- und 1930er-Jahre. Die französischen Traumata sind viel frischer: wiederholte Spekulationen gegen den Franc und Abwertungsspiralen, bis der Euro den Niedergang der Nationalwährung beendete. Er brachte aber auch neue Probleme mit sich wie den Stabilitätsdruck, den Frankreich nicht mehr durch eine nationale Geldpolitik mildern kann.

Die jüngste Migrationskrise betrachten Franzosen ebenfalls mit anderen Augen als Deutsche. Frankreich erlebt schon lange einen permanenten Migrationsdruck. Deutschland macht diese Erfahrung in Wellenbewegungen, meist infolge von Kriegen und Fluchtbewegungen: in der 1990er-Jahren Bosnier und andere Balkanflüchtlinge, jetzt die Syrer und Afghanen. Wer nach Deutschland kommt, beruft sich auf das Asylrecht. Neuankömmlinge in Frankreich stellen zum Großteil keine Asylanträge. Die Migration nach Frankreich hat zumeist einen kolonialgeschichtlichen Hintergrund. Das Land vergibt, zum Beispiel, jedes Jahr rund eine halbe Million Touristenvisa an Algerier; viele reisen nicht wieder aus. Die Kinder der »Touristen« gehen in französische Schulen, bekommen aber später keinen offiziellen Job, weil sie keine Aufenthaltserlaubnis vorweisen können. Nach Schätzungen der Polizei leben allein im Großraum Paris eine halbe Million Illegale. In den Vorstädten vieler Metropolen haben sich Zeltlager gebildet, viele Randgebiete der Städte haben sich zu höchst problematischen Orten entwickelt.

Frankreich und Deutschland haben gemeinsame Ziele: die Kontrolle der EU-Außengrenzen, den Abbau des Migrationsdrucks in den Herkunftsländern durch Verbesserung der Lage dort, die Rücknahme-Abkommen mit den Transitländern. Es fehlt aber am gesamteuropäischen Konsens, über Migration gemeinsam zu entscheiden und der EU die Durchsetzung gemeinsamer Beschlüsse zu übertragen. Und es fehlt an einer einheitlichen nationalen Praxis. Während die deutsche Öffentlichkeit über mehr Familiennachzug diskutiert, wetteifern andere EU-Staaten in der Mehrheit darum, den Aufenthalt für Migranten möglichst unattraktiv zu machen, damit sie woanders hingehen.

Frankreich hat das schlagzeilenträchtige Zeltlager in Calais (das vielen als Sprungbrett für den Weg nach Großbritannien diente) offiziell aufgelöst. Die Polizei nimmt den Menschen die Zelte weg. Gleichzeitig wächst dort die Zahl der Afghanen, deren Asylantrag in Deutschland abgelehnt wurde. Bisher gibt es keine Einigung, wie man effektiv durchsetzt, dass ein Asylbewerber, der in einem EU-Land abgelehnt wurde, keinen neuen Antrag in einem anderen EU-Land stellen darf. Das Dublin-Abkommen gibt zwar Grundsätze vor: Zufluchtsuchende sollen im ersten EU-Land, das sie erreichen, ihre Anträge stellen; dieses Land ist auch für sie zuständig und müsste diese Menschen, wenn sie weiterreisen, zurücknehmen. Aber es fehlen spürbare Sanktionen, wenn Menschen und Staaten diese Regeln missachten.

Wie passt das alles zusammen? EU-Partner sollen genug Vertrauen ineinander haben, um die Bankeneinlagen gegenseitig zu sichern, aber sie trauen nicht einmal den Asylentscheidungen in anderen EU-Ländern? Die EU braucht ein einheitliches Asylrecht und eine Methode der Verteilung anerkannter Bewerber. Und dann auch gemeinsame Standards, um sicherzustellen, dass sie an den zugewiesenen Orten bleiben: Residenzpflicht und Gewährung staatlicher Hilfen nur an diesem Ort.

Die Realität heute: Die ersten Ankunftsländer in der EU, zum Beispiel Griechenland und Italien, lassen viele Migranten weiterreisen, ohne sie zu registrieren, wie es ihre Pflicht wäre. Französische Beamte haben 2017 an der italienischen Grenze 50.000 Migranten aus den Zügen geholt und zurückgewiesen – ein Mehrfaches der Zahl an der österreichisch-deutschen Grenze. Jeder Dritte bis Vierte war in Italien nicht registriert. So kann europäische Migrationspolitik nicht funktionieren.

Eine französisch-deutsche Antwort könnte lauten: Man kann sich nicht darauf verlassen, dass die Einzelstaaten von sich aus ihren Umgang mit Migrationsfragen aneinander anpassen. Und die EU-Partner können sich nicht darauf einigen, die generelle Regelungskompetenz für Migrations- und Asylfragen zu vergemeinschaften und an die EU zu übertragen. Man kann aber zumindest die Exekutivgewalt an Europa abgeben: also die Implementierung der Grundätze, die die nationalen Staats- und Regierungschefs im Europäischen Rat vereinbaren.

Ein Beispiel ist der Schutz der Außengrenzen. Formal liegt er in der Verantwortung der Nationalstaaten, er wurde aber freiwillig der europäischen Institution Frontex übergeben. Anstelle des Schrittes, der politisch nicht möglich ist – Vergemeinschaftung des Migrations- und Asylrechts – kann Europa einen Schritt wagen, der ebenfalls eine qualitative Veränderung einleitet, aber konsensfähig erscheint: den Schritt von der Koordinierung nationaler Handlungen zur Integration der Implementierung.

Macrons Erfolg liegt im deutschen Interesse

Am Ende der Gespräche in Paris bleibt als zentraler Eindruck zurück: Emmanuel Macron möchte vieles bewegen und Europa voranbringen. Deutschland wirkt dabei wie ein Bremser und in vielen Sachfragen nicht auf der Höhe der Zeit. Es mag schon sein, dass die Praxis Macrons überbordenden Ehrgeiz zurückstutzen wird und Deutschland sich mit seiner abwartenden Haltung durchsetzt. Zumal das Zeitfenster, um Europa voranzubringen, womöglich nicht lange offen bleibt. Die Europawahl im Mai 2019 ist ein politischer Test für Macron. Das Ergebnis kann seinen Eifer bremsen.

Eine solche Entwicklung wäre jedoch eine vertane Chance, auch für die langfristigen deutschen Interessen. Wertvolle politische Energie würde vergeudet. In François Hollandes Präsidentschaft hatte Deutschland darunter gelitten, dass es in Frankreich keinen handlungsfähigen Partner hatte. Die EU blieb in einem Krisenreaktionsmodus und befasste sich im Nachhinein mit Fehlentwicklungen, statt die europapolitischen Herausforderungen proaktiv anzunehmen und zu verhindern, dass die Probleme sich zu existenziellen Gefahren auswachsen. Jetzt hat Deutschland einen Partner in Frankreich, bremst ihn jedoch, damit nicht zu schnell zu viel passiert.

Europa muss handlungsfähiger werden. Macrons Drängen ist grundsätzlich positiv, auch wenn sein Ehrgeiz in manchen Fragen aus deutscher Sicht zu weit geht. Berlin sollte ihm helfen, statt ihn zu bremsen. Die Gefahr, dass daraus ein großer Aufbruch wird, der zu weit geht, ist gering. Es gibt schließlich genug andere Kräfte in Europa, die all die Vorschläge und Ansätze am Ende verwässern.

Polen: Die Bremser vom Dienst

Warschau, vor dem Parlament, im März 2018

Auch in Warschau hat die Präsenz bewaffneter Uniformierter sichtbar zugenommen im Vergleich zum Straßenbild vor einigen Jahren. Der Kontext scheint aber ein anderer zu sein als in Paris. Man gewinnt nicht den Eindruck, dass es generell darum gehe, öffentliche Orte mit hohem Besucherverkehr – Einkaufszentren, Sportstadien, Museen, Kinos – vor Terroranschlägen zu schützen, wie das in Paris der Fall ist. Absperrungen und Polizeipräsenz in Polens Hauptstadt häufen sich vor allem in der Umgebung der Sitze politischer Institutionen: rund um den Sejm, das Parlament in der Ulica Wiejska; um den Sitz des Präsidenten in der Straße Krakowskie Przedmieście, die boulevardartig auf das wieder aufgebaute Stadtschloss zuführt; und um die Ministerien in den Aleje Ujazdowskie. Könnte es sein, dass die Warschauer Maßnahmen dem Ziel dienen, Demonstranten gegen die Regierung und das Staatsoberhaupt auf Abstand zu halten? Die Opposition soll nicht so leicht Fernsehbilder von Protesten direkt vor den Machtzentren generieren, wie es sie im Winter 2015/16 im Kampf um die Justizreform und das Budget gegeben hatte.

Polen wird ähnlich schief angesehen wie Deutschland – in seiner Region

Darin erschöpfen sich die Diskrepanzen natürlich nicht. Warschau liegt 1500 Kilometer weiter östlich und 500 Kilometer weiter nördlich als Paris. Geografie, Interessen und Gefahrenanalyse haben Einfluss auf die dortige Sicht der internationalen Lage und der drängenden Herausforderungen. Afrika ist weit weg. Die Ukraine und der Krieg dort sind nah. Polen hat keinen größeren Terroranschlag erlebt. Deshalb ist Terrorabwehr mehr eine theoretische als eine praktische Notwendigkeit – und mehr eine Frage der Solidarität mit Partnern als der eigenen Sicherheit. Polen ist zudem der mit Abstand größte EU-Staat östlich von Berlin, sieht sich also ganz natürlich in der Rolle der Regionalmacht, die die Interessen der kleineren Nachbarn bündelt und gegenüber Deutschland wie der EU mit vertritt. Es stößt dabei auf sehr ähnliche psychologische Probleme wie die deutsche Europapolitik. Die Kleineren empfinden die Dominanz dieses größeren Partners oft als Anmaßung oder Bevormundung.

Im Verhältnis zur ökonomischen und politischen Bedeutung Deutschlands fühlt sich Polen freilich oft wie ein »kleineres« EU-Land. Das erklärt die ungewohnt kämpferische Ansage des neuen polnischen Ministerpräsidenten Mateusz Morawiecki, als wir uns im März 2018 beim Brussels Forum, der jährlichen Konferenz des German Marshall Fund, begegnen. Die EU-Staaten, die sich nach 1945 »auf der falschen Seite des Eisernen Vorhangs« wiederfanden, sagt Morawiecki, haben eine andere Entwicklung genommen als die westlichen EU-Staaten. Sie vertreten folglich in vielen aktuellen Fragen andere Meinungen. Nach der Wende wurden »die Staaten Ostmitteleuropas mit westlichem Kapital kolonisiert. Unsere ökonomische Souveränität, unsere Würde wurde infrage gestellt.« Polen müsse der Sicht der neuen EU-Mitglieder im Osten mehr Gehör verschaffen, von der Migrationspolitik bis zum Streit mit der EU-Kommission, ob Polens Justizreform die Prinzipien von Demokratie und Rechtsstaat bedrohe. Polnische Firmen müssten lernen, sich gegen die mächtigen deutschen Konzerne durchzusetzen.

In der Sicherheitspolitik sei Polen den meisten westlichen Partnern voraus. »Wir geben zwei Prozent der Wirtschaftskraft für Verteidigung aus.« Wer das nicht tue, leiste den europäischen Interessen einen Bärendienst. Erstens geben solche »Trittbrettfahrer« dem US-Präsidenten Donald Trump Futter für seine Klage, dass Europa den Schutzschirm der USA nutze, ohne seinen fairen Beitrag zu leisten. Zweitens sei Europa nicht in der Lage, aus eigener Kraft eine »Pax Europea«, den Frieden auf dem eigenen Kontinent, durchzusetzen, wenn das Militär nicht entsprechend ausgerüstet sei.

Dieser Ton durchzieht meine Gespräche in Warschau kurz danach. Im optimalen Fall könnte jetzt Aufbruchsstimmung in den deutsch-polnischen Beziehungen herrschen. Beide Länder haben neue Regierungen; sie könnten ein neues Kapitel aufschlagen. Doch zugleich ist das Misstrauen groß. Daher die ungewöhnlich düsteren Worte des neuen Regierungschefs in Warschau: Polen müsse sich vor »Kolonisierung« schützen, müsse seine Interessen verteidigen.

Das Kaliber der Gesprächspartner ist ähnlich wie in Paris: Es sind strategische Vordenker des Staatspräsidenten und der Regierung wie Witold Dzielski in der Präsidialkanzlei, Europaminister Konrad Szymański und der Leiter des Planungsstabs im Außenministerium, Maciej Pisarski. Adam Bielan, der Vizemarschall des Senats, der zweiten Parlamentskammer, gilt als führender außenpolitischer Kopf in der Regierungspartei PiS. Herausragende Diplomaten Polens schildern ihre Sicht der Dinge; ihre Kompetenz wird freilich von der aktuellen Regierung oft nicht genutzt, weil sie der Vorgängerregierung dienten, wie Janusz Reiter, Ryszard

Schnepf und Jerzy Margański. Ein spezieller Fall ist Marek Prawda: Er war Polens Botschafter in Deutschland und bei der EU in Brüssel; als die PiS ihn 2016 nicht weiter beschäftigen wollte, wurde er vom außenpolitischen Dienst der EU übernommen und als Botschafter der EU in Polen nach Warschau entsandt. So ist er weiter in seinem Paradefeld tätig, nur eben auf der anderen Seite.

PESCO, die kürzlich beschlossene Initiative in der europäischen Sicherheitspolitik, ist Hauptthema der Gespräche mit Verteidigungsexperten wie dem früheren Assistant Secretary General der NATO, Adam Kobieracki, Ex-NATO-Botschafter Jacek Najder und Piotr Wodarski, Leiter der Strategieabteilung beim Nationalen Sicherheitsamt. Krzysztof Szczerski, der außen- und sicherheitspolitische Berater des Präsidenten Andrzej Duda, ist gerade auf USA-Reise. Wir hatten anderswo mehrfach Gelegenheit uns auszutauschen. Gespräche mit dem früheren Staatspräsidenten Aleksander Kwaśniewski und Ex-Außenminister Radek Sikorski am Rande der Sicherheitskonferenz in München ergänzen das Bild.

Auch für viele Treffen in Warschau gilt die Bedingung »off the record«. Es darf nicht zitiert werden, damit die Gesprächspartner offen berichten, wie sie die Lage sehen, ohne diplomatische Verklausulierungen.

Vertreter der Think Tanks ordnen das Gehörte ein: Slawomir Dębski, Direktor des regierungsnahen Polski Instytut Spraw Międzynarodowych (PISM); Marek Cichocki, ein nationalkonservativer Deutschlandexperte, derzeit am Collegium Civitas; Jacek Kucharczyk, Vorstandsvorsitzender des Instytut Spraw Publicznych (ISP); der regierungskritische Eugeniusz Smolar vom Centrum Spraw Międzynarodowych (CSM). Wer bei den Warschauer Ablegern von internationalen Think Tanks arbeitet, ist in der Regel weniger verwickelt in die nationalen Auseinandersetzungen um Polens außenpolitische Strategien, zum Beispiel Piotr Buras vom European Council on Foreign Relations (ECFR) und Michał Baranowski vom German Marshall Fund of the United States (GMFUS). Zudem helfen unabhängige Köpfe wie die Journalisten Adam Krzemiński (*Polityka*) und Dorota Schnepf (*Gazeta Wyborcza*), der Historiker Włodzimierz Borodziej, die stellvertretende Ombudsfrau für Bürgerrechte, Hanna Machińska, sowie die Botschafter Deutschlands, Rolf Nikel, und der USA, Paul Jones, bei der Deutung der polnischen Europa- und Außenpolitik.

Polen ist in feindliche Lager gespalten, wie die USA

Es ist eine größere Herausforderung, die Eindrücke aus einer Woche Warschau zusammenzufassen als die aus Paris. Die polnische Gesellschaft und die polnische Politik sind in vielen Grundfragen gespalten – in mindestens zwei Lager. Selbst unausgesprochen schwingen diese gegensätzlichen Grundhaltungen mit, wenn die Gesprächspartner professionell und kenntnisreich Polens außenpolitische Interessen erklären. Wer für die Vorgängerregierung unter Donald Tusk von der liberalen Platforma Obywatelska (PO), zu Deutsch Bürgerplattform, arbeitete, sieht die EU und die europäische Integration überwiegend positiv und betrachtet Deutschland als Polens wichtigsten strategischen Partner – mit einer Ausnahme: in Sicherheitsfragen sind die USA und die NATO die sichere Bank, also auch die ersten Ansprechpartner.

Wer dem aktuellen Regierungslager unter der nationalpopulistischen Partei Prawo i Sprawiedliwość (PiS), zu Deutsch Recht und Gerechtigkeit, nahesteht, teilt selbstverständlich die Überzeugung, dass die USA und die NATO die unverzichtbaren Garanten polnischer Souveränität sind. Abgesehen von dieser Übereinstimmung halten PiS-Anhänger die Leute aus dem PO-Lager aber für »Vaterlandsverräter«, zumindest tendenziell.

Der gängigen Beschreibung, dass die PiS EU-skeptisch sei und mit Deutschland ein Doppelspiel treibe – in der Innenpolitik wird antideutsche Stimmung geschürt, nach außen verlässt sich die Regierung darauf, dass Berlin Polens Interessen im Wesentlichen unterstützt –, widersprechen die PiS-Sympathisanten vehement. Sie seien pro-europäisch; man müsse allerdings klären, was für ein Europa man wolle; und damit meinen sie ein Europa souveräner Nationalstaaten, die kooperieren, und keine EU, die sich immer weiter integriert. Jacek Czaputowicz, seit Januar 2018 Außenminister von Polen, den ich während seines Besuchs in Paris sprechen konnte, betont diese Ausrichtung vehement: Die Nationalstaaten treiben Europas Zusammenhalt voran; dies geschieht durch Kooperation der Regierungen, nicht durch Kompetenzübertragung an EU-Institutionen. Die von Frankreichs Präsident Macron propagierten neuen Begriffe, zum Beispiel das »souveräne Europa«, wecken Misstrauen in Polen. Entweder sei Europa Träger der Souveränität – oder Frankreich sei es. Beides gleichzeitig gehe nicht, beschwert sich Czaputowicz. Aus seiner Sicht bleibt der Nationalstaat souverän.

Die PiS betreibt nach Darstellung ihrer Anhänger auch keine antideutsche Propaganda, sondern nimmt lediglich Gefühle auf, die aus der Gesellschaft an sie herangetragen würden: Man dürfe sich nicht widerstandslos deutscher Hegemonie beugen; man dürfe sich nicht mit der Rolle einer verlängerten Werkbank für die deutsche Wirtschaft abfinden, sondern müsse eigene Innovationen in Konkurrenz zu Deutschland vorantreiben; und man müsse die Ungerechtigkeit beenden, dass Polen als angeblich einziges Land keine Reparationen für die Zerstörungen im Zweiten Weltkrieg erhalten habe.

Gegen solche Reden im Ton des verfolgten Unschuldslamms kann man freilich die jüngste Umfrage des Meinungsforschungsinstituts CBOS vom März 2018 anführen. Im Vergleich zum

Vorjahr ist die Zahl der Polen, die die Deutschen sympathisch finden, um 16 Prozentpunkte gefallen: auf nur noch 30 Prozent. Und diese Entwicklung soll gar nichts mit dem negativen Grundton zu tun haben, in dem PiS-Politiker über Deutschland reden? Gewiss, sie beschweren sich auch über andere Nationen, die Polen angeblich unfair behandeln. Insofern ist es kein Wunder, dass die Einstellungen zu nahezu allen westlichen Verbündeten schlechter werden. Sogar die USA mussten ein Minus von elf Prozentpunkten auf 43 Prozent in der polnischen Sympathieskala hinnehmen.

Das PO-Lager gibt der PiS die Schuld für die zunehmend negative Einstellung zum Ausland. Die PiS schüre die antideutschen Gefühle, um sich dann auf sie berufen zu können. Die Regierung überschätze auch Polens Einfluss als regionale Führungsmacht der östlichen EU-Mitgliedsstaaten. Und sie überschätze ebenso die Qualität ihrer angeblichen Sonderbeziehung zu Trumps USA.

Von der Neigung, sich mit allen anzulegen

Ähnliche Warnhinweise habe ich von Mitarbeitern der Trump-Regierung in Washington gehört. Die USA sehen in Polen zwar einen guten NATO-Verbündeten und die regionale Führungsmacht in Ostmitteleuropa. Aber »wir wollen ein Polen, das gute Beziehungen zu seinen EU-Partnern hat«, erklären hohe Mitarbeiter des State Department die US-Interessen. »Wir haben kein Interesse an einem Polen, das Streit mit seinen Nachbarn sucht.« Von Reparationsforderungen an Deutschland raten die USA den Polen ab. Ihre Diplomaten haben mehrfach gegen die umstrittene Justizreform interveniert. Und sie haben Bedenken gegen ein Gesetz geäußert, das es unter Strafe stellt, Polen eine Mittäterschaft beim Holocaust zuzuschreiben. Das Delikt beginnt laut Gesetz bereits bei der missverständlichen Umschreibung, es habe »polnische Konzentrationslager« gegeben, statt der korrekten Darstellung, es habe sich um deutsche Konzentrationslager auf dem Gebiet Polens gehandelt. Polen habe unter der PiS ein strukturelles Problem, analysieren US-Diplomaten: Ihre absolute Mehrheit im Parlament verführe die Regierungspartei dazu, aus innenpolitischen Motiven Gesetze zu verabschieden, ohne über deren außenpolitische Folgen nachzudenken.

Erfahrene Diplomaten der Vorgängerregierung kommen zu einem ähnlichen Schluss: Die USA setzen auf Deutschland als Stabilitätsanker für ganz Mitteleuropa und raten der PiS-Regierung, eng mit Berlin zu kooperieren. In der PiS gewinne jedoch immer wieder das emotionale Bedürfnis die Oberhand, sich gegen deutsche Dominanz zu wehren, statt sich über den deutschen Goodwill zu freuen und ihn für Polens Interessen zu nutzen.

Jenseits der unterschiedlichen Grundströmungen in den beiden Lagern bleibt eine gar nicht so kleine Schnittmenge polnischer Interessen und polnischer Erwartungen an Deutschland, die parteiübergreifend geteilt werden. Deutschland müsse militärisch mehr tun. Die in der Bundesrepublik verbreitete Russland-Romantik solle einem nüchterneren Blick Platz machen, was für eine aggressive und destruktive Macht Russland unter Wladimir Putin geworden sei. Und Deutschland müsse begreifen, dass selbst die Entscheidungen, die aus deutscher Sicht innenpolitische Themen betreffen – der Ausstieg aus der Atomkraft, die Förderung erneuerbarer Energien, der Import russischen Gases oder die Entsenderichtlinie –, beträchtliche Auswirkungen auf die Nachbarn haben. Deshalb müsse Deutschland die Folgen abschätzen und mit den EU-Partnern beraten, ehe es Fakten schaffe.

Das polnische Lagerdenken erstreckt sich auch auf Nicht-Polen, die als Gäste zu Besuch kommen – und oft wissen ausländische Gäste nicht einmal, dass sie unausgesprochen in ein Raster gesteckt werden: Gehört der zu uns oder zu den anderen? Ich habe 1983/84 fünfzehn Monate an der Jagiellonen-Universität in

Krakau studiert und dort das Material für meine Doktorarbeit über »Freiheit in der Unfreiheit. Die nationale Autonomie der Polen in Galizien nach dem österreichisch-ungarischen Ausgleich von 1867« gesammelt. Es gibt viele Anknüpfungspunkte für ein Gespräch mit polnischen Konservativen, die durch die Gegnerschaft zur kommunistischen Diktatur geprägt sind. Wir können uns auf Polnisch austauschen, was sofort eine bessere Gesprächsatmosphäre schafft. Wie die Älteren unter ihnen habe ich das Kriegsrecht und den Alltag mit Lebensmittelkarten während der Versorgungsengpässe erlebt. Ich weiß, wie das Tränengas schmeckt und riecht und beißt, das die ZOMO-Prügelmilizen gegen Protestierer einsetzten. Später als Journalist und Polenexperte habe ich unzählige Interviews mit Staatspräsident Aleksander Kwaśniewski geführt, der seine Karriere als sozialistischer Jugend- und Sportminister vor der Wende begonnen hatte, ehe er Polen in die NATO und die EU führte. Er hat mich mit dem polnischen Verdienstorden ausgezeichnet für mein Bemühen um die deutsch-polnische Verständigung. Darin liegt freilich für PiS-Getreue bereits wieder ein Anlass für Misstrauen: Das ist also einer, der mit dem »Kommunisten« Kwaśniewski gut kann und der enge Kontakte zu polnischen »Deutschlandverstehern« hat – die man in der PiS gerne in den Ruch von »Vaterlandsverrätern« stellt.

Adam Bielan, der Vizemarschall des Senats – diese Position entspricht dem Vizepräsidenten des Bundesrats –, hat meine Biografie vor unserem Gespräch offenbar nicht gegoogelt. Er ist ein vielbeschäftigter Mann. Er ist aber auch ein neugieriger Geist, der sich nicht lange mit Vorurteilen aufhält, sondern die geschilderten Befindlichkeiten als Ausgangpunkt nimmt, um sich dann sein eigenes Bild zu machen. Ihr Deutschen, beklagt er, habt euch ja kaum für unsere Partei interessiert. Ihr wart geradezu verliebt in die Europafreunde von der PO. Ihr habt unsere Partei, die PiS, missachtet und keine Kontakte aufgebaut, als wir die größte Oppositionsgruppe waren. Den gleichen Vorwurf macht Bielan den deutschen Medien: Schmusekurs mit dem PO-Lager, kein Interesse an der PiS oder sogar prinzipielle Kritik an Stelle von Neugier auf deren Sicht der Dinge.

Mit Erstaunen hört der 43-jährige Danziger, der von 2004 bis 2014 dem Europaparlament angehörte, dass ich die umgekehrte Erfahrung gemacht habe: Das PiS-Lager reagiert fast nie auf Gesprächsbitten. Auch bei kontinuierlichen Anfragen über die drei Jahre seit dem 2015er Wahlkampf für das Präsidentenamt und das Parlament kommen die erbetenen Treffen meist nicht zustande. Mein Treffen mit Bielan ist der insistierenden Fürsprache der deutschen Botschaft zu verdanken. Bielan ist überrascht, schreibt dann aber seine persönliche Handynummer auf die Rückseite der Visitenkarte: »Rufen Sie mich an, dann passiert das nicht noch einmal.«

Die PiS sieht sich als Opfer der gestörten Kommunikation, nicht als Ursache

Bielans Reaktion ist ein nicht zu unterschätzender Mosaikstein in dem Bild von der Seelenlage im Regierungslager, das sich im Verlauf der Woche entwickelt. In der Frage, wer wie viel dazu beigetragen habe, dass die Kommunikation zwischen Warschau und Brüssel sowie Warschau und Berlin gestört ist, sieht sich die PiS als Opfer, nicht als Verursacher. Viele Nationalkonservative haben sich in dieser Opferrolle bequem eingerichtet: Ihr Deutschen wollt uns ja gar nicht verstehen. Also müssen wir auch nicht aktiv werden und Vorschläge unterbreiten, wie Europa auf die neue Lage reagieren soll. Sondern wir warten einfach mal ab, was die EU, was Frankreich, was Deutschland anregen, und sortieren dann aus, wo wir mitmachen und was wir blockieren.

Gesprächspartner vom Kaliber Bielans haben zwar auch ihre Überzeugungen, die auf den eigenen politischen Erfahrungen basieren. Aber sie sind neugierig auf andere Sichtweisen und am Austausch interessiert. Für eine Stunde war das Gespräch angesetzt, es dauert am Ende zwanzig Minuten länger. Bielans nächste Verabredung muss so lange warten. Es ist eine Ministerin, wie sich herausstellt. Das sagt etwas über Bielans herausgehobene Rolle in der Kaczyński-Partei – und über sein genuines Interesse an strategischen Fragen, wie sich die Welt außerhalb Polens entwickelt. Im Oppositionslager haben viele Respekt vor Bielan. Er wäre der beste Außenminister-Kandidat für die PiS-Regierung, sagt einer.

Was empfiehlt dieser Mann für den Umgang mit den Umbrüchen vom Brexit über Trump bis Macron? Die USA und Deutschland sind für ihn unverzichtbare strategische Partner, freilich mit beträchtlichen Defiziten, jeder auf seine Weise. Bielan nennt Trumps Rhetorik bei Strafzöllen »beunruhigend«. Er glaubt aber, dass die engsten Berater den US-Präsidenten von außenpolitischen Abenteuern abhalten. Die US-Bürger werden zudem »manche Trends an den Wahlurnen korrigieren«. Auf das US-System der *Checks and Balances* sei Verlass; es werde es Trump »nicht erlauben, sich mit Putin über Europas Köpfe hinweg zu verständigen«. In der Nacht vor unserem Gespräch hat es eine Nachwahl für einen vakanten Sitz im US-Kongress gegeben; Bielan ist über die Details und die Folgerungen für das amerikanische Wahljahr 2018 bestens informiert.

Die Verteidigung bilde den Kern des polnischen Bündnisses mit den USA, sagt der Vizemarschall des Senats. Trump habe die NATO zwar anfangs »obsolet« genannt, aber an Obamas Entscheidung, US-Truppen in Polen zu stationieren und mehrere Milliarden Dollar in die Abschreckung an der Ostflanke der NATO zu investieren, hat er nicht gerüttelt. Auch in der Energiepolitik sind »die USA unsere letzte Rettung«. Deutschland zeige kein Verständnis für die Bedenken gegen eine zu hohe Abhängigkeit von russischem Gas, sondern wolle weiter die Pipeline

Nord Stream 2 nach Russland bauen. Also müsse Polen sich für den Import von Flüssiggas aus den USA öffnen, auch wenn das teurer sei. In diesem Streit »ist die SPD das Hauptproblem, aber Kanzlerin Merkel könnte mehr tun«.

Die Koalitionsvereinbarung in Berlin nennt Bielan »das wichtigste Dokument des Jahres«, setzt aber hinzu, dort sei »zu wenig Ehrgeiz« zu spüren. Ob Berlin oder Brüssel: Die Herausforderungen werden dort nicht ernst genug genommen. Deshalb sei er skeptisch, wie Europa sich und seine Interessen in der veränderten Welt behaupten wolle. Polen möchte seine Zukunft und seine Interessen ja mit der EU verbinden, aber die Vorstellungen, wie man dahin komme, seien »nicht immer identisch«. In der Verteidigung ist Europa zu schwach und muss mehr tun. »Die Große Koalition stellt aber nicht das Geld zur Verfügung, um das Zwei-Prozent-Ziel zu erreichen«.

Kanzlerin Merkel und der neue Außenminister Maas haben direkt nach der Regierungsbildung Frankreich und Polen besucht. Bielan lobt diese Entscheidung. Gleichzeitig empfindet er den Zeitgeist, der in vielen deutschen Medien zum Ausdruck komme, beunruhigend. »In Deutschland hat Trump eine schlechtere Presse als Putin. Da stimmen die Proportionen nicht. Russland ist keine Demokratie. Das Regime lässt politische Gegner ermorden.« Für Polen sei es »gut, dass Merkel Kanzlerin bleibt«. Sie mache zwar Fehler, sagt Bielan in Anspielung auf die Migrationskrise, sei aber unter den denkbaren Varianten »die optimale Kandidatin«. Vor allem empfindet er sie als verlässlich im Umgang mit Russland.

Der Vizemarschall baut auf Merkel und misstraut Frankreich

Auch bei der Entwicklung der EU verlässt sich Polen auf Merkel. Sie soll den französischen Ehrgeiz bremsen, der gefährlich für Polens

Interessen werden kann. Macron setze auf eine Reform der Eurozone. Wenn die Eurozone sich zu Kerneuropa entwickle, »ist das für Nicht-Euro-Staaten wie Polen ein Problem«. Auch im Kontext anderer Europafragen sagt Bielan: »Wir misstrauen Frankreich.« Polen habe sich am Ende entschieden, bei PESCO mitzumachen. Man beobachte jedoch genau, ob sich eine verstärkte militärische Kooperation in der EU gegen den Zusammenhalt der NATO richte.

Der Brexit ist aus Bielans Sicht ein herber Verlust. In vielen EU-Fragen fühlen sich die Polen seelenverwandt mit den Briten: Nicht Integration ist das Ziel, sondern eine Kooperation souveräner Nationalstaaten. Die transatlantischen Beziehungen sind unverzichtbar. Binnenmarkt und Verteidigung sind die vorrangigen Themen.

Drei Faktoren erschweren eine aktive polnische Teilhabe an der Weiterentwicklung der EU. Erstens ist Polen nicht Mitglied der Währungsunion; auf deren Vertiefung setzen die Integrationisten jedoch mit ihrem Ziel, schrittweise die Bankenunion, ein Eurozonenbudget und einen gemeinsamen Finanzminister durchzusetzen. Zweitens widerstrebt Polen eine solche Entwicklung. Drittens begrenzt das Verfahren, das die EU gegen Polen wegen des Verdachts der Unterminierung von Demokratie und Rechtsstaat eingeleitet hat, die gutwillige Kooperation.

In dieser Streitfrage zeigt Bielan – und zeigen auch andere Gesprächspartner von der Regierungsseite in Warschau – uneingeschränktes Selbstbewusstsein. »Man wird mit uns reden müssen, weil wir die dominierende politische Kraft bleiben.« Diese Analyse hat auch in Berlin und Brüssel die Oberhand gewonnen. Die EU werde die PiS mit Strafandrohungen nicht in die Defensive zwingen. Das Rechtsstaatsverfahren wird wohl kaum mit Sanktionen gegen Polen wie zum Beispiel dem Entzug der Stimmrechte enden, weil dafür Einstimmigkeit nötig wäre, Ungarn aber nicht gegen Polen stimmen würde.

Noch immer nimmt die PiS sowohl Berlin als auch Brüssel übel, dass sie sich für Donald Tusk, Polens früheren Premierminister, als Präsidenten des Europäischen Rats entschieden haben. Das sei eine ungehörige Einmischung in die Innenpolitik eines EU-Landes, beschwert sich Bielan: Die EU-Partner geben dem führenden Gegner der aktuellen Regierung einen hohen Posten in Europa. Diesen Posten nutze Tusk als Bühne, um seinen nächsten Wahlkampf in Polen vorzubereiten. »Wir haben Angela Merkel unsere Sicht erklärt, und sie schien das verstanden zu haben«, sagt Bielan. Dann aber machte sie auf dem Absatz kehrt und setzte Tusk durch. »Wir fühlen uns beleidigt.« Kurz nach unserem Gespräch deutet Donald Tusk tatsächlich an, dass er 2019 in die polnische Innenpolitik zurückkehren wolle – und niemand denken solle, er werde sich damit begnügen, fernzusehen.

Solche Wahrnehmungen sind bezeichnend. Radek Sikorski, der frühere Außenminister aus dem PO-Lager, hatte sich in unserem Gespräch im Februar 2018 in München beschwert, dass Deutschland mit der Grenzöffnung für Flüchtlinge die polnische Parlamentswahl zugunsten der PiS beeinflusst habe. Nun beschwert sich ein PiS-Mann, dass die Kanzlerin mit dem Rückhalt für Tusk als Präsidenten des Europäischen Rats die nächste Präsidentenwahl in Polen beeinflusse. Merkel hatte solche Nebeneffekte wohl weder bei der einen noch bei der anderen Entscheidung beabsichtigt. Dennoch werden sie Deutschland zugerechnet.

In den Gesprächen mit den Machern der polnischen Außenpolitik in der Präsidialkanzlei und den Ministerien sowie den Beratern in den Think Tanks spielen diese parteipolitischen Erwägungen keine Rolle. Die Grundlinien der Bielan'schen Weltsicht bestätigen sich aber weitgehend. In Sicherheitsfragen setzt Polens Regierung instinktiv auf die USA und verlässt sich nicht auf Europa. Sie lobt US-Präsident Trump, weil er US-Soldaten stationiert habe und die Ostflanke der NATO absichere. Eine vergleichbare Anerkennung für Deutschland wird nicht geäußert, obwohl die Bundeswehr als »*Framework Nation*« der NATO-Einheiten in Litauen eine ähnliche Rolle spielt wie die US-Armee in Polen. Erst auf Nachfrage würdigen polnische Gesprächspartner den deutschen Beitrag zum Schutz Ostmitteleuropas.

Was bringen uns NATO, EU, UN, WTO ganz praktisch?

Kommt die Rede auf die EU und internationale Organisationen wie die UNO oder die Welthandelsorganisation WTO, betonen die Gesprächspartner, Polen sei ein klarer Befürworter des regelbasierten Systems, des Freihandels und der freien Marktwirtschaft. Man könne aber nicht ignorieren, dass »eine gewisse Müdigkeit« eingetreten sei, auf das Regelwerk und die mühsamen Wege zu seiner Durchsetzung zu vertrauen. Wie Trumps Amerika verfolgen auch andere Staaten ihre nationalen Interessen. Deshalb blicken Polens Bürger mit Skepsis auf internationale Organisationen und fragen: »Was bringen sie uns?« Als die EU, zum Beispiel, die Roaming-Gebühren untersagte, war der praktische Nutzen im Alltag ersichtlich. Insgesamt aber habe die EU in Polen ein Imageproblem, gerade im direkten Vergleich mit der NATO. »Niemand fragt: Wie viele Angestellte hat die NATO, und was kostet das? Polen sind überzeugt: Die NATO ist gut, die bringt uns etwas.«

Im Fall der EU sei die Stimmung anders, höre ich mehrfach in Warschau. Oft folgt sogleich das Zugeständnis, das sei im Zweifel ungerecht, verbunden mit dem Vorschlag eines Experiments. Die EU solle einfach mal für einen Monat ihre Arbeit einstellen; dann würden Polens Bürger sofort merken, wie segensreich die erreichten Fortschritte seien.

Die anstehenden Entscheidungen auf EU-Ebene lösen freilich gleich wieder Skepsis aus. Die französischen Reformpläne für die EU betrachten die Berater von Präsident und Regierung mit zweifachem Misstrauen: Haben solche Vorstöße den Nebeneffekt, die EU auf einen »rheinischen« Kern zu reduzieren und Neumitglieder wie Polen bei der Vertiefung auf ein Kerneuropa am Rande zurückzulassen? Und: Droht eine Abkoppelung von den USA? Mit Blick auf Deutschland ist der Reflex unüberhörbar, Polen müsse stärker als bisher für seine nationalen Interessen eintreten. Berlin bemühe sich zwar generell, die Vorteile der Osterweiterung nicht für ein Kerneuropa zu opfern, also Polen und andere Ostmitteleuropäer in das künftige Europa mitzunehmen. Deutschland mache sich jedoch zu wenig Gedanken, welche Auswirkungen eigene politische Entscheidungen auf seine Nachbarn haben. Da müsse Polen seine Stimme lauter hören lassen. Als Beispiele werden immer wieder die Migrationspolitik und die Gaspipeline Nord Stream 2 genannt, die Entscheidung für erneuerbare Energien und die Entsenderichtlinie, die in der Praxis ein bürokratisches Monster sei, zum Beispiel für polnische und tschechische Lkw-Fahrer, die sich nur für ein paar Stunden Transit in Deutschland aufhalten, aber dafür umfangreiche Formulare ausfüllen müssen.

»Deutschland will nationale Kompromisse auf die EU übertragen«

Witold Dębski, Chef des regierungsnahen Instituts PISM, klagt: Wenn die Bundesregierung einen innenpolitischen Kompromiss in Fragen, die EU-Partner betreffen, aushandele, tue Deutschland meist unausgesprochen so, als sei das auch ein akzeptabler Kompromiss für den Rest Europas. Die innerdeutschen Kompromisse taugten aber oft nicht für die Partner. Generell bestehe Führung nicht darin, anderen zu sagen, wo es lang geht, sondern den Partnern das Gefühl zu geben, dass auch ihre Interessen gehört werden und dass sie Einfluss haben. »Wir brauchen mehr smartes Deutschland«, sagt Dębski: ein Land, das über seine Grenzen hinausdenkt,

Partner weitsichtig einbindet und mehr auf den praktischen Ertrag als auf theoretische Fortschritte achtet.

In Warschau rangieren die Themen Innere Sicherheit und Verteidigung noch selbstverständlicher ganz oben auf der Prioritätenliste als in den Gesprächen in Paris. Deutschland müsse sich ernsthaft darum bemühen, militärisch handlungsfähiger zu werden. Und sobald es das endlich mal tue, müsse man sich auch nicht mehr unbedingt auf die Budgetfrage – zwei Prozent vom BIP – konzentrieren, sondern könne flexibler diskutieren: Wie erhöhen wir die europäischen Fähigkeiten und Beiträge zur eigenen Verteidigung? Deutschland solle, zum Beispiel, die Transportinfrastruktur so ausbauen, dass man Truppen schneller von Westeuropa an die Ostflanke der NATO verlegen könne; das wäre ein wertvoller Beitrag, sagt Dębski. Es ist derselbe Vorschlag, den der bisherige Oberkommandierende der US-Streitkräfte in Europa, Ben Hodges, gemacht hat. »Es geht nicht um den Aufbau eines großen deutschen Militärs, sondern um deutsche Beiträge zu dem Ziel, Europa militärisch handlungsfähiger zu machen«, so Dębski.

Bei PESCO, der strukturierten Militärkooperation in der EU, sei das Problem, dass zu wenige an den Erfolg dieses Formats glaubten. Er habe der PiS-Regierung trotz deren Bedenken, PESCO könne eine Konkurrenzveranstaltung zur NATO werden, geraten mitzumachen, aber lediglich, damit Polens Interessen nicht unter den Tisch fallen. Ein Zusammenschluss der europäischen Verteidigungsindustrien sei im Prinzip sinnvoll. Doch Frankreich, so das polnische Misstrauen, betreibe PESCO mit dem Ziel, französische Jobs zu erhalten und mehr französische Waffensysteme zu verkaufen. Bei Panzern wolle Polen lieber mit Deutschland zusammenarbeiten, da es bereits den *Leopard* angeschafft habe. Bei U-Booten und Lenkraketen hingegen lieber mit Frankreich. Denn U-Boote ohne die Fähigkeit, Raketen abzuschießen, seien nutzlos.

Polen hätte das Potenzial, die europäische Verteidigungspolitik zu beeinflussen, erklären polnische Verteidigungsexperten. Es ist eines der großen EU-Mitglieder, hat traditionsreiche Rüstungsfirmen und ist zudem einer der wenigen NATO-Staaten, die zwei Prozent des BIP für Verteidigung aufwenden. In einer Mischung aus ungeschickter Diplomatie, fehlenden Reformen in der Rüstungsindustrie und einem liebedienerischen Kurs der PiS gegenüber den USA hat Polen diese Chancen jedoch stark reduziert, beklagt Marcin Zaborowski. Früher hat er für die PO-Regierung gearbeitet. Die PiS-Regierung hat ihn nicht übernommen. Nun verdient er beim Think Tank European Council on Foreign Relations sein Brot.

Die PO hatte mit französischen Vertretern des Airbus-Konzerns einen Vertrag über die Lieferung von Hubschraubern im Wert von über zwei Milliarden Dollar ausgehandelt. Nach dem Regierungswechsel trat die PiS davon zurück und bestellte stattdessen in den USA – was erhebliche Verstimmung in Paris auslöste. Von dem Technologietransfer aus den USA, mit dem die PiS den Schwenk begründete, sei bislang wenig zu sehen, sagt Zaborowski. Die PO wollte mit der Bestellung bei europäischen Partnern auch eine bessere Ausgangsposition erreichen in dem absehbaren Ringen, welche Konzerne die Industriebereinigung beim Aufbau einer europäischen Rüstungssparte überleben. Mit der Brüskierung Frankreichs haben sich Polens Aussichten auf eine gedeihliche Rüstungskooperation mit den europäischen Partnern verdüstert.

Polen beklagt sich: Westeuropa lässt alternatives Denken nicht zu

Auch in Polen begegnet man also – wie in Paris – dem Misstrauen, ob es den Partnern tatsächlich um fairen Interessenausgleich und um die Ziele gehe, die sie vorgeben. Oder ob sie eine heimliche Nebenagenda verfolgen. Regierungsberater Dębski moniert, Deutschland honoriere es nicht, wenn Polen eine aktive Regionalpolitik in Ostmitteleuropa betreibe. Berlin fördere polnische Vorstöße wie die »Drei-Meere-Initiative« oder »16 plus 1« nicht. Dabei liege das Ziel, die Verkehrskorridore zwischen dem Baltikum im Norden sowie dem Schwarzen Meer und dem östlichen Mittelmeer im Süden zu verbessern, doch im deutschen Interesse. In Warschau sei man nicht naiv und wisse, dass Rumänen oder Balten auf ihren eigenen Nutzen schauen und sich nicht für polnische Regionalmacht-Ambitionen einspannen lassen wollen.

Ebenso wenig naiv betrachte man Chinas Motive bei der »16 plus 1«-Initiative. Deutschland sollte aber auch den östlichen Nachbarn einen Teil vom großen Kuchen des China-Geschäfts gönnen. Und den Ausbau der Infrastruktur im Osten unterstützen. Polen, Ungarn und Rumänen, die mal mit einem Hochgeschwindigkeitszug fahren wollen, müssten heute nach Italien, Deutschland oder Frankreich reisen, um diese Erfahrung zu machen. So könne das nicht bleiben. Deutschlands Verantwortung, die Einheit Europas zu unterstützen, müsse sich gleichermaßen auf den Osten wie den Westen der EU richten.

Als einen weiteren Punkt polnischen Unbehagens nennt Dębski die »übergroße Koalition«, die in der Europapolitik immer nur auf weitere Integrationsschritte setze und andere Vorstellungen wie das polnische Ideal der Kooperation souveräner Nationalstaaten als »störend« darstelle. Das sei ungesund. Europa und speziell Deutschland solle »mehr Debatten über verschiedene Wege zu mehr Europa« zulassen. »Liberale und konservative Vorstellungen müssen konkurrieren dürfen.«

Mit der Ernennung der neuen Regierung unter Mateusz Morawiecki im Dezember 2017 wollten die PiS und ihr Parteichef Jarosław Kaczyński die blockierte Lage öffnen und das Verhältnis zu Brüssel und Berlin verbessern. Der 49-Jährige Morawiecki ist ein Wirtschaftsliberaler, hat in Hamburg, Basel und Frankfurt studiert, spricht also Deutsch und ist als Koautor eines polnischen Handbuchs zum Europarecht mit dem Brüsseler System vertraut.

Die entscheidende Frage für die Bewertung des Regierungswechsels lautete: Will Polen mit dem verjüngten und auf dem Papier liberaleren Regierungsteam einen Politikwechsel einleiten oder nur den alten Kurs mit sympathischeren Gesichtern fortsetzen? Und wird Warschau bei der polnischen Justizreform auf die Bedenken der EU-Kommission eingehen oder nur kosmetische Änderungen anbieten?

Es wurde ein Stolperstart für Morawiecki. Denn parallel verabschiedete der Sejm das sogenannte »Holocaust-Gesetz«, das eine fragwürdige Beschreibung des polnischen Umgangs mit der Verfolgung der Juden und der deutschen Konzentrationslager in Polen unter Strafe stellt. Es traf auf harte Kritik in Israel und in den USA. Das war vorhersehbar für alle, die die historischen Sensibilitäten der Holocaust-Überlebenden kennen. Die Reaktion konnte auch niemanden überraschen, der mit der amerikanischen Überzeugung vertraut ist, dass »*Free speech*« Vorrang habe und man Auswüchse des Meinungsstreits nicht mit dem Strafrecht bekämpft, sondern durch Aufklärung in der öffentlichen Debatte und gesellschaftliche Ächtung anstößiger Behauptungen.

Wo immer Morawiecki im Ausland auftrat, wurde er auf das »Holocaust-Gesetz« und den Verdacht angesprochen, die PiS-Regierung wolle es zur Disziplinierung unliebsamer Medien missbrauchen. Er gab nicht immer geschickte Antworten, etwa als ein jüdischer Journalist ihn bei der Münchener Sicherheitskonferenz 2018 danach fragte. Damit vergrößerte er die Probleme für die Wahrnehmung Polens und der PiS-Regierung im Ausland. Die verärgerte Reaktion mancher Konservativer, da sehe man mal wieder, wie groß der Einfluss der »jüdischen Lobby« auf das Meinungsbild in den USA sei, war auch nicht hilfreich.

Spätfolgen verpasster Kontakte

Der Fall zeigt exemplarisch, wohin es führt, wenn es zu wenige Gesprächskanäle zwischen einer Regierungspartei und der Außenwelt gibt. Vielen PiS-Angehörigen fehlt das Bewusstsein dafür, welche dramatischen außenpolitischen Folgen ideologische Manöver in der Innenpolitik haben können. Und viel mehr als ein ideologisches Manöver zur Befriedigung nationaler Emotionen war das »Holocaust-Gesetz« in der innerpolnischen Auseinandersetzung auch nicht.

Adam Bielan hat mit dem Befund recht: Zu wenige westeuropäische Politiker haben den Austausch mit der PiS gesucht, als sie nur eine Oppositionspartei war. Umgekehrt gilt der Vorwurf ebenso: Die typischen PiS-Vertreter haben auch nicht das Gespräch mit den Liberalen in Europa gesucht, sondern sich lieber in der Opferrolle der unverstandenen Nationalkonservativen eingerichtet. Die Folgen des fehlenden Dialogs machen sich nun verstärkt bemerkbar.

Wenn Europa vorankommen soll, muss Polen aus dieser Ecke herauskommen wollen und von anderen herausgeholt werden. Die Liberalen und die Integrationisten werden die PiS zwar gewiss nicht dazu bringen, ihren Widerstand gegen weitere Kompetenzübertragungen an die EU und gegen die Idee eines Kerneuropas aufzugeben. Das hat die Rede des polnischen Außenministers Jacek Czaputowicz am 5. April 2018 in Paris erneut bestätigt: eine klare Absage an weitere Integration, ein Beharren auf dem Nationalstaat als Träger der Souveränität. Mehr Begegnungen und Gespräche könnten Polen aber eventuell dazu bringen, pro-europäische Initiativen nicht reflexhaft abzulehnen oder auszubremsen. Wenn beide Seiten zunächst danach fragen, ob eine Initiative womöglich praktische Erträge erhoffen lässt, die auch polnische Interessen befriedigen, kann man ins Geschäft kommen.

Im Dreieck mit Frankreich und Polen kommt auf Deutschland zudem eine weitere Aufgabe zu. Angesichts der Enttäuschungen der jüngsten Jahre ist die Schnittmenge an französisch-polnischen Gemeinsamkeiten gering und der gute Wille begrenzt. Berlin wird mehr tun müssen, um Paris und Warschau zu gemeinsamem Handeln zu bewegen.

Vor allem sollten Deutsche ihre eigenen Positionen überprüfen, raten die Europa-Freunde aus dem PO-Lager. Das würde es ihnen erleichtern, die innerpolnische Debatte über das Verhältnis zu Deutschland zu öffnen. Ihre konkreten Beispiele: Drückt euch in der Verteidigungspolitik nicht mehr um einen fairen Beitrag. Übertragt den Rat, man solle mehr auf Macron hören, auf andere europäische Partner und nehmt auch deren Wünsche ernst. Achtet bei der wirtschaftlichen Argumentation mehr auf Logik. Es passt nicht zusammen, dass die deutsche Wirtschaft Polen als verlängerte Werkbank benutzt, sich dann aber darüber beschwert, Polen mache mit seinen billigeren Produkten den deutschen Markt kaputt. Und die Deutschen sollten anerkennen, dass ihr angebliches Bemühen um hohe Standards für die Partner im Osten oft den Eindruck eines versteckten deutschen Protektionismus mache, zum Beispiel bei der Entsenderichtlinie und dem Formularkrieg, der polnischen Lkw-Fahrern bei der Fahrt durch Deutschland aufgebürdet werde.

In einigen Gesprächen gibt es hoffnungsvolle Zwischentöne und sogar Lob für Deutschland. Berlin sei nicht das Hauptproblem für Polen in der Europapolitik; das seien andere. Polen betrachte die Bundesregierung als den strategischen Partner. In Warschau ist auch durchaus angekommen, wie groß die Enttäuschung früherer Polen-Freunde in Deutschland über den Kurs der PiS und die oft deutschlandfeindliche Rhetorik ist. Es sind aber kaum Ideen zu hören, was Polen tun könnte, um aus der Ecke herauszukommen. Stillschweigend wird erwartet, dass die Vorschläge dazu aus Deutschland kommen müssen. Jede Frage, in welchen Punkten Warschau eventuell Entgegenkommen zeigen könne, wird mehr oder weniger so beantwortet: Wenn annehmbare Vorschläge aus Brüssel oder Berlin kommen, werden wir reagieren.

Europa: Ungeduld mit den Mustereuropäern

Brüssel, Haus der Europäischen Geschichte, im Mai 2018

Zwischen den Ausstellungsvitrinen und den Monitoren mit Hintergrundinformationen herrscht ein babylonisch anmutendes Sprachgewirr. Polnische Schulklassen und französische Rentnergruppen schieben sich durch die Korridore des Hauses für Europäische Geschichte im Europa-Viertel von Brüssel; man trifft auf Touristen aus Griechenland, Schweden und Asien. Europa, das kann man hier lernen, war über Jahrhunderte der technisch und ökonomisch führende Kontinent. In zwei zerstörerischen Weltkriegen hat Deutschland den Bedeutungsverlust Europas eingeleitet. Das wirtschaftliche Potenzial für eine Weltmacht hätte die EU auch heute wieder. Aber wird es ihr gelingen, dieses Potenzial durch effiziente Organisation in globalen Einfluss umzuwandeln? Und welche Rolle kommt Deutschland bei diesem Unterfangen zu?

Zunächst einmal fällt auf, wie viele der hohen Entscheidungsträger in den EU-Hierarchien deutsche Namen tragen. Die Leiterin des Außenpolitischen Dienstes der EU, Helga Schmid; der Generalsekretär des Europäischen Parlaments, Klaus Welle; der Generalsekretär der EU-Kommission, Martin Selmayr; in sieben der letzten elf Jahre war jeweils ein Deutscher Präsident des Europäischen

Parlaments, erst Hans-Gert Pöttering, dann Martin Schulz; in vielen Parlamentsausschüssen haben Deutsche den Vorsitz. Und wenn demnächst ein neuer Präsident der Europäischen Zentralbank gesucht wird, dürfte ein Deutscher unter den Favoriten sein.

Zweideutige Loyalitäten

Damit beginnt freilich auch die Zweideutigkeit der deutsch-europäischen Angelegenheiten. Hat Deutschland zu viel Einfluss, wie manche EU-Bürger anderer Nationalität mitunter klagen? Oder sind diese Menschen deutscher Herkunft in ihren vielen Brüsseler und Straßburger Jahren längst zu Amtsträgern geworden, die europäische Interessen vertreten, oft in Reibung zu dem, was man in Berlin für die deutschen Interessen hält?

Wenn man mit Menschen, die die EU in dieser oder jener Funktion in Brüssel oder im Ausland vertreten, über ihr Bild von der deutschen Rolle in Europa spricht, macht es jedenfalls keinen großen Unterschied, mit welchem Pass sie geboren sind. Der Botschafter der EU in den USA, David O'Sullivan, ein Ire, beschreibt seine Erwartungen an die Bundesrepublik gar nicht so viel anders als Klaus Welle, der Generalsekretär des Parlaments, oder der Pole Marek Prawda, Botschafter der EU in Warschau. Oder die niederländische EU-Abgeordnete Marietje Schaake.

Sie alle schildern Deutschland als ein EU-Mitglied, das sich zwar oft für europäische Belange einsetze, aber nicht so ganz dem Bild des Mustereuropäers entspreche, das viele Deutsche von ihrem Land haben. Da die deutsche Gesellschaft kaum Debatten über ihre nationalen Interessen führe, denke sie auch zu wenig darüber nach, in welchen Sachfragen die eigenen Interessen eher im Einklang oder eher im Widerspruch zum Gemeinschaftsinteresse stehen. Auch in dieser Hinsicht wäre es hilfreich, wenn die Bundesregierung den Dialog mit anderen EU-Partnern, insbesondere den kleineren Ländern, wieder stärker pflegen würde. Die Gesprächspartner loben überwiegend das deutsche Krisenmanagement der vergangenen Jahre, von Griechenland bis zur Ukraine. Sie schildern aber auch ihren Eindruck, dass über all dem Krisenmanagement der Blick für das große Ganze verloren gegangen sei. Wohin soll sich die EU in den nächsten zehn, zwanzig Jahren entwickeln? Und wie kann Deutschland diesen Prozess unterstützen?

Die älteren unter den Gesprächspartnern nennen dann meist den Namen Helmut Kohl. Der habe sich bemüht, die kleineren EU-Partner einzubinden. Und der habe, ganz egal über welches Thema er gerade sprach, gleichzeitig eine Metageschichte über die Notwendigkeit der europäischen Einigung erzählt. Natürlich sei das in einer EU mit 28 Partnern viel mühsamer als in einer EU mit zwölf und später 15 Mitgliedern in Kohls Regierungsjahren. Nur ändere dieser Hinweis auf die Mühen nichts daran: Wer Fortschritt erzielen wolle, müsse mit allen reden. Und um andere zu gewinnen, reichen pragmatische Kompromissangebote nicht aus. Es müsse auch jetzt wieder eine Metaerzählung über den Sinn der europäischen Einigung hinzukommen. Die könne sich nicht mehr damit begnügen, die EU als Sicherung gegen einen Rückfall in die Zeit europäischer Bruderkriege anzupreisen. Die neue Erzählung sollte von einem Europa, das beschützt, handeln. Macron habe diese Anregung aufgegriffen: »*L'Europe qui protège*«. Tatsächlich sei der Vorschlag aber älter als Macrons Aufstieg zu Frankreichs Präsidenten.

Fünf Wünsche an Deutschland stechen heraus. Die internationale liberale Ordnung ist nicht automatisch gegeben. Sie ist ein öffentliches Gut, dass immer wieder neu verteidigt werden muss. Das müsse eine Priorität der Bundesregierung sein. Auch das Europa, das beschützt, den Binnenmarkt und die Währungsunion, solle man in den Kategorien öffentlicher Güter betrachten. Würden sie nicht mehr zur Verfügung stehen, wäre der Schaden enorm. Deshalb dürfe man, zweitens, die Aufwendungen zu ihrer Erhaltung nicht in Nettozahler-Kategorien berechnen: Wer bekommt mehr, wer bekommt weniger heraus, als er einzahlt? Selbst als größter Nettozahler habe Deutschland weit mehr Nutzen als Kosten.

Drittens haben Fragen der inneren und der äußeren Sicherheit in den jüngsten Jahren überproportional an Bedeutung gewonnen: Grenzsicherung, Terrorabwehr, Bekämpfung organisierter Kriminalität. In diesen Bereichen seien die Erwartungen der Bürger enorm. Also müsse sich die EU auf Fragen der Sicherheit konzentrieren. Da aber liefere die EU am wenigsten. Diese Aufgabe sei nicht nur eine Frage von mehr Geld; Europa müsse die zur Verfügung stehenden Ressourcen klüger und effektiver ausgeben. Mehr Geld müsse es aber schon auch geben. Und da wird dann doch eine gewisse Ungeduld mit Deutschland spürbar, weil es sich so langsam bewege.

Viertens solle Deutschland sich früher und aufmerksamer für die Herausforderungen interessieren, die andere EU-Partner als ihr größtes aktuelles Problem begreifen. Als Italien über die steigenden Zahlen der Migranten, die über das Mittelmeer kamen, klagte, war die Antwort: Das ist euer Problem. Als die Balten ihre Sorgen über das zunehmend aggressive Verhalten Russlands äußerten, sagten die Deutschen: Alles halb so wild, habt euch nicht so, es wird schon keinen Krieg geben. Zugleich gehörten die Deutschen in Umfragen zu den NATO-Partnern mit der geringsten Bereitschaft, Bündnispartner zu verteidigen.

Fünftens sei die EU ziemlich gut als Legislativ-Union, aber weniger gut als Exekutiv-Union. Sie erlasse Vorschriften, und ihre Mitglieder schließen Verträge, aber es sei kein Verlass darauf, dass deren Einhaltung auch durchgesetzt werde, von der Stabilität der Währung bis zum Umgang mit der Migration. In beiden Feldern hat auch Deutschland die gemeinsamen Regeln missachtet.

In einer Frage freilich kann man dann doch den Eindruck gewinnen, dass die Nationalität einen spürbaren Einfluss auf das Denken der EU-Vertreter hat: bei den Einstellungen zur Währungsunion samt dem Stabilitätspakt sowie bei der Haltung zur Idee einer Transferunion beziehungsweise eines EU-weiten Finanzausgleichs nach dem Muster des Länderfinanzausgleichs in der Bundesrepublik. Nicht-deutsche Gesprächspartner halten es für unausweichlich, dass Deutschland über kurz oder lang größere finanzielle Lasten wird tragen müssen. Von EU-Vertretern deutscher Herkunft ist mehr Verständnis für die Forderungen zu hören, man müsse zunächst auf Stabilität drängen und die Risiken reduzieren, ehe die Haftungsrisiken vergemeinschaftet werden.

USA: Ungeduld mit dem Trittbrettfahrer

Washington, Waterfront, Ende März 2018

Die Umgebung der alten Werften im Südosten von Washington DC war fast 200 Jahre lang ein Gewerbegebiet. Als das Geschäft mit dem Schiffsbau nachließ, wurde daraus eine heruntergekommene Gegend mit Kriminalitätsrisiko. Neuerdings wird sie für den Freizeitgebrauch einer Konsumgesellschaft aufpoliert. Hotels, Restaurants und Läden für Besserverdienende haben die Lage am Wasser für sich entdeckt. *The Wharf*, der Name des Hotels, in dem Henry Kissinger an diesem Abend spricht, verrät die Geschichte der neuen Luxus-Meile. Der Blick nach draußen fällt heute nicht mehr auf malochende Arbeiter, sondern auf Motorjachten und Segelboote.

Wer Kissinger, dem Altmeister geostrategischer und historischer Analysen, zuhört, kann leicht den Eindruck gewinnen, die Einstellung zur Sicherheit des Westens habe einen ähnlichen Wandel hinter sich: von harter Arbeit zu den Versuchungen sorgloser Dekadenz. »Die jüngeren Generationen in Deutschland halten die Sicherheit ihres Landes und ihres Wohlstands für garantiert«, analysiert Henry Kissinger. »Auch in den USA sind neue Generationen geboren worden, die gar nicht mehr wissen, welche Anstrengungen es über Jahrzehnte gekostet hat, dieses Gefühl von Sicherheit herzustellen.«

Der Mann, der 1923 als jüdischer Deutscher in Fürth auf die Welt kam, rechtzeitig vor den Nazis floh, in die USA emigrierte und dort Außenminister und Nationaler Sicherheitsberater wurde, steht kurz vor seinem 95. Geburtstag. Die Länge seiner Rede, scherzt er, als er gestützt auf einen Stock und den Arm eines Begleiters mit langsamen wackeligen Schritten ans Mikrofon tritt, werde davon abhängen, wie lange die Beine ihn tragen. Seine Stimme ist so tief und fest wie eh und je.

Auch die Kernbotschaft des Mannes, der die US-Diplomatie nach China öffnete, ist dieselbe geblieben: Die transatlantische Partnerschaft ist eine Säule der Stabilität. Sie wird gebraucht, um den Aufstieg Chinas friedlich zu gestalten. Die nationalen Egoismen und der Nationalpopulismus seien heute die großen Gefahren für die internationale Ordnung. Deutschland müsse seine nationalen Interessen nüchtern analysieren und der Versuchung widerstehen, Trumps USA aus einem Gefühl moralischer Überlegenheit heraus zu behandeln. Europa habe sich zu sehr daran gewöhnt, dass die Herausforderungen globaler Sicherheitspolitik von den USA gemanagt werden. Europa muss mehr Verantwortung übernehmen.

Vom Konsumenten zum Produzenten von Stabilität

In dieser Erwartung sind sich alle amerikanischen Gesprächspartner einig, ob alt oder jung, ob Demokraten oder Republikaner: Europa muss mehr für seine Sicherheit tun; ganz besonders gilt das für Deutschland, das zwar die größte Wirtschaftsmacht der EU ist, aber nur einen sehr kleinen prozentualen Beitrag zu den Kosten der gemeinsamen Sicherheit leistet. Präsident Trump hält den Deutschen ihr im Vergleich allzu bescheidenes Verteidigungsbudget bei jeder Gelegenheit vor, dazu ihren Exportüberschuss und den Bau der deutsch-russischen Gaspipeline Nord Stream 2, bei der die Interessen der EU-Partner in Polen und den baltischen Staaten ignoriert würden. Sein Mantra, die Aufgaben- und Kostenteilung zwischen Amerika und Europa sei nicht fair, überträgt er auf viele Bereiche: die NATO, die Zölle auf Autos und Stahl, die Kosten offener Handelswege …

Sein Vorgänger Barack Obama hatte freilich auch schon größere Anstrengungen gefordert. Im Interview mit Jeffrey Goldberg für dessen Essay *The Obama Doctrine* in der April-Ausgabe 2016 von *The Atlantic* hatte Obama europäische Partner »*Freerider*« genannt – »Trittbrettfahrer«.

Höhere Verteidigungsausgaben sind natürlich nicht die einzige Erwartung der Amerikaner an Deutschland. Und Geld ist nicht einmal der Kern dieser Erwartung; die »zwei Prozent« sind lediglich zur Chiffre für die Lücke zwischen »fair« und »unfair«, zwischen Ist und Soll geworden. Ben Hodges, der ehemalige Kommandeur der US-Truppen in Europa, meint, dass die Ertüchtigung der deutschen Infrastruktur in Häfen, im Eisenbahn- und Straßennetz noch wichtiger seien als Investitionen in moderne Waffensysteme: »*Trains*« statt »*Tanks*«. Die NATO-Verteidigungsstrategie beruhe im Fall eines Konflikts im Baltikum oder in Polen darauf, sehr schnell Verstärkung von den Atlantikhäfen in die Konfliktzone zu bringen; das sei heute nicht möglich. (Siehe das Kapitel »Wie global handlungsfähig sind wir?«)

Alle NATO-Partner müssen ihre Zusagen einhalten – das ist kein speziell amerikanisches Steckenpferd. NATO-Generalsekretär Jens Stoltenberg sagt dies ebenfalls bei seinem Besuch in Washington im April 2018. »Deutschland tut viel. Aber es könnte mehr tun«, ermuntert auch die NATO-Botschafterin der USA, Kay Bailey Hutchison, als ich sie wenige Wochen vor dem NATO-Gipfel 2018 in Washington nach ihren Erwartungen frage. Sie ist mit ihren Kolleginnen aus Kanada, Kerry Buck, und Großbritannien, Sarah MacIntosh, zum Gespräch in den Foreign Press Club gekommen. Die pflichten ihr bei. Deutschland solle eine »Führungsnation« auf dem Weg zu mehr militärischer Eigenständigkeit Europas sein.

John Emerson, von 2013 bis 2017 US-Botschafter in Berlin, kennt die militärstrategische Mängelliste, betont aber auch: »Es geht nicht um die zwei Prozent als Prinzip. Es geht um Glaubwürdigkeit.« Die Bundesregierung sage doch selbst, dass Deutschland und Europa mehr Eigenverantwortung für ihre Sicherheit übernehmen müssen. Kanzlerin Merkels Bierzelt-Rede 2017 und die Koalitionsvereinbarungen 2018 passten in dieser Hinsicht jedoch schlecht zusammen. Europa dürfe sich nicht damit begnügen, von strategischer Autonomie zu reden. Es müsse »vom Konsumenten von Sicherheit zum Produzenten von Sicherheit werden«. Emersons fünf Empfehlungen: Erstens mehr Investitionen ins Militär. Zweitens mehr Investitionen in die Infrastruktur. Drittens etwas mehr Zurückhaltung bei den Stabilitätskriterien in der Eurozone; die Bundesregierung tue sich keinen Gefallen, wenn sie immer nur als Prediger von Enthaltsamkeit wahrgenommen werde; Frankreich und Deutschland müssten sich anstrengen, bei der Zukunft des Euro »vom selben Blatt zu singen«, sonst werde es keine Fortschritte geben. In anderen Fragen dürfe die Bundesregierung ruhig härter auftreten und, viertens, Druck auf EU-Mitglieder ausüben, die die Grundwerte Europas infrage stellen, zum Beispiel die Medienfreiheit und die Unabhängigkeit der Gerichte. Dabei müsse man sich nicht auf die offiziell vorgesehenen Maßnahmen der EU-Verträge beschränken, sondern dürfe ausprobieren, was wirksam ist, im Zweifel auch mit dem Entzug europäischer Fördermittel drohen. Fünftens wünscht sich Emerson mehr Kreativität im Umgang mit Migration; Deutschland brauche Zuwanderung; und wenn es gelinge, gerade in die Gebiete zu investieren, in denen Migranten Aufnahme finden, könne Deutschland zum Modell für andere werden.

In der Außenpolitik schließlich wünschen sich viele US-Experten ein Verhalten Deutschlands, das etwas weniger auf die nationalen Wirtschaftsinteressen achtet und die geostrategischen Konsequenzen etwas mehr in den Blick nimmt. Im Umgang mit Russland wird die Gas-Pipeline Nord Stream 2 immer wieder als ein deutsches Sonderprojekt genannt, das Interessen der Partner schadet. In der China-Politik werfen viele der Bundesregierung vor, die nationalen Wirtschaftsinteressen über das gemeinsame Interesse zu stellen. Dieses gemeinsame Interesse hat eine machtpolitische und eine ökonomische Komponente. Peking soll sich nicht wie ein Hegemon in Asien aufführen, ohne auf Gegenwehr zu treffen. Und im globalen Handel soll China zu mehr Respekt vor geistigem Eigentum sowie zu faireren Handels- und Investitionsbedingungen gedrängt werden.

Karen Donfried, seit 2014 Präsidenten des German Marshall Fund of the US, war zuvor Beraterin von Präsident Barack Obama für Europa und speziell Deutschland. In dieser Rolle hat sie sowohl herzliches Einvernehmen zwischen Weißem Haus und Kanzleramt erlebt als auch handfeste Krisen, etwa die NSA-Spionageaffäre. Ihr Rat zum Umgang mit den Erwartungen an Deutschland: genau hinschauen, wer in den USA welche Erwartungen äußert. Und genau überlegen, bei welchen Streitfragen sich Deutschland behaupten kann und bei welchen nicht. Die Forderung nach angemessenen Verteidigungsbeiträgen sei breiter Konsens in Amerika. »Warum sagt die Bundesregierung nicht: Ihr habt ja recht. Wir müssen mehr tun, aber es werden nicht zwei Prozent bis 2024.«

In anderen Fragen sei das Meinungsbild in den USA gemischter, etwa bei Trumps Ausstieg aus dem Iran-Deal. Trotz partieller Unterstützung des europäischen Ziels, das Abkommen zu erhalten, werde freilich weder die Macht Deutschlands noch Europas reichen, um gegenzuhalten. Für große Firmen wie Siemens oder die Autobauer sei der US-Markt viel wichtiger als der Iran, und die Vorstellung, dass die EU solche Konzerne mit Strafen belege, weil sie US-Sanktionen respektieren, sei »lachhaft«. Bei allgemeinen Handelsfragen hingegen könne die EU durchaus Druck entwickeln mit ihren Gegenzöllen auf Waren aus Wahlkreisen einflussreicher US-Abgeordneter. Nochmals anders sei Trumps Ausstieg aus dem Pariser Klimaabkommen zu betrachten. Es mache zwar keinen guten Eindruck, wenn die Regierung der größten Volkswirtschaft ein schlechtes Beispiel gebe. Aber in der Praxis sei es kein großer Unterschied, ob die USA drin sind oder nicht. Ein Großteil der US-Staaten halte sich ohnehin an die Vorgaben.

Weit mehr bewegt Donfried, ob Trumps Umgang mit der liberalen Ordnung eine vorübergehende Ausnahmesituation ist oder ein bleibendes Phänomen, ob wir es also mit einer »zyklischen« oder »strukturellen« Veränderung zu tun haben. Und wie sie Deutschlands Einstellung zu den USA beeinflussen wird. Die Antiamerikaner in Deutschland hätten nun die Art von US-Präsidenten bekommen, den sie schon früher an die Wand gemalt haben.

Donfried gründet ihre Hoffnung, dass Trump am Ende eine zyklische Ausnahme bleibe, auf die nüchterne Analyse der Interessen: Wegen der globalen Einflussverlagerung von den westlichen Demokratien zu den aufstrebenden Schwellenländern »brauchen die USA, aber braucht auch Europa Verbündete – und dies mehr als früher«.

Doch unabhängig davon, ob Trumps Präsidentschaft eine Ausnahme oder Ausdruck einer bleibenden Veränderung sei: Sie stellt die Bundesrepublik vor die Herausforderung, Strategien für Schadensbegrenzung (»*Damage Control*«) und Risikoreduzierung (»*Hedging*«) zu entwickeln. Bisher sei Deutschland zwar ganz im Bann von Trump – »in Italien reden alle über Italien, in Frankreich über Frankreich, nur die Deutschen reden alle über Trump« –, findet aber keine Antwort auf ihn. Für Donfried hängt es von Deutschland ab, ob Trump Europa spalten oder ob er die Europäer, wenn auch unfreiwillig, zusammenführen werde. Die Deutschen müssten sich entscheiden, welche »*Soft-Power*«- und welche »*Hard-Power*«-Rolle sie spielen wollen.

7.

Vom Predigen zum Handeln

Was Deutschland besser machen kann

Berlin, Paul-Löbe-Haus, 28. Juni 2018

Deutschland kann scheitern, im Sport wie in der Politik. Es ist der Tag des entscheidenden dritten Gruppenspiels der Fußball-Weltmeisterschaft 2018, zweieinhalb Stunden vor dem Anpfiff der Begegnung Deutschland-Südkorea. Am Abend ist das deutsche Team ausgeschieden, erstmals bereits in der Vorrunde einer WM.

Im Erdgeschoss des Paul-Löbe-Hauses, eines Bundestagsgebäudes mit Büros der Abgeordneten, bilden sich an diesem Mittag Reportertrauben um Bundesinnenminister Horst Seehofer. Im Streit um die Migrationspolitik droht die CSU einige Wochen vor der Landtagswahl in Bayern, sich den Richtlinien der CDU-Kanzlerin zu widersetzen. Wird das zum Bruch der Bundesregierung führen?

Einige Stockwerke höher empfängt Heiko Maas (SPD), seit dreieinhalb Monaten Außenminister, in seinem Bundestagsbüro zum Gespräch. Er hält sich für den Haushaltsausschuss des Parlaments bereit, der über den Etat für sein Ministerium berät. Deshalb ist er hier und nicht im Auswärtigen Amt. Zwischendurch muss er ans Telefon, um sich mit Seehofer abzustimmen. Eine Megakrise wie der Streit um die deutsche und die europäische Migrationspolitik setzt sich im Alltag aus vielen Minikrisen zusammen, deren jeweilige Sprengkraft nicht immer absehbar ist.

Das Schiff *Lifeline* einer privaten deutschen Hilfsinitiative hat 230 Flüchtlinge vor der libyschen Küste an Bord genommen und fordert die Erlaubnis, den maltesischen Hafen Valetta anzulaufen. Malta will nur zustimmen, wenn andere EU-Staaten die 230 Menschen aufnehmen. Soll Deutschland sich beteiligen? Seehofer sagt Nein, er möchte die »harte« CSU-Linie verteidigen. Maas tendiert zum Ja, andere EU-Staaten haben bereits zugesagt, einen Teil aufzunehmen. Deutschland solle bei einer europäischen Lösung mittun. Also müssen sie immer wieder telefonieren, um sich zu beraten.

Auch dieses Gespräch ist vertraulich. Aber diesen Eindruck darf man schon wiedergeben: Für einen Großteil der deutschen Medien sind die Flüchtlingshelfer Helden, für den Bundesaußenminister ist das prima facie nicht so eindeutig. Die Besatzung der *Lifeline* soll ihr Schiff nicht »geflaggt« haben, um nicht den Vorschriften eines Staates zu unterliegen. Sie soll die Anweisungen des libyschen Küstenschutzes missachtet haben. Organisationen wie diese brechen bewusst die internationalen Regeln. Deshalb wollen Malta und Italien Schiffe wie die *Lifeline* konfiszieren und gegen die Besatzungen ermitteln. Maas hat dafür offenbar Verständnis. Zuvor war er Justizminister. Wie soll man diese Krisen ohne Respekt vor Recht und Regeln lösen? Nur: Kann ein Politiker das laut sagen, so wie die Stimmung in Deutschland ist, ohne in AfD-Nähe gerückt zu werden?

Maas ist keiner, der Brandreden hält und Emotionen gezielt schürt. Er hat sich rasch in die Außenpolitik eingearbeitet. Er kritisiert Trumps USA, weiß aber zugleich, dass Deutschland und

Europa ihre Sicherheit nicht ohne und schon gar nicht gegen die USA organisieren können. »Wir werden selbst mehr für unsere Sicherheit sorgen müssen«, sagt er. Wie passt das zum Wahlkampf der SPD gegen die Zwei-Prozent-Regel der NATO? »Ich gehe der Debatte um höhere Verteidigungsausgaben nicht aus dem Weg.« Die Frage sei, »wie man die Mehrheit der Deutschen dafür gewinnt«. Eine Hypothek der langen Regierungsjahre unter Angela Merkel sei gewesen, dass Deutschland nicht offen diskutiert habe. Die Gesellschaft »war in einem diskursiven Wachkoma«. Seine Generation – er ist Jahrgang 1966 – »ist in dem Gefühl aufgewachsen, dass alles selbstverständlich war: die Sicherheit, der Wohlstand. Man musste nichts dafür tun.«

Jetzt müsse man »den Menschen verdeutlichen, dass wir für unsere Interessen eintreten müssen«. Das gilt für den Umgang mit Trumps USA, mit Russland und ganz besonders mit Blick auf die vielen Krisen Europas. »Deutschland muss schnell Debatten führen und rasch zu Ergebnissen kommen, und darauf sind wir nicht vorbereitet«. Maas möchte nicht abrupt die Richtung wechseln. Ihm geht es um Argumente, um Ruhe, um Moderation. Die Politiker, aber auch die Medien sollen sich darum bemühen, die Dinge darzustellen, wie sie sind, und nicht, wie sie sie gern hätten.

Mit Blick auf Russland sowie die Nachbarn im Raum zwischen Berlin und Moskau sagt Maas: Natürlich sind Balten, Polen, Slowaken, Tschechen, Ungarn Deutschland näher als Russland. Sie sind EU-Mitglieder, die politischen und wirtschaftlichen Bindungen sind enger. Selbstverständlich liege es nicht im deutschen Interesse, sich mit Frankreich auf ein rheinisches Kerneuropa zurückzuziehen und die Mitteleuropäer am Rande zu lassen. Maas verweist auf seinen Konflikt mit Teilen seiner Partei, als er mehr Distanz zu Russland zeigte als die sozialdemokratischen Außenminister vor ihm. Er spricht selbstbewusst über die Kontroverse, als sehe er darin eine Feuerprobe.

Verkörpert er den Typus Politiker, der ein Umdenken in Deutschland vorantreiben wird? Wenn, dann natürlich evolutionär, wie es dem zu Vorsicht neigenden Volkscharakter entspricht. Und nicht revolutionär wie in Frankreich, Österreich oder den USA. Emmanuel Macron hat die traditionellen Parteien Frankreichs und ihr konventionelles Denken an den Rand gedrückt. Mit seinen 40 Jahren steht er für einen Generationswechsel. Der österreichische Kanzler Sebastian Kurz ist noch ein knappes Jahrzehnt jünger, 1986 geboren. Auch er hat die innenpolitische Landschaft revolutioniert. Beide haben Probleme offener benannt als ihre Vorgänger, so haben sie die Wahlen gewonnen. Das gilt im Quadrat für die USA und Donald Trump. Dort ging der Bruch mit der traditionellen Politik freilich nicht mit einer Verjüngung einher. Im Gegenteil, es war ein Generationenwechsel rückwärts – hin zu einem über Siebzigjährigen.

Maas redet anders über die Welt als seine Vorgänger Sigmar Gabriel, Frank-Walter Steinmeier, Guido Westerwelle. Er klingt schnörkelloser, spricht Interessenkonflikte offen an, zeigt weniger Bedürfnis, sich mit diplomatischen Floskeln dagegen abzusichern, dass man ihm eine einseitige Haltung vorwirft. Und er ist eine Generation jünger als die 1968er und nicht gefangen in den Denkweisen, die den Übergang zu einer pragmatischen deutschen Außen- und Sicherheitspolitik erschweren.

Wandel in den Köpfen

Die Deutschen haben keinen Hang zur Revolution. Sie bevorzugen den moderaten Richtungswechsel. Viel mehr erwarten ihre Partner auch gar nicht. In den zehn Monaten meines Projekts habe ich in Washington, Brüssel, Paris und Warschau neben den Erwartungen, was Deutschland doch, bitte, ändern sollte, auch einiges

Lob gehört – und Anerkennung für das, was die Bundesrepublik bereits leistet.

Die zentrale Lernerfahrung: Unsere Freunde und Partner machen uns Deutschen Mut, die Lehren aus der Geschichte nicht als Fesseln zu betrachten, sondern uns eingedenk unserer Geschichte auf die internationale Verantwortung einzulassen, die der viertgrößten Wirtschaftsmacht der Erde zukommt. Von einer Sorge, dass Deutschland in die Rolle eines militärischen Hegemonen zurückfallen könnte, ist wenig zu spüren. Vielmehr wird die umgekehrte Befürchtung ausgesprochen: Deutschland benutze seine Geschichte zu oft als Ausflucht, um nicht handeln zu müssen.

Die zweite Grunderkenntnis lautet: Viele Partner beklagen, dass die Deutschen sich zu wenig für sie und ihre Anliegen interessieren. Sie wünschen sich mehr Dialog und eine größere Bereitschaft der Deutschen, die bilateralen Beziehungen und die Welt mit den Augen dieser Partner zu betrachten.

Die dritte Lehre: Die häufigsten Klagen betreffen den deutschen Umgang mit Fragen der Sicherheit und des Militärs. Das liegt vor allem daran, dass die Diskrepanz zwischen Ist und Soll bei der Bundeswehr als besonders groß wahrgenommen wird – und weniger daran, dass diese Partner den Einsatz von Soldaten als Patentlösung für viele Herausforderungen begreifen. Militär ist nur eines von mehreren Werkzeugen, die für Frieden und Stabilität gebraucht werden. Beim Militär sind die Mängel jedoch derzeit am offensichtlichsten.

Umdenken ist wichtiger als der Wehretat

Alles in allem wünschen sich die Partner mehr intellektuelle Beweglichkeit der Deutschen bei Denkmustern und Haltungsfragen. Das Umdenken sei wichtiger als die Statistiken, zum Beispiel, wann das Verteidigungsbudget endlich die berühmten zwei Prozent vom BIP erreiche. Also fangen wir bei der Überlegung, wie Deutschland vom Reden zum Handeln kommt, nicht mit praktischen Vorschlägen zu Taten an – die folgen auch noch. Sondern in den Köpfen.

Redewendungen verraten einiges über Denkstrukturen. Neues Denken hängt von der Bereitschaft ab, Grundannahmen infrage zu stellen. Warum beklagen wir ständig, dass Europa nicht mit einer Stimme spreche?, moniert Almut Möller vom *European Council on Foreign Relations* (ECFR) in Berlin. Ist es denn überhaupt zu erwarten, dass Europa mit einer Stimme spricht angesichts der so unterschiedlichen historischen Prägungen der Völker Europas? Die Herausforderung für Frankreich und Deutschland bestehe darin, dass sie gemeinsam handeln sollen, obwohl sie so unterschiedliche außenpolitische Reflexe haben. Eine andere Floskel laute: »Wir kennen uns doch so gut!« Dabei zeige sich immer wieder, wie wenig die Bürger eines EU-Landes auch nach 60 Jahren Integrationspolitik über die Einstellungen der Bürger in anderen EU-Staaten wissen.

Henning Riecke, USA-Experte der Deutschen Gesellschaft für Auswärtige Politik (DGAP) fordert dazu auf, übliche Annahmen über Trumps Amerika infrage zu stellen: Stimmt die These vom Rückzug der USA überhaupt? Entgegen seiner »Die NATO ist obsolet«-Rhetorik gebe Trump mehr Geld zur Stärkung der NATO in Europa aus als Obama. Auch bei der angeblichen Abwendung von den Vereinten Nationen gebe es parallel eine Gegenbewegung: Die amerikanische UNO-Botschafterin Nikki Haley nutze den Sicherheitsrat intensiver als ihre Vorgänger, um Russland und China zur Rede zu stellen.

Der Wunsch nach gedanklicher Offenheit betrifft zwei Anliegen ganz besonders. Erstens, mehr Realismus bei der Analyse, wie diese Themen in Frankreich, Polen oder den USA diskutiert werden. Zweitens eine größere Bereitschaft, »gegen den Strich« zu denken und nicht gleich mit Unbehagen auf unkonventionelles Denken zu reagieren. Wer die Papiere verschiedener deutscher Think Tanks zu Europa, zu den USA, zu China, zum Terrorismus oder zur Verteidigung vergleicht, trifft auf solide kenntnisreiche Arbeit, aber meist entlang ähnlicher Grundideen. Darf man angesichts der Vielzahl deutscher Think Tanks nicht erwarten, dass die Ansätze grundsätzlicher miteinander konkurrieren? Es sollten auch Thesenpapiere dabei sein, die radikal andere Fragen stellen. Zum Beispiel: Was wären die positiven und negativen Folgen eines wesentlich konfrontativeren Umgangs mit China? Oder: Was wären die Folgen eines Ausstiegs Europas aus dem Militärbündnis mit den USA?

Hintergrund ist spannender als öffentliche Worte

Die Klage über zu viel Gleichklang und Grundkonsens betrifft auch die Berichterstattung der Medien. Wenn die Kanzlerin und der Außenminister reisen, beschränken sich die Berichte zumeist auf ihre öffentlichen Äußerungen. Dabei dienen die doch dem Ziel, daheim Sympathien zu gewinnen. Viel spannender ist zumeist, was sie in den Hintergrundgesprächen sagen; aus denen darf man freilich nicht offiziell zitieren. Oft steht es in einem Spannungsverhältnis zum öffentlich Gesagten.

Ende Mai 2018 ist Angela Merkel nach China gereist und hat Außenminister Heiko Maas seinen Antrittsbesuch bei der Regierung Trump gemacht. Der Tenor der öffentlichen Verlautbarungen der Merkel-Reise: China und Deutschland haben ein harmonisches Verhältnis, sie setzen beide auf Freihandel und internationale Kooperation. Deutschland begrüßt chinesische Investitionen in Europa. Der öffentliche Tenor des Maas-Besuchs in Washington: Der Außenminister habe »klare Kante« gezeigt gegen die Abkehr der USA vom Atomabkommen mit dem Iran. Die USA und Deutschland »schlagen zwei völlig unterschiedliche Wege ein«.

Wer Merkel und Maas »im Hintergrund« gehört hat – also ohne eingeschaltete Mikrofone –, weiß, dass sie die deutsche Interessenlage differenzierter sehen. Deutschland und Europa streiten mit Trumps Amerika über die richtige Iran-Politik. Sie befinden sich aber nicht in einer Interessenkoalition mit dem Iran, China und Russland gegen die USA, auch wenn der Ton mancher deutscher Berichte einen solchen Schluss nahelegt. Es ist gerade umgekehrt, Deutschland und Europa haben mit Blick auf den Iran die gleichen Ziele wie die USA: Sie wollen ein unbefristetes Verbot für den Iran, Atomwaffen zu entwickeln, eine Begrenzung der Raketenprogramme, ein anderes Verhalten in der Region und ein Ende der Unterstützung für Terroristen. Das bisherige Atomabkommen mit dem Iran leistet das alles nicht. Mehr war damals, als der Deal geschlossen wurde, nicht durchzusetzen. Sind die Chancen heute eventuell größer, weil der Iran ökonomisch schwächer dasteht?

Inzwischen weiß man auch, dass die Hoffnungen, die gerade die deutsche Diplomatie mit dem Abkommen verbunden hat, nicht eingetreten sind. Eine Stärkung der liberalen Kräfte im Iran ist nicht zu sehen. Auch kein entgegenkommenderes Verhalten bei den Fragen, die im Atom-Deal nicht geregelt worden waren: Raketen, Einmischung in Bürgerkriege in der Region, Unterstützung von Terrorgruppen. Europa und die USA haben also das gleiche Ziel, mehr zu erreichen. Sie setzen aber auf unterschiedliche Wege: die USA durch Rückkehr zu den Sanktionen, Europa durch Verhandlungen ohne neue Sanktionen. Wegen der Folgen dieser unterschiedlichen Ansätze geraten Europa und Amerika zwar in Konflikt miteinander; sie befinden sich aber nicht in unterschiedlichen Lagern.

Ähnlich ist die Diskrepanz zwischen den öffentlichen Verlautbarungen der Kanzlerin und den Interessen Deutschlands bei ihrem China-Besuch. Peking ist keine große Unterstützung für den Freihandel. Europäische Firmen können in China nur unter hohen Auflagen tätig werden. Chinas Investitionen in Europa sind auch nicht unproblematisch (siehe das Kapitel »Wie global handlungswillig sind wir?«). Deutschlands Interessen erzwingen also nicht automatisch ein möglichst gutes Verhältnis zu China, sondern mehr Realpolitik im Umgang mit China und im Idealfall eine abgestimmte China-Politik Europas und Amerika mit dem Ziel, dass Peking faire Handels- und Investitionsbedingungen auf Gegenseitigkeit akzeptiert.

Wie viele deutsche Medien klären ihre Nutzer über den Unterschied zwischen den öffentlichen Äußerungen der Kanzlerin und des Außenministers sowie der tatsächlichen Lageeinschätzung auf? Sie können natürlich nicht etwas anderes berichten, als die beiden öffentlich sagen. Sie könnten aber in Analysen und Kommentaren die Vielschichtigkeit deutscher Interessen herausarbeiten.

Nationale Interessen sind kein Tabu

Überhaupt ist der in anderen EU-Staaten selbstverständliche Reflex, nach den nationalen Interessen zu fragen, in deutschen Medien unterentwickelt. Auch das ließe sich verbessern. Die Medien können von sich aus darauf achten, ausdrücklich nach den übergeordneten deutschen Interessen zu fragen. Und die Politik kann den Medien Anlässe liefern, über die nationalen Interessen zu berichten.

Deutschland ist ein Land mit beträchtlichen intellektuellen und materiellen Ressourcen. Die Bundesregierung – oder der Bundestag – könnte es zur Praxis machen, alle paar Monate eine

Gruppe von Sachverständigen mit einem Bericht zu einem brennenden Problem, das deutsche Kerninteressen gefährdet, zu beauftragen. Zum Beispiel:

Was sind derzeit die größten Bedrohungen für den Freihandel, und wie kann Deutschland sich davor schützen?

Welche Entwicklungen gefährden gerade zentrale Abrüstungsverträge wie das INF-Abkommen zur Begrenzung von Mittelstreckenraketen, und was kann Deutschland tun, um sie zu retten?

Was haben Deutschland und Europa bisher zur Bekämpfung von Fluchtursachen in Afrika getan, was hat sich dabei als effektiv und was als ineffektiv erwiesen?

Wie kann Europa eine strategische Autonomie von den USA erreichen, und was wären die Kosten eines solchen Unterfangens?

Was sind die positiven Folgen und was sind die Risiken chinesischen Investments in Deutschland und in anderen EU-Staaten und wie sähe eine wirksame, zukunftsorientierte China-Strategie aus?

Solche Berichte sollen nicht alle Aspekte umfassen, sondern nur die wichtigsten Pros und Contras, und sie sollen praktische Handlungsanweisungen geben. Ihr Ziel sollte nicht sein, die ohnehin im Raum stehenden Thesen »repräsentativ« zu bündeln, sondern zu kreativem Denken *»out of the box«* anzuregen. Im Idealfall sollen die Berichte nur wenige Seiten lang sein, bei komplizierten Sachverhalten maximal 20 bis 30 Seiten, damit sie breit rezipiert werden und Denkprozesse weiter anregen.

Europapolitik

Die EU ist in vielen Fragen blockiert. Frankreich hat jetzt einen Präsidenten, der die Dinge voranbringen will und Reformen mutig anpackt. Deutschland sollte das als Chance begreifen und nicht als Zumutung. Es sollte Macron unterstützen, statt auf die Bremse zu treten in der Sorge um die Folgekosten. Die Gefahr, dass Europa einen Riesenschritt nach vorne macht, der zu bedrohlichen Haftungsrisiken für deutsche Steuerkassen führt, ist gering. Viel größer ist die Wahrscheinlichkeit, dass zu viele in der EU Macrons Eifer bremsen und sich am Ende kaum etwas bewegt. Das wäre schädlich für Deutschlands Interessen.

Den Dialog mit Polen muss Deutschland intensivieren, auch wenn das Verhältnis zur PiS-Regierung angespannt ist. Es rächt sich, dass beide Seiten die Kontakte vernachlässigt haben, als die PiS noch in der Opposition war. Beide Seiten tragen Schuld daran. Und beide sollten sich um eine Verbesserung bemühen.

In Europafragen tritt Deutschland nicht so gemeinschaftsdienlich und rechtstreu auf, wie die Deutschen sich das gerne bescheinigen – siehe das Kapitel »Wie europäisch sind wir?« Der Bundestag sollte jedes Jahr eine Liste vorlegen, in welchen Bereichen die Bundesrepublik ihren europäischen Zusagen und Verpflichtungen nicht nachkommt, vom Stabilitätspakt über die Luftreinhaltung in Innenstädten bis zur vertieften Verteidigungskooperation (PESCO). Hilfreich wären Hinweise, welche EU-Länder im jeweiligen Feld besser abschneiden und wie ihnen das gelingt. Das könnte mehr Bodenhaftung in die Debatten über Vorbilder und Sünder in der EU bringen.

Mehr Wettbewerb um Best Practice

Generell würde Deutschland etwas mehr Neugier gut tun, wie andere EU-Staaten die Probleme lösen. Nicht überall müssen es die gleichen Muster sein. Ein Wettbewerb, was die »Best Practice« ist und zu den besten Ergebnissen führt, wäre nützlich.

Die Zustimmung zur EU ist nach wie vor hoch in Deutschland. Sie leidet jedoch unter jedem Beispiel, das als Misserfolg europäischer Handlungsansätze verstanden wird. Deshalb muss deutsche Europapolitik die Projekte, mit denen sie das Gemeinschaftshandeln vorantreiben möchte, klug wählen. Faustregel: Wir können uns nicht viele weitere Pleiten leisten. Von den nächsten fünf Vorhaben müssen mindestens drei als klare Erfolgsgeschichten enden. Es ist riskant und zudem Kraftvergeudung, sich auf derzeit aussichtslose Ziele zu kaprizieren. Wenn, zum Beispiel, eine Quote für die Verteilung von Migranten keine große Aussicht auf Zustimmung hat, muss Deutschland nach klügeren Mechanismen suchen, zum Beispiel finanziellen Anreizen für Staaten, die Menschen aufnehmen.

In den Augen der EU-Bürger haben Fragen der inneren und äußeren Sicherheit in den jüngsten Jahren stark an Bedeutung gewonnen. Also sollte sich Europapolitik auf diese Erwartungen konzentrieren und zeigen, dass EU-Kooperation bei Grenzschutz, länderübergreifender Kriminalitätsbekämpfung und Terrorabwehr einen spürbaren Mehrwert bietet.

Vorhandene Regeln durchsetzen, statt neue zu schaffen

Auf absehbare Zeit wird es keine neuen Verträge geben, die Entscheidungskompetenzen von den Nationalstaaten an die EU übertragen. Wenn die EU also in Bereichen, die nicht vergemeinschaftet sind, nicht zur »Legislativ-Union« werden kann, sollte sie es zur Priorität machen, in diesen Bereichen eine bessere »Exekutiv-Union« zu werden – also sicherzustellen, dass die bestehenden Regeln eingehalten werden. Die Erweiterung der Aufgaben von Frontex bei der Grenzsicherung ist ein Beispiel dafür. Die nationalen Regierungschefs im Europäischen Rat fassen gemeinsam Beschlüsse – und wenn die Umsetzung die nationalen Fähigkeiten übersteigt, hilft eine Agentur der EU aus. Natürlich muss auch Deutschland die Regeln einhalten.

Die Bundesregierung sollte zurückhaltender sein mit ihren Versuchen, »gleiche Arbeitsbedingungen« für Deutsche und EU-Ausländer bei grenzüberschreitenden Dienstleistungen festzulegen. Die Aussicht, dass sie so Arbeitsplätze rettet, die nicht mehr konkurrenzfähig sind, ist gering. Die Vorgaben schaffen bei EU-Partnern mehr böses Blut, als sie nützen. Denn sie werden in den EU-Ländern, die ein niedrigeres Lohnniveau haben, als ein versteckter Protektionismus verstanden, der es, zum Beispiel, polnischen und tschechischen Lkw-Fahrern verbieten soll, ihren komparativen Vorteil auszuspielen.

Berlin sollte auch vorsichtiger sein mit Versuchen, EU-Partner zur Übernahme der deutschen Energiepolitik zu drängen. Die Art der deutschen Energiewende lässt sich nicht einfach auf andere Länder übertragen. Zudem stufen viele EU-Mitglieder Pipeline-Projekte wie Nord Stream 2 als schädlich für ihre Interessen ein.

Fordern und Fördern im Osten

Die Beziehungen Deutschlands zu seinen östlichen und südöstlichen EU-Partnern sind angespannt. Selbst gerechtfertigte Versuche, Standards der Medienfreiheit oder der Rechtsstaatlichkeit durchzusetzen, werden in der jeweiligen Innenpolitik erfolgreich als Versuche der Bevormundung diskreditiert. Die Bundesregierung kann diesem Risiko entgegenwirken, indem sie einerseits Europas Werteordnung ohne falsche Kompromisse verteidigt, aber parallel konstruktive Initiativen der Partner in Ostmitteleuropa und Südosteuropa, etwa zur Verbesserung der Infrastruktur, offener unterstützt. Dies wäre zugleich eine strategische Antwort auf chinesische Investitionen in Ostmittel- und Südosteuropa.

Die Praxis des *German Vote* in Brüssel – bei Abstimmungen in Ministerräten enthalten sich die deutschen Fachminister, weil die Koalitionspartner in Berlin sich nicht einigen können, zum

Beispiel bei der Zulassungsverlängerung von Glyphosat – muss enden. Ein Land vom Gewicht der Bundesrepublik muss international mit einer Stimme sprechen.

Umgang mit den USA

Die Konflikte mit den USA, die sich aus der Wahl Donald Trumps zum US-Präsidenten ergeben, sind keine Ausnahmesituation, die endet, wenn er das Weiße Haus verlässt. Viele Veränderungen in der transatlantischen Partnerschaft sind dauerhaft. Die Beziehungen werden nicht in einen imaginären »Normalzustand« wie unter Trumps Vorgänger Barack Obama zurückfallen. Darauf sollte Deutschland sich einstellen. Viele der Forderungen Trumps, die nun als Zumutung gelten, hatte schon Obama formuliert. Dies wurde nur durch eine höflichere Rhetorik gemildert.

Die ersten Reaktionen auf Trumps Wahl waren unrealistisch. Im Winter 2017 nahmen viele tränenreich Abschied von Obama und redeten sich ein, jetzt müsse Angela Merkel die liberale Ordnung retten. Bald stellte sich heraus: Da ist kein Deutschland und auch kein Europa, das die Lücke ernsthaft füllen kann.

Deutschland muss nüchtern analysieren, in welchen Bereichen es weiterhin gemeinsame Interessen mit den USA hat und in welchen nicht. Wo unterscheiden sich der deutsche und der US-Ansatz nur in der Wahl der Wege, um dieselben Ziele zu erreichen? In den Feldern, in denen eine gemeinsame operative Politik mit Trumps Amerika nicht möglich ist, muss die Bundesregierung differenzieren zwischen Fällen, in denen sie einen Gegenkurs durchhalten kann, und Fällen, wo die USA sich vermutlich durchsetzen werden, weil sie über das größere Druckpotenzial verfügen, und die Konfrontation folglich mehr schadet als nützt.

Mehr Einfluss wird Deutschland und wird Europa nicht gegen die USA, sondern durch mehr Eigenständigkeit im Bündnis mit den USA erreichen.

Amerikapolitik endet nicht im Weißen Haus

USA-Politik beschränkt sich natürlich nicht auf den Präsidenten und die Bundesregierung in Washington DC. Das Land ist riesig, die Gesellschaft der Vereinigten Staaten ist vielfältig. Deutschland sollte bei der Verfolgung seiner Interessen mit vielen Kooperationspartnern zusammenarbeiten; das politische System Amerikas bietet dafür zahlreiche Ansatzpunkte: die 50 Bundesstaaten, die Städte und Gemeinden, die zahlreichen Nichtregierungsorganisationen. Das gilt auch für die Privatwirtschaft. Wenn, zum Beispiel, deutsche Autokonzerne sich nach Hilfe bei ihrer Interessenvertretung umsehen, müssen sie nicht unbedingt die deutsche Regierung zur Fürsprache auffordern. Oft ist es effektiver, sich mit Bündnispartnern in den USA zusammenzutun, die ähnliche Interessen haben, etwa die Lobbyisten der US-Autokonzerne. Solche Versuche, sich mit amerikanischen Institutionen zu verbünden, im Zweifel auch gegen die US-Regierung in Washington, haben allerdings eine Grenze. Sie dürfen nicht einen Grad erreichen, der als Versuch verstanden werden könnte, US-Institutionen für das Ziel zu instrumentalisieren, die offizielle Regierungspolitik der USA zu konterkarieren. Deutsche würden es ja umgekehrt auch nicht schätzen, wenn Ausländer versuchen würden, Bayern für eine Nebenaußenpolitik zu gewinnen, die sich gegen die Interessen Deutschlands richtet.

Last but not least müssen die Bemühungen um eine gemeinsame China-Politik Deutschlands und Europas mit den USA effektiver werden. Seit Jahren wird darüber geredet. In der Praxis geschieht zu wenig, um westliche Interessen gemeinsam gegen Peking zu verteidigen.

Sicherheitspolitik und globale Handlungsfähigkeit

Vor der größten Herausforderung steht Deutschland in der Sicherheitspolitik und seiner globalen Handlungsfähigkeit. Die wichtigste Währung ist nicht Geld, sondern Vertrauen. Deutschland muss seinen Partnern das Gefühl vermitteln, dass sie sich auf uns verlassen können und wir keine unsicheren Kantonisten sind.

Wir sollten uns auf gemeinsame geostrategische Debatten in Europa einlassen. Die deutsche Öffentlichkeit ist nicht daran gewöhnt, internationale Konflikte in allen ihren Aspekten, inklusive militärischer Optionen, zu diskutieren. Das reicht von der Ukraine über den Palästinakonflikt bis zum Iran und Nordkorea. In Paris, London und Washington sind solche strategischen Erörterungen an der Tagesordnung. Wer eine gemeinsame europäische Außen- und Verteidigungspolitik anstrebt – und das tut Deutschland ja angeblich –, wird die offene Auseinandersetzung, was Europa möchte und über welche Fähigkeiten es verfügen muss, nicht verweigern können. Entweder findet Deutschland eine gemeinsame Sprache mit Frankreich oder wir müssen die Hoffnungen auf eine Verteidigungsunion aufgeben.

Deutschland sollte eine Armee unterhalten, die seinem Gewicht in Europa, in der NATO und in der Welt entspricht. Die Zwei-Prozent-Regel ist ein guter Orientierungspunkt. Wir machen das nicht, um jemand anderem einen Gefallen zu tun; wir leisten das wegen unserer eigenen Interessen und auch aus Selbstachtung. Wolfgang Ischinger nennt es eine »Missachtung der eigenen Würde«, dass die Europäer die Vorsorge für ihre Sicherheit seit 70 Jahren »an die USA outsourcen«. Man darf mehr Selbstständigkeit von diesem reichen Kontinent erwarten, ganz besonders gilt das für das wohlhabende Deutschland.

Nicht immer mitmachen, aber wenn, dann bei gleichen Regeln

Das bedeutet nicht, dass die deutsche Außenpolitik sich »militarisieren« muss, wie der Vorwurf gerne lautet. Wir sollten aber ein gemeinsames Verständnis strategischer Herausforderungen und Handlungsoptionen in Europa entwickeln. Es darf zwar keine Automatik geben, dass Deutschland bei jeder Intervention, die die Mehrheit der EU- oder NATO-Partner für sinnvoll hält, mitmachen muss. Aber Deutschland muss sich zu dem Prinzip bekennen, dass die Beteiligten an einem Einsatz dieselben Risiken tragen. Eine Aufgabenteilung, in der die anderen kämpfen und die Deutschen sich davor drücken, ist auf Dauer nicht akzeptabel.

Die Frage, ob Deutschland die Zwei-Prozent-Marke erreicht, verliert an Bedeutung, je mehr es sichtbar die europäische Verteidigungsfähigkeit erhöht, zum Beispiel durch eine Verbesserung der zivilen und im Ernstfall auch militärisch nutzbaren Infrastruktur nach Ben Hodges' Formel »*Trains and Tanks*«.

Dieses Umdenken ist nicht von heute auf morgen zu erreichen. Deutschland kann jedoch den Weg der »Normalisierung«, den es nach der Einheit in den 1990er-Jahren eingeschlagen und Mitte der Nullerjahre des 21. Jahrhunderts wieder verlassen hat, behutsam fortsetzen. Die deutschen Bürger haben wenige Informationen darüber, wie solche Debatten in anderen westlichen Demokratien verlaufen, die nicht mit der Hypothek der deutschen Geschichte belastet sind. Soweit die Öffentlichkeit das Vorgehen Verbündeter als Vergleichspunkt akzeptiert, flüchtet sie gerne in Klischees. Die Amerikaner sind angeblich »schießwütig«. Die Franzosen dürfen auch kein Maßstab sein, schon gar nicht in Afrika, weil wir ihre Kolonialgeschichte nicht teilen. Die politischen Stiftungen könnten helfen, solche Vorurteile aufzubrechen, indem sie zu Veranstaltungen mit niederländischen, norwegischen oder kanadischen Militärs einladen. Die können erklären, was sie in Auslandseinsätzen tun und von welchen Wertvorstellungen sie sich dabei leiten lassen, ohne die Abwehrreflexe auszulösen, die Amerikanern entgegenschlagen. Die Niederlande sind eine liberale und offene Gesellschaft. Die Kanadier sind für viele Deutsche die sympathischeren und sozialer eingestellten Nordamerikaner. Auch die Norweger leiden nicht unter einem Generalverdacht, »*trigger happy*« zu agieren. Warum gehen sie in Einsätze oder in Konfliktregionen, die Deutsche ablehnen?

Hans-Peter Bartels (SPD), der Wehrbeauftragte des Deutschen Bundestags, regt an, dass mindestens alle vier Jahre ein Weißbuch zur deutschen Sicherheitspolitik erscheint: Was sind unsere Ziele, was sind unsere Bündnisverpflichtungen, was sind unsere Fähigkeiten?

Den Parlamentsvorbehalt europäisieren

Sicherheitspolitiker aller Parteien sollten in einer gemeinsamen Initiative die Vorschläge der Rühe-Kommission erneut aufgreifen, wie sich der Parlamentsvorbehalt europäisch gestalten lässt, damit die sicherheitspolitische Integration vorankommt.

Bundesregierung und Bundestag sollten die deutsche Öffentlichkeit zudem bald mit öffentlichen Debatten auf die Konsequenzen der strukturellen Sicherheitskooperation in PESCO vorbereiten. Die europäischen Rüstungsindustrien müssen zusammengelegt werden, um die Kosten zu reduzieren und mehr Effizienz zu erreichen. Dabei werden in allen EU-Staaten nationale Rüstungskonzerne aus dem Markt ausscheiden; das wird auch ein Kampf um Arbeitsplätze. Zugleich müssen sich die Staaten auf Export-Richtlinien für die gemeinsamen Produkte einigen. Das wird wohl kaum so enden, dass alle die deutschen Richtlinien übernehmen.

Von der Bundeskanzlerin darf man in ihrer vierten Amtszeit einen grundsätzlichen Vorstoß erwarten, nachdem sie das Thema so viele Jahre missachtet hat. Angela Merkel sollte aussprechen: Wir wollen Verteidigung im Prinzip so praktizieren wie unsere europäischen Verbündeten.

Die deutschen Unzulänglichkeiten beschränken sich aber nicht aufs Militär. Viele kritisieren, der Umgang der USA oder auch Frankreichs mit Terrorgruppen und hoch bewaffneten Diktatoren sei zu konfrontativ; sie vernachlässigten ökonomische und soziale Ursachen. Wo aber sind überzeugende alternative Strategien aus Deutschland, wie man den IS und andere Terrornetzwerke bekämpft oder wie man Assad am Giftgaseinsatz hindert oder wie man nukleare Abrüstung in Korea erreicht?

Auch bei der Abwehr von Cyber-Angriffen, Terror, Organisierter Kriminalität und Geldwäsche gibt es keine bessere Alternative zum westlichen Bündnis.

Im Dienste einer gemeinsamen China-Politik Europas und Amerikas muss Deutschland bereit sein, nationale Wirtschaftsinteressen im Zweifel auch einmal zurückzustellen, damit Peking die westlichen Partner nicht gegeneinander ausspielen kann.

Zurück im Garten von Bellevue

Zuletzt: Der Vorschlag, im Garten von Schloss Bellevue – sowie in öffentlichen Parkanlagen quer durch Deutschland – eine Parzelle dem Wildwuchs der Natur zu überlassen, war nicht als Scherz gemeint. Der Anblick würde eine neue Perspektive auf die Ziele und Aufgaben deutscher Außenpolitik eröffnen. Die internationale Ordnung hält nicht von alleine, wenn niemand pflegend für sie eintritt. *»The Jungle grows back«*. Dieses Naturgesetz sollten sich Deutsche vor Augen führen. Gerade sie profitieren vom Segen der internationalen, liberalen Ordnung. Also sollten sie substanziell zum Schutz dieser Ordnung beitragen.

Das erfordert eine Neuorientierung, die die ganze Öffentlichkeit erfassen muss: Wer sind wir, was wollen wir, was sind unsere Interessen und was müssen wir tun, um sie zu schützen – als Deutsche, als Europäer, als Bürger der westlichen Staatengemeinschaft? Diese Selbstvergewisserung ist nicht nur eine Aufgabe für die Politik, sondern für die Zivilgesellschaft in ihrer Breite, inklusive der Medien. Sie muss freilich mit politischer Führung beginnen. Über Jahre hat die politische Klasse den offenen Dialog über Fragen, die als unangenehm oder gar riskant galten, gescheut. So ist die Kluft zwischen dem Wissen der Regierenden und dem Wissen der Regierten über die Optionen, Bedingungen und Motive internationalen Handelns immer größer geworden. Die Diskrepanz zwischen dem, was die Verantwortlichen öffentlich und dem, was sie nur hinter verschlossenen Türen sagen, muss kleiner werden.

Jede Krise hat auch ihr Gutes: Angesichts der wachsenden Bedrohungen der liberalen Ordnung wird sich das wohlmeinende Beschweigen des Veränderungs- und Handlungsdrucks, dem die Bundesrepublik ausgesetzt ist, nicht mehr durchhalten lassen. Vieles deutet darauf hin, dass die große Debatte über eine Neujustierung der deutschen Rolle in Europa, in der transatlantischen Partnerschaft und in der Welt unausweichlich wird: Es gärt in den deutschen Regierungsparteien; dort wie auch in den Oppositionsparteien fordern pragmatischere Jüngere die Altgedienten heraus; Emmanuel Macron drängt die Deutschen; Donald Trump sowieso.

Es wird Streit geben und, gewiss doch, die Beharrungskräfte werden das Umdenken zu bremsen versuchen. Doch am Ende gilt Erich Kästners Satz auch für die deutsche Außen- und Europapolitik: Es gibt nichts Gutes. Außer man tut es.